西政文库·青年篇

公司章程司法裁判问题研究

吴飞飞 著

2020年·北京

图书在版编目(CIP)数据

公司章程司法裁判问题研究 / 吴飞飞著. — 北京：商务印书馆，2020
（西政文库）
ISBN 978-7-100-18411-3

Ⅰ.①公… Ⅱ.①吴… Ⅲ.①公司法－审判－研究－中国 Ⅳ.①D922.291.914

中国版本图书馆CIP数据核字（2020）第071974号

权利保留，侵权必究。

西政文库
公司章程司法裁判问题研究
吴飞飞 著

商 务 印 书 馆 出 版
（北京王府井大街36号 邮政编码 100710）
商 务 印 书 馆 发 行
三河市尚艺印装有限公司印刷
ISBN 978-7-100-18411-3

2020年5月第1版　　开本 680×960 1/16
2020年5月第1次印刷　印张 22 1/2

定价：80.00元

西政文库编委会

主　　任：付子堂

副 主 任：唐　力　周尚君

委　　员：（按姓氏笔画排序）

　　　　　龙大轩　卢代富　付子堂　孙长永　李　珮
　　　　　李雨峰　余劲松　邹东升　张永和　张晓君
　　　　　陈　亮　岳彩申　周尚君　周祖成　周振超
　　　　　胡尔贵　唐　力　黄胜忠　梅传强　盛学军
　　　　　谭宗泽

总　序

"群山逶迤，两江回环；巍巍学府，屹立西南……"

2020年9月，西南政法大学将迎来建校七十周年华诞。孕育于烟雨山城的西政一路爬坡过坎，拾阶而上，演绎出而今的枝繁叶茂、欣欣向荣。

西政文库以集中出版的方式体现了我校学术的传承与创新。它既展示了西政从原来的法学单科性院校转型为"以法学为主，多学科协调发展"的大学后所积累的多元化学科成果，又反映了学有所成的西政校友心系天下、回馈母校的拳拳之心，还表达了承前启后、学以成人的年轻西政人对国家发展、社会进步、人民福祉的关切与探寻。

我们衷心地希望，西政文库的出版能够获得学术界对于西政学术研究的检视与指引，能够获得教育界对于西政人才培养的考评与建言，能够获得社会各界对于西政长期发展的关注与支持。

六十九年前，在重庆红岩村的一个大操场，西南人民革命大学的开学典礼隆重举行。西南人民革命大学是西政的前身，1950年在重庆红岩村八路军办事处旧址挂牌并开始招生，出生于重庆开州的西南军政委员会主席刘伯承兼任校长。1953年，以西南人民革命大学政法系为基础，在合并当时的四川大学法学院、贵州大学法律系、云南大学法律系、重庆大学法学院和重庆财经学院法律系的基础上，西南政法学院正式成立。中央任命抗日民族英雄、东北抗日联军第二路军总指挥、西南军政委员会政法委员会主任周保中将军为西南政法学院首任院长。1958年，中央公安学院重庆分院并入西南政法学院，使西政既会聚了法学名流，又吸纳了实务精英；既秉承了法学传统，又融入了公安特色。由此，学校获誉为新中国法学教育的"西南联大"。

20世纪60年代后期至70年代，西南政法学院于"文革"期间一度停办，老一辈西政人奔走呼号，反对撤校，为保留西政家园不屈斗争并终获胜利，为后来的"西政现象"奠定了基础。

20世纪70年代末，面对"文革"等带来的种种冲击与波折，西南政法学院全体师生和衷共济，逆境奋发。1977年，经中央批准，西南政法学院率先恢复招生。1978年，经国务院批准，西南政法学院成为全国重点大学，是司法部部属政法院校中唯一的重点大学。也是在70年代末，刚从"牛棚"返归讲坛不久的老师们，怀着对国家命运的忧患意识和对学术事业的执着虔诚，将只争朝夕的激情转化为传道授业的热心，学生们则为了弥补失去的青春，与时间赛跑，共同创造了"西政现象"。

20世纪80年代，中国的法制建设速度明显加快。在此背景下，满怀着憧憬和理想的西政师生励精图治，奋力推进第二次创业。学成于80年代的西政毕业生们，成为今日我国法治建设的重要力量。

20世纪90年代，西南政法学院于1995年更名为西南政法大学，这标志着西政开始由单科性的政法院校逐步转型为"以法学为主，多学科协调发展"的大学。

21世纪的第一个十年，西政师生以渝北校区建设的第三次创业为契机，克服各种困难和不利因素，凝心聚力，与时俱进。2003年，西政获得全国首批法学一级学科博士学位授予权；同年，我校法学以外的所有学科全部获得硕士学位授予权。2004年，我校在西部地区首先设立法学博士后科研流动站。2005年,我校获得国家社科基金重大项目(A级)"改革发展成果分享法律机制研究",成为重庆市第一所承担此类项目的高校。2007年,我校在教育部本科教学工作水平评估中获得"优秀"的成绩,办学成就和办学特色受到教育部专家的高度评价。2008年,学校成为教育部和重庆市重点建设高校。2010年,学校在"转型升格"中喜迎六十周年校庆,全面开启创建研究型高水平大学的新征程。

21世纪的第二个十年,西政人恪守"博学、笃行、厚德、重法"的西政校训,弘扬"心系天下,自强不息,和衷共济,严谨求实"的西政精神,坚持"教学立校,人才兴校,科研强校,依法治校"的办学理念,推进学校发展取得新成绩:学校成为重庆市第一所教育部和重庆市共建高校,入选首批卓越法律人才教育培养基地(2012年);获批与英国考文垂大学合作举办法学专业本科教育项目,6门课程获评"国家级精品资源共享课",两门课程获评"国家级精品视频公开课"(2014年);入选国家"中西部高校基础能力建设工程"院校,与美国凯斯西储大学合作举办法律硕士研究生教育项目(2016年);法学学科在全国第四轮学科评估中获评A级,新闻传播学一级学科喜获博士学位授权点,法律专业硕士学位授权点在全国首次专业学位水平评估中获评A级,经济法教师团队入选教育部"全国高校黄大年式教师团队"(2018年);喜获第九届世界华语辩论锦标赛总冠军(2019年)……

不断变迁的西政发展历程,既是一部披荆斩棘、攻坚克难的拓荒史,也是一部百折不回、逆境崛起的励志片。历代西政人薪火相传,以昂扬的浩然正气和强烈的家国情怀,共同书写着中国高等教育史上的传奇篇章。

如果对西政发展至今的历史加以挖掘和梳理,不难发现,学校在教学、科研上的成绩源自西政精神。"心系天下,自强不息,和衷共济,严谨求实"的西政精神,是西政的文化内核,是西政的镇校之宝,是西政的核心竞争力;是西政人特有的文化品格,是西政人共同的价值选择,也是西政人分享的心灵密码!

西政精神,首重"心系天下"。所谓"天下"者,不仅是八荒六合、四海九州,更是一种情怀、一种气质、一种境界、一种使命、一种梦想。"心系天下"的西政人始终以有大担当、大眼界、大格局作为自己的人生坐标。在西南人民革命大学的开学典礼上,刘伯承校长曾对学子们寄予厚望,他说:"我们打破旧世界之目的,就是要建设一个人民的新世界……"而后,从化龙桥披荆斩棘,到歌乐山破土开荒,再到渝北校区新建校园,几代西政人为推进国家的民主法治进程矢志前行。正是在不断的成长和发展过程中,西政见证了新中国法学教育的涅槃,有人因此称西政为"法学黄埔军校"。其实,这并非仅仅是一个称号,西政人之于共和国的法治建设,好比黄埔军人之于那场轰轰烈烈的北伐革命,这个美称更在于它恰如其分地描绘了西政为共和国的法治建设贡献了自己应尽的力量。岁月经年,西政人无论是位居"庙堂",还是远遁"江湖",无论是身在海外华都,还是立足塞外边关,都在用自己的豪气、勇气、锐气,立心修德,奋进争先。及至当下,正有愈来愈多的西政人,凭借家国情怀和全球视野,在国外高校的讲堂上,在外交事务的斡旋中,在国际经贸的商场上,在海外维和的军营里,实现着西政人胸怀世界的美好愿景,在各自的人生舞台上诠释着"心系天下"的西政精神。

西政精神,秉持"自强不息"。"自强不息"乃是西政精神的核心。西政师生从来不缺乏自强传统。在 20 世纪七八十年代,面对"文革"等带来的发展阻碍,西政人同心协力,战胜各种艰难困苦,玉汝于成,打造了响当当的"西政品牌",这正是自强精神的展现。随着时代的变迁,西政精神中"自强不息"的内涵不断丰富:修身乃自强之本——

尽管地处西南，偏于一隅，西政人仍然脚踏实地，以埋头苦读、静心治学来消解地域因素对学校人才培养和科学研究带来的限制。西政人相信，"自强不息"会涵养我们的品性，锻造我们的风骨，是西政人安身立命、修身养德之本。坚持乃自强之基——在西政，常常可以遇见在校园里晨读的同学，也常常可以在学术报告厅里看到因没有座位而坐在地上或站在过道中专心听讲的学子，他们的身影折射出西政学子内心的坚守。西政人相信，"自强不息"是坚持的力量，任凭时光的冲刷，依然能聚合成巨大动能，所向披靡。担当乃自强之道——当今中国正处于一个深刻变革和快速转型的大时代，无论是在校期间的志愿扶贫，还是步入社会的承担重任，西政人都以强烈的责任感和实际的行动力一次次证明自身无愧于时代的期盼。西政人相信，"自强不息"是坚韧的种子，即使在坚硬贫瘠的岩石上，依然能生根发芽，绽放出倔强的花朵。

西政精神，倡导"和衷共济"。中国司法史上第一人，"上古四圣"之一的皋陶，最早提倡"和衷"，即有才者团结如钢；春秋时期以正直和才识见称于世的晋国大夫叔向，倾心砥砺"共济"，即有德者不离不弃。"和衷共济"的西政精神，指引我们与家人美美与共：西政人深知，大事业从小家起步，修身齐家，方可治国平天下。"和衷共济"的西政精神指引我们与团队甘苦与共：在身处困境时，西政举师生、校友之力，攻坚克难。"和衷共济"的西政精神指引我们与母校荣辱与共：沙坪坝校区历史厚重的壮志路、继业岛、东山大楼、七十二家，渝北校区郁郁葱葱的"七九香樟""八零花园""八一桂苑"，竞相争艳的"岭红樱"、"齐鲁丹若"、"豫园"月季，无不见证着西政的人和、心齐。"和衷共济"的西政精神指引我们与天下忧乐与共：西政人为实现中华民族伟大复兴的"中国梦"而万众一心；西政人身在大国，胸有大爱，遵循大道；西政人心系天下，志存高远，对国家、对社会、对民族始终怀着强烈的责任感和使命感。西政人将始终牢记：以"和衷共济"的人生态度，以人类命运共同体的思维高度，为民族复兴，为人类进步贡献西政人的智慧和力量。这是西政人应有的大格局。

西政精神，着力"严谨求实"。一切伟大的理想和高远的志向，都需要务实严谨、艰苦奋斗才能最终实现。东汉王符在《潜夫论》中写道："大人不华，君子务实。"就是说，卓越的人不追求虚有其表，有修养、有名望的人致力于实际。所谓"务实"，简而言之就是讲究实际，实事求是。它排斥虚妄，鄙视浮华。西政人历来保持着精思睿智、严谨求实的优良学风、教风。"严谨求实"的西政精神激励着西政人穷学术之浩瀚，致力于对知识掌握的弄通弄懂，致力于诚实、扎实的学术训练，致力于对学习、对生活的精益求精。"严谨求实"的西政精神提醒西政人在任何岗位上都秉持认真负责的耐劳态度，一丝不苟的耐烦性格，把每一件事都做精做细，在处理各种小事中练就干大事的本领，于精细之处见高水平，见大境界。"严谨求实"的西政精神，要求西政人厚爱、厚道、厚德、厚善，以严谨求实的生活态度助推严谨求实的生活实践。"严谨求实"的西政人以学业上的刻苦勤奋、学问中的厚积薄发、工作中的恪尽职守赢得了教育界、学术界和实务界的广泛好评。正是"严谨求实"的西政精神，感召着一代又一代西政人举大体不忘积微，务实效不图虚名，博学笃行，厚德重法，历经创业之艰辛，终成西政之美誉！

"心系天下，自强不息，和衷共济，严谨求实"的西政精神，乃是西政人文历史的积淀和凝练，见证着西政的春华秋实。西政精神，在西政人的血液里流淌，在西政人的骨子里生长，激励着一代代西政学子无问西东，勇敢前行。

西政文库的推出，寓意着对既往办学印记的总结，寓意着对可贵西政精神的阐释，而即将到来的下一个十年更蕴含着新的机遇、挑战和希望。当前，学校正处在改革发展的关键时期，学校将坚定不移地以教学为中心，以学科建设为龙头，以师资队伍建设为抓手，以"双一流"建设为契机，全面深化改革，促进学校内涵式发展。

世纪之交，中国法律法学界产生了一个特别的溢美之词——"西政现象"。应当讲，随着"西政精神"不断深入人心，这一现象的内涵正在不断得到丰富和完善；一代代西政校友，不断弘扬西政精神，传承西政文化，为经济社会发展，为法治中国建设，贡献出西政智慧。

是为序。

西南政法大学校长，教授、博士生导师
教育部高等学校法学类专业教学指导委员会副主任委员
2019 年 7 月 1 日

序 一

飞飞是我指导的 2010 级硕士研究生。2010 年 5 月，在聊城大学法学院临近本科毕业并即将在西南政法大学开启硕士研究生征程的他给我发了一封邮件，详述了他未来三年的学习计划，给我印象尤其深刻的是，他谈到他将终身致力于学术研究，立志成为一位学术大家。在攻读硕士学位期间，他不忘初心，隔三差五跟我讨论他正在思考的问题，每过几周即给我发来一篇论文让我提意见。经过不懈努力，他不但课程考核成绩优异，而且在科研方面取得了卓著的成果，并因此于 2012 年获得硕博连读资格，得以提前一年攻读博士学位。因各方面表现突出，他在 2015 年博士研究生毕业后谋得留校任教的机会。

一年前，欣闻他的博士学位论文入选西政文库，由商务印书馆出版，作为他曾经的老师，我由衷地感到高兴。

飞飞在攻读博士学位期间，曾多次就公司章程司法裁判是否适合作为博士学位论文选题方向与我交流，我当时的感觉是：这个选题并不新颖，但也绝不是一个不值得研究的"老问题"，甚至可以说，这是一个具有持久学术生命力的公司法领域的选题。应当说，在这个不失学术价值却又难言新颖的选题上探讨出"新东西"是比较困难的，但难能可贵的是，飞飞对这个选题的研究在某种程度上实现了创新。这部著作最突出的特点，是在反思公司章程性质既有的"合同说""自治法规说""折中说"的基础上提出并论证了"决议说"这一具有新意的观点。在这部著作中,飞飞从法律行为的视角切入,认为公司制定、修改章程的行为属于法律行为中的决议行为,公司章程因此具有决议属性,公司章程效力认定应当适用决议行为规则。在理论与实务界一度普遍认为公司章程具有合同性质的情况下,公司章程"决议说"无疑具有相当的冲击力。"决议行为"曾长期是一个比较冷僻的学术词汇,公司章程"决议说"不免也给人怪异之感,乍看之下甚至不知所云。然而,我国在 2017 年 3 月通过的《民法总则》第 134 条在世界上首次承认了决议的法律行为属性,有学者称之为民法典的"中国元素";2017 年 9 月开始实施的《最高人民法院关于适用〈中华人民共和国公司法〉若干问题的规定(四)》又进一步完善了公司决议规则,公司章程"决议说"由此逐渐受到理论界和实务界的青睐。我注意到,公司章程与决议行为的联系不断得到学界的关注,公司章程"决议说"所蕴含的学术预见性品格因此得到彰显;如果说合同是个体法行为,决议是团体法行为,那么公司章程"决议说"相较于"合同说"似乎前进了一步,公司章程"决议说"在某种程度上会成为这部著作的"学术标签"。在公司章程"决议说"的解释路径下,飞飞提出了公司章程效力认定的四个标准——目的性标准、公平性标准、程序性标准和利益衡量标准。这四个标准基本可以满足公司章程效力认定的体系自洽性要求,道理上能够自圆其说,并且可以在比较法上找到相关佐证。

博士学位论文是"充满遗憾的作品",飞飞的这部著作也不例外,仍存在一些有待提升的地方。如,这部著作并没有对公司章程效力认定的四个标准进行进一步提炼,进而使它们成为公司章程所独有的效力认定标准,因而这四个标准显得过于大而化之,针对性和解释力稍显不足。又如,这部著作既然是"公司章程司法裁判问题研究",那么大量的案例分析梳理应当是"重头戏",而这部著作更多的是个案研判,缺乏足够体量的案例支撑。不过换一个角度来理解,我感到这部著作提出的公司章程"决议说"虽然并未系统地提出解决问题的具体方案，但也提供了一个思考问题的方向，这已经是这部著作做出的学术贡献；何况这部著作对飞飞而言，仅仅是学术的起点而非终点。

飞飞的学术研究路径一直比较有连贯性，在留校工作后，他在博士学位论文的基础上继续深挖，对决议行为的理解愈见深刻，围绕决议行为发表了几篇比较富有见地的论文。在《决议行为归属与团体法"私法评价体系"构建研究》一文中，他提出以决议行为作为"线索"和"纽带"，将法律行为理论贯穿到团体治理中，构筑起团体法的"私法评价体系"，避免团体自治陷入"威权之治"或者"乌合之治"，使团体自治成为"规则之治"。这篇论文为法律介入团体自治提供了一条比较科学的门径，也为团体自治规则的完善提供了一套抓手。在《论中国民法典的公共精神向度》一文中，他认为决议行为规则具有培育国民公共精神的价值作用，这一观点颇具启发性，凸显了决议行为的理论深度。最近，飞飞跟我交流时谈到"社会决议论"这一提法。他对此的解释是，我们每个人生活中的每一个行为都是在行使投票权，比如我们去电影院看了《流浪地球》，就相当于投了这部电影一票，这种投票会对中国乃至世界的电影市场发展走向产生影响，因此，如果每一个消费者在购票之前都基于此种考虑而谨慎地行使这一"投票权"，那么整个电影市场将会往好的方向发展。同理，如果我们每个人在行使私权时都适当地考虑其可能产生的社会效应，那么整个人类社会将持续向好，这就是"社会决议论"。应当说，这是一个相当大胆的提法。期待他能够在这部著作及其后续思考的基础上，就决议说形成更多的学术作品。

是为序。

卢代富　西南政法大学经济法学院院长、教授、博士生导师

2019年1月15日

序 二

第一次见到吴飞飞的时候，他刚考上博士研究生，我被确定为他的指导老师。他见到我，说的第一句话大概是：邓老师好，我叫吴飞飞，本科就读于聊大，硕士读的是西政（西南政法大学），导师是卢（代富）老师。这段自我介绍还引出一个段子：我回答说，辽大我知道啊，杨松教授是你们院长嘛。结果他立刻纠正我说，不是东北那旮旯的辽宁大学，而是山东的聊城大学。"聊城"？印象中和蒲松龄的《聊斋志异》似乎有些牵连，此外我对这个城市几乎一无所知。这个学校培养出的本科生究竟咋样？面前的飞飞和脑海中高大魁梧、浓眉大眼的山东大汉形象迥然不同：瘦削的肩膀上顶着一张清瘦的脸庞，眼睛在金丝眼镜后面显得愈发细长，个子在南方人中恐怕都不能算高，倒也避免了给人一种"竹竿"的观感。我不禁稍微有些担心，他的身子骨是否熬得住艰苦的博士生学习生活。

和他接触一段时间后，我内心深处有一种莫名的惊喜，这种感受或许和在撒哈拉沙漠发现油田有些相似，我暗暗认定这位没有"211""985"名校背景的年轻人是个无需老师过多引导，就能有所成就的可塑之才。就培养和指导过的研究生的类型而言，我以为可用栽培植物打个比方：一些植物有很强的吸收营养的能力，无需外界给予太多关注和养分，只要适当浇点水、晒晒太阳，就能茁壮成长；而另一些植物自我生存的能力相对较弱，必须施以大量的肥料，方可顺利成材。研究生大概也可分成这两类：一类仅需稍加扶持、引导一下发展方向，就可放心任其自由生长；另一类则需费心费力、事无巨细地给予耐心的指引，甚至具体到一些在中学和本科阶段就该掌握的技术枝节问题。不得不承认，在我所在的归属地方教委管理的高校中，前一种类型的学生非常少，如果一年能够遇到一两个，对指导老师而言堪称幸事。事实证明，我最初的判断是正确的，我是导师之中幸运的一员。

无论是闲聊还是同门的讨论会，飞飞都能给我和其他同学带来新颖的思想和观点，展示出他对经济法，甚至民商法、行政法等许多法律前沿领域的深入了解以及超强的研究能力。当然，他最感兴趣和擅长的还是在公司企业法领域。这个法域有悠久的研究历史，出现了大批非常优秀的中外法学家和研究者，成果可谓汗牛充栋，这为他提供了充足的精神营养。我本人并非以公司法为研究重点，并且公司法领域的研究太过"繁荣"，真正有新意、有价值还切实可行的选题并不好找，因此我采取的培养思路是充分尊重他本人的意愿，帮助他就选题意义、研究可行性等方面做出准确的判断，让他尽量少走或不走弯路。只要把握准选题，以他吸收学术营养和创造性思考的能力，对他而言，完成博士学位论文即便不算易如反掌，也至少不会太过艰难。经过博士研究生阶段的不懈努力，他终于完成了博士论文，并在博士论文的基础上完成了这本高水平的专著。

飞飞在确定博士论文选题时与我讨论，我建议他延续他在硕士期间的研究路径，在公司章程方面做出高质量的研究成果，不必迎合我的研究方向，最终他将博士论文选题定为"公司章程司法裁判问题研究"。这个题目看起来比较普通，也不新颖，我记得学界当时有关公司章程的专著已经有五六本，论文更是不计其数。这也符合飞飞一贯的研究兴趣，他不喜欢研究新问题、热点问题，而喜欢在老问题里提出新观点。难能可贵的是，他在这个相当传统的领域里做出了新的东西：在公司章程合同说、自治法规说之外，他提出了自己的"决议说"，并在"决议说"的解释路径下构建了一套自成一体的公司章程效力规则。他敢于批判、勇于创新的精神，较强的体系性思维能力，以及富有感染力的文笔，在这篇博士论文中得到了充分展现。我也注意到，他的"决议说"近几年逐渐得到学界的关注与认可，他的相关观点也陆续在《法商研究》《法制与社会发展》《政治与法律》等法学权威刊物上发表，并被一些同行列为领域内的代表性观点，我作为他的老师深感欣慰。飞飞的特点是强于宏观、思维发散，但是在细节性问题上不甚计较，所以比较遗憾的是，他并没有在这篇论文中充分地运用案例分析和实证分析。灵气足的人普遍懒于论证，这或许是性情使然。毕业后，飞飞留校工作，他近几年的研究方向逐渐偏向基础理论和宏观性问题，研究视野愈渐广阔。我知道他近几年正试图将决议行为上升到公共精神的层面来进行研究，在公司章程"决议说"之后提出"社会决议论"的新观点，可见他致力于做出大学问的心志，作为他的老师，我十分期待他能在这条路上做出在学界有影响力的学术成果。

长江后浪推前浪，一代新人胜旧人。作为一名长期在高校从事教学、研究工作的老师，我坚信培养出优异的学生是对自身工作的最高认可。作为飞飞曾经的指导老师之一，我欣喜地看到他已经表现出过人的天赋和勤奋，假以时日，他一定会超越许多前辈，成为新生代学者中的佼佼者。我对逝水年华虽略感无奈，但也因此坚信未来中国法学研究的进步可期。最后，借用作家熊培云的一段诗作为我的祝愿：

我愿意跟随自己的心
带上所有的诚实与自由
在时间的山谷里生长

无论世界向好，还是向坏
我的忧郁里有明亮的未来

邓纲　西南政法大学经济法学院教授
2019年1月20日于山城重庆

序　三

　　吴飞飞博士将出版他的博士论文，寒冷的冬夜，他让我为之作序。学术是一条孤寂的道路，做学术如同踏雪寻梅，要在冷淡中体会此中真意；如果没有真正的修为，行者只会感觉凄清，而无法体会"暗香浮动月黄昏"的意境。

　　博士论文往往体现了作者写作时的境界。以应付为目标的博士论文，尽管文字拥挤，却能读出其中的冷漠与虚情假意；那些学术型的博士论文，却将热情与真诚透出文字之外，以一种奇妙的方式，慢慢地温暖读者的身心。吴飞飞的这篇博士论文，让我看到了他对于学术的热情与真诚，读来颇为温暖。

　　这篇论文从决议的视角研究公司章程，它对决议与合同的界定是准确的。本来，合同与决议是民法中两类基本的法律行为，其分野清楚明白。但是，到了公司法，这个问题就复杂化了，因为很多学者从美国法中继受公司合同理论，而美国法没有法律行为理论，也就不谈法律行为的分类与界定，于是，不少学者忘记了合同与决议的界分。民法区分合同与决议，目的在于将意思表示量化，以区分二者合意的程度，继而区分不同合意程度形成的程序、不同合意程度的约束力等。据此，将大于等于50%且少于100%的合意与100%的合意区分开来，并从程序正义等原则之上寻求不完全合意程序对不同意者约束力的依据。简言之，多数人合意与正当程序是决议区分于合同的两个根本特征。研究公司法，如果没有良好的民法基础，就难以注意到公司合同理论中的"合同"概念（有时被称作"一束合同"或"不完全合同"等）与民法合同概念的区别，就容易混淆合同与决议，从而认定公司形成的决议也属于合同。吴飞飞博士的这篇论文，以深厚的民法法律行为理论为基础，严格地区分了合同与决议，没有跌入两大法系的裂缝之中，顺利地跨越了民法基础理论与公司法理论之间的鸿沟。

这篇博士论文没有写成观景式论文。所谓观景式论文，是指以文献综述及对既有文献的赞美为主要内容的论文。考据是为义理服务的，但是，考据一多，义理就受到了挤压，义理的论证就容易草草收场甚至点到为止，最后就容易写成"观点游记"。观景式论文很能展示他人观点，但博士论文应当重点展示作者自己的观点。当我们拜读那些不遗余力地为既有文献做广告的论文，却并不觉得那种论文对既有文献有多么尊重，相反，倒是觉得那是一种消化不良的症状，是对既有文献的涂鸦。综述别人的文献也是可以的，但那是观点综述，与论证自己观点的论文的档次不同。作为博士论文，如果不能形成自己的观点，那么，要么会形成变相的抄袭，要么则会将既有文献搞得更为混乱。科斯说，这种论文，最好一把火烧掉。据说，唐代诗人杜牧在自己生病时，烧掉了很多文稿，以防止自己不好的诗文传于后世。杜郎一生放浪形骸，但在论著上却相当自律。吴飞飞博士的论文处处表现出他对中国理论与中国问题的关怀，细致地阐述了各种理论与裁判对中国公司的具体意味，更重要的是，论文有文献综述与传统原理分析，但没有出现观景式的评述，也没有局限于传统教义上的考据，而以现实问题为导向，展开了详尽的论证。

这篇博士论文的观点具有典型性，没有写成恋爱式论文。所谓恋爱式论文，是指不能明确地区分自己的观点与他人的观点，自己的观点与他人的观点"你中有我、我中有你"的论文。简言之，是观点不典型的论文。每块石头中都含有金子，但只有达到一定的纯度，才是人们所说的金矿石。年轻的瞳孔可能会遇到很多青睐,但只有那些钟情的眼神,才能令人为之心动。新观点的出现需要火花,更需要无数个不眠之夜的打磨,还需要无数次勇敢地对自己观点的抛弃与回收。这一历程,必须以热情、真诚与孤寂为伴。如同提炼金子,既要炙烈的火,也要冰冷的水。如果人生太过顺利,例如文章过于容易出炉,就会生产半成品的观点;如果没有热情,人往往会中途放低对自己的要求,毕竟中途放弃提炼而最终过关的人比比皆是;如果没有冷寂的独处,他的观点就会缺少寒冷的光泽;如果没有真诚,这种"慎独"的行为似乎就没有坚守的意义。吴飞飞博士的论文,多数观点鲜明而典型。公司章程的本质是决议。这一命题独特而有力,有一种紫电青霜的锋利之感。其他观点,如公司章程效力判定的四个标准(目的性标准、公平性标准、程序性标准与利益衡量标准)、公司章程的裁判法源地位及其解释论意义、章程规则的类型化(执行性规则、细化性规则、排除性规则与超越公司法的规则)等,也提炼到了相当的纯度,令人耳目一新。当然,生命不息,提炼不止,这篇论文的一些观点还有进一步提炼的余地。

里程碑式的文献以美妙的形态组成文献的绚丽图谱,如同七星组成北斗一样。这篇论文中的"公司章程的本质是决议"等命题,定会成为经典的命题。这篇论文系统性地对公司章程的各个方面进行了讨论,也将成为公司章程、决议等研究领域中绕不过的文献。并不是任何人都能在文献史上留下自己的脚印,只有那些具有典型性创见的人才能。作为年轻人,吴飞飞博士这篇论文中的一些观点已经在文献史中留下了自己的脚印,实为难得。

最后,要说说人们对决议与合同的喜好问题。这篇论文讨论了治理模式(官僚治理模式与权威治理模式)对公司章程的影响及其因应。在人们的印象中,合同似乎更能实现私法自治,而决议更像是一个统治工具。从合意的程度上比较,100%的合意优于50%的合意,似乎也证明了合同相对于决议的优越性。事实上，评判二者的优劣应当考虑政经环境。合同也完全可以成为一个宏观性的利益输送工具。而决议呢？不喜欢多数决定，就只有求助于单方行为与合同了，但万一达不成合同怎么办？就由个别人单方决定吗？私法一定不能陷入这样的泥潭：既然大家无法达成合同，那么，就让某个人说了算吧。行为人数的多少不是一个可以忽视的问题，多数人决策促生了无法达成100%合意的难题，而决议正是解决这一难题的方法。决议不是最理想的决定方案，但却是目前能找到的多数人行动的最优决定方案。孙中山先生推崇决议，不是无缘无故的。法学应当从宏观的视野来选择行为制度，而不能只强调某个行为的优点而无视全局。吴飞飞博士的论文能从宏观上论证公司章程问题，值得肯定。

这篇论文也还存在这样那样的缺陷，但瑕不掩瑜。天气寒冷，就到此为止吧。

陈醇　浙江师范大学法政学院教授
2019年1月17日于九维兰苑

目 录

引 言 1
  一、问题之缘起 1
  二、研究现状综述与评价 6
  三、主要研究方法 15
  四、可能的创新之处 16

第一章 公司章程法源属性界说及其解释论意义诠释 20
  第一节 法律渊源及其形成条件 20
    一、法律渊源的源流考辨及其含义探求 20
    二、法律渊源的形成条件 25
  第二节 公司章程是一种独立而具有优先适用性的正式
         法律渊源 28
    一、公司章程是一种正式的法律渊源 31
    二、公司章程是一种具有优先适用性的法律渊源 37
    三、公司章程是一种独立的法律渊源形式 41
  第三节 公司章程法源形式之学说梳理与评议 42
    一、公司章程合同说——隐喻而非本质 43

二、公司章程自治法规说——欠缺法律行为理论内核的
　　　　解说 48
　　三、公司章程折中说——折中的解说遭遇无法折中的命题 50
第四节　公司章程决议说——法源特定化及其解释论意义
　　　　诠释 51
　　一、公司章程具有决议的法律属性 51
　　二、公司章程决议说之解释论意义诠释 57

第二章　公司章程司法裁判的现状与问题 63
第一节　公司章程法律属性认知多元化造成了解释论起点的
　　　　不统一 63
　　一、以公司章程合同说为解释论起点的裁判路径及其局限 63
　　二、以公司章程自治法规说为解释论起点的裁判路径
　　　　及其局限 71
　　三、解释论起点多元化引发"同案不同判"而影响司法
　　　　公信力 75
第二节　裁判理念错位导致的裁判方法与路径失当 78
　　一、过度介入公司之"章程治理" 79
　　二、公司章程的裁判法源地位严重失落 86

第三章　公司章程司法裁判的外部约束性因素分析 102
第一节　公司法与公司章程的"规范对接"失洽 102
　　一、强制性规范配置不当限缩了章程自治的制度空间 103
　　二、法律规范属性难辨导致公司章程与公司法规范的
　　　　"错位对接" 109
　　三、法律要件欠缺引发公司章程条款的效力之争 115

第二节 "章程治理"还未真正成为实践中公司治理的常态化选择 121

一、公司对章程的法律意义认知偏颇 122

二、公司缺乏"章程治理"的民主传统 124

三、公司章程的登记、管理机制不到位 133

第四章 公司章程司法裁判的功能阐释——治理优化与法律续造 138

第一节 公司章程司法裁判的治理优化功能 139

一、提升公司治理效率 141

二、保障公司治理公平 148

第二节 公司章程司法裁判的法律续造功能 157

一、"涉章纠纷"个案裁判对公司法规范的解释性续造 158

二、规范性司法解释对公司法规则的一般性续造 169

三、司法判例对公司法规则的补充性续造 172

第五章 公司章程效力的司法认定标准 178

第一节 公司章程效力认定的"目的性标准" 181

一、适用"目的性标准"之因由 182

二、"目的性标准"的司法适用 188

第二节 公司章程效力认定的"公平性标准" 193

一、适用"公平性标准"之因由 193

二、"公平性标准"的司法适用 198

第三节 公司章程效力认定的"程序性标准" 213

一、适用"程序性标准"之因由 213

二、"程序性标准"的司法适用 220

第四节 公司章程效力认定的"利益衡量标准"..................228
一、适用"利益衡量标准"之因由..................228
二、"利益衡量标准"的司法适用..................232

第六章 公司章程的约束力构造 —— 内束与外化..................245
第一节 公司章程约束力的一般性阐释..................245
一、合同法上的违约责任适用于公司章程之证伪..................246
二、违反公司章程的法律责任构造的一般性界定..................251
第二节 公司章程规则分类视野下章程内在约束力之裁判解释..................258
一、公司章程执行性规则的约束力 —— 以公司章程中的出资责任条款为分析对象..................258
二、公司章程细化性规则的约束力 —— 以公司章程中的担保规则为分析对象..................263
三、公司章程排除性规则的约束力 —— 以公司章程"另有规定"条款为分析对象..................270
四、超越公司法之外的公司章程规则的约束力 —— 以阿里巴巴集团"合伙人制度"为分析对象..................282
第三节 公司章程的对外效力与相对人之审查义务的裁判解释..................292
一、公司章程对外效力的学说争论..................292
二、公司章程应否具有对外效力本质上是一个利益衡量问题..................294
三、我国公司章程的对外效力与相对人之审查义务..................299

代结语：值得进一步深入研究的几个问题 306
  一、公司章程与股东协议的冲突性问题 306
  二、民营企业家的情感投入如何通过公司章程获得保护的问题 307
  三、英美法上的公司章程两分法我们应当如何借鉴 308
  四、"后果主义"裁判方法在公司制度创新纠纷中应当如何应用 309

参考文献 310

引 言

一、问题之缘起

苏力教授在《追求理论的力量——〈法律理论的前言〉代译序》一文中指出:"作为学者生命意义之预设,我必须假定中国当代社会的某些现象中有些对现有的理论构成了挑战与刺激,为我们——至少从理论上讲——发展、完善甚至是创造新的理论设定了可能性。"[①] 这种被缤纷的社会现实或者说被创作者自身预设的研究成果的"可能性",从最内在的层面孕生了任何一种学术研究的目的性动力,本书亦不例外。

美国公司法学者玛格丽·M.布莱尔在《共同的"所有权"》一文中独辟蹊径地指出:"公司,是一种将'联合专业化'资产的运用加以组织和管理的安排。"[②] 换言之,公司在某种层面上可以被称为一种秩序化构造。而公司法、公司章程则分别是实现公司秩序化的外在与内在之"章法"。笔者认为,就制度层面而言,中国公司自改革开放至今经历了三个主要的发展阶段:第一个阶段(1978—1992年)是"经验主义"阶段。在这个阶段,由于国家尚未确立企业发展与改革的整体思路,公司

[①] 苏力:《追求理论的力量——〈法律理论的前言〉代译序》,《法制与社会发展》2003年第2期,第158页。

[②] 玛格丽·M.布莱尔:《共同的"所有权"》,赵辰宁译,《经济社会体制比较》1996年第3期,第39页。

（或企业）的改革，尤其是制度性改革，基本采取的是"经验主义的发展方式"①。彼时的中国公司（或企业）基本处于一种"外无法制、内无规章"的野蛮生长状态。第二个阶段（1993—2005年）是"管制主义"阶段。1993年，《中华人民共和国公司法》（以下简称《公司法》）的出台，标志着中国公司结束了过去15年的野蛮生长史，迈入了法制化的发展历程。然而，1993年《公司法》主要承担的是为国有企业改革提供制度性保障的政治使命②，这就为这部《公司法》埋下了"管制主义"的基因，公司自治无从伸张，章程自治更是痴人梦呓。第三个阶段（2006年至今）是"自由主义"阶段。其开始的标志便是2005年《公司法》的实施，对于2005年修订并于2006年实施的这部《公司法》，学界称颂之声不绝于耳，公司法同仁几乎一致认为这是一部"自由主义"的公司法典③，有学者甚至称"中国公司法迈进了世界先进公司法之列"④。是故，2005年《公司法》开启了中国公司的"自由主义"发展之路。

2005年《公司法》的自由主义价值取向的一大表现即是重构了公司章程与公司法的二元关系，赋予了公司章程广泛的自主权限，极大地消解了公司章程自治的合法性危机。据钱玉林教授统计，单就关涉公司章程的法律条文而言，2005年《公司法》中涉及公司章程的法律条文有70处之多，较1993年《公司法》多出了24条。⑤ 2005年《公

---

① 参见张军等：《中国企业的转型道路》，格致出版社、上海人民出版社2008年版，第2页。
② 根据刘小玄教授的研究，自1993年《公司法》出台以后，我国新增企业几乎全部按照1993年《公司法》注册为有限责任公司或者股份有限公司，传统的国有企业和集体所有制企业大都改制成了公司制企业，即国有独资或者多元混合的股份公司。到2006年，我国规模以上工业企业中，传统类型的国有企业和集体企业以及过渡类型的股份合作企业和联营企业等四种类型企业合计仅占企业总数量的12%，工业总产值的14%。参见刘小玄：《奠定中国市场经济的微观基础：企业改革30年》，格致出版社、上海人民出版社2008年版，第226—227页。
③ 如据罗培新教授统计，"可以""由公司章程规定""依照公司章程的规定""全体股东约定……的除外"等任意性字眼，在2005年《公司法》中总共出现了119处，而1993年《公司法》中此类字眼仅有75处。参见罗培新：《公司法强制性与任意性边界之厘定：一个法理分析框架》，《中国法学》2007年第4期，第69页。
④ 参见王涌：《公司法的竞争》，《法制日报》2006年1月10日，第9版。
⑤ 参见钱玉林：《公司章程"另有规定"检讨》，《法学研究》2009年第2期，第72页。

司法》中所出现的"由公司章程规定""根据公司章程规定""公司章程另有规定,从其规定"这些措辞表述,宣示了公司章程相对于公司法的独立法律地位,也确立了公司章程在司法裁判中的裁判法源地位。因此,有学者说:"当'公司自治'被确立为 2005 年《公司法》修订的主题时,公司章程就注定要承担起这一新的历史使命。"[①] 之后于 2013 年修订的《公司法》[②]在公司资本制度方面的重大变革又将公司法的自由主义精神进一步传承与展现出来。若将视线从《公司法》的立法文本转移到商业实践中的公司,我们会发现现实中的公司章程已经逐渐摆脱过去"照搬"《公司法》的旧习,愈发具有个性化内涵,公司章程俨然成为公司之间尤其是大型公司之间展开制度竞争的着力点。[③]

然而,近年来随着公司章程法律地位的提升与实践中公司章程的个性化色彩日益浓重,涉及公司章程的案件纠纷,如公司担保纠纷、股权转让纠纷、利润分配纠纷等频频发生。同时,由于现行《公司法》中关涉公司章程的法律规范多有抵牾与疏漏之处,学界对于公司章程法律属性这样的"元命题"未能形成共识,法官裁判思维与方法的不当等原因,导致"涉章案件"司法裁判中"同案不同判"、"同案同判不同理"的情况时有发生,"涉章案件"经常成为公司法上的"疑难案件"甚至是"悬案"[④],这一系列的问题严重地影响着司法的权威性与公信力,也制约着司法对于商业实践所本应具有的积极回应力的发挥。本书的写作动机正是肇始于公司章程在当前的司法裁判中所出现的种种乱象与问题。具体而言,本书的研究与写作主要基于以下四个目的,同时本书的理论与实践意义也基本包含在这四个目的之中。

[①] 钱玉林:《作为裁判法源的公司章程:立法表达与司法实践》,《法商研究》2011 年第 1 期,第 95 页。

[②] 若无特殊说明,下文中的现行《公司法》及《公司法》,均指 2013 年《公司法》。

[③] 参见吴飞飞:《"公司章程另有规定"条款的理论争点与司法解说——以公司合同理论与股东平等原则为认知路径》,《甘肃政法学院学报》2014 年第 1 期,第 92—93 页。

[④] "悬案"一词来自胡田野先生对公司担保案件审理的相关评述,具体内容参见胡田野:《公司法律裁判》,法律出版社 2012 年版,第 670—676 页。

第一，在学理层面力图呼吁学界对公司章程的法律属性这样关涉公司章程司法裁判解释论之基点的"元命题"形成共识性的认知，同时试图引起学界对于章程行为这种团体法上之行为的关注与重视。众所周知，我国现行《公司法》第 11 条是关于公司章程的总括性规定，遗憾的是，该条并未能从立法层面对公司章程的法律属性予以明确定性。① 公司法学理论界关于公司章程法律属性的章程合同说、自治法规说、折中说等学说在法官队伍中各有其拥趸，法官对于公司章程法律属性所秉持的不同认知态度导向了不同的裁判规范与法律适用规则，这样，最终出现"同案不同判""同案同判不同理"的司法乱象也就不难想见了。因此，公司章程法律属性的学理认知混乱局面可以说是导致当前"涉章案件"裁判乱象丛生的关键性原因之一。是故，笔者写作本书的目的之一就是要对学界当前关于公司章程法律属性的几种学术认知进行反思与解构，并在此基础之上提出本书所主张的"章程决议说"，以希冀学界能对此基础性命题形成一个一元性的共识。另外，根据本书的观点，章程行为属于共同法律行为中的决议行为，是一种团体法上之行为。然而，由于种种原因，学界当前普遍习惯于用个人法上之规则解释公司行为这种团体法上之行为，而使决议行为这种团体法上之行为被忽略与淹没，本书也力图通过对章程行为的分析与研究，引起学界对于团体法上之行为的关注与重视。

第二，在司法层面试图明确公司章程的裁判法源地位及章程作为一种独立的法源形式所适用的特定的裁判规则。公司章程具有裁判法源的司法地位，这种认识尚未被当前的学界与司法实务界所重视。②

---

① 《公司法》第 11 条规定："设立公司必须依法制定公司章程。公司章程对公司、股东、董事、监事、高级管理人员具有约束力。"

② 据笔者通过知网系统检索到的资料，学界当前就公司章程的裁判法源地位进行针对性探讨的只有钱玉林教授一人。参见钱玉林：《作为裁判法源的公司章程：立法表达与司法实践》，《法商研究》2011 年第 1 期，第 95—100 页。

当前"涉章案件"的司法裁判要么仅把章程作为一种法律事实,直接强行介入公司之章程治理;要么就将章程视为一种合同,以合同的法律适用规则予以裁断。前一种裁判路径违背了法官介入公司治理所本应秉持的谨慎、宽缓的司法态度;后一种裁判路径则忽略了公司这种科层制的组织体的行为与市场交易中的合同行为所具有的本质性差别,进而容易导致公司作为独立法人的独立性的失落。本书研究与写作的目的之二即在于:一方面,阐明公司章程在司法裁判环节中具有裁判法源的法律地位,应当得到法官的尊重而不能被随意地强行介入;另一方面,在本书所提出的"章程决议说"的基础之上,构建公司章程区别于合同等其他法源形式所应当具有的特定的法律适用规则。

第三,在公司治理实践层面为公司设计其章程及相关主体的权益救济提供一种参考性建议。如前文所述,在我国当前的商业实践中,公司章程已经不再像过去那般"千人一面",而是愈发具有个性化色彩,章程俨然成为公司之间进行制度竞争的核心性武器之一。① 然而,对于如何设计自己的章程、公司章程的自由边界在哪里、如何利用章程维护自身的权益以及如何通过废止不合法的章程条款以寻求自身权益救济等问题,公司、股东、董事等相关主体往往并不通晓。② 因此,本书研究与写作的目的之三在于:在实践层面为公司设计其章程以及相关主体寻求权益救济提供可资参考的建议。

---

① 当然,不可否认的事实还有,当前仍有一部分公司的发起人以及股东对于公司章程的认识,还停留在将其仅仅视为设立公司的必备文件的初级层面,甚至有的工商登记机关还强令要求设立公司必须使用由他们所提供的公司章程范本。参见常健:《公司章程论》,中国社会科学出版社 2011 年版,第 126—131 页;董慧凝:《公司章程自由及其法律限制》,法律出版社 2007 年版,第 132—154 页。

② 笔者预见在未来的中国法律服务市场上,协助公司拟定或者修改章程将成为法律人尤其是律师群体的一个新的职业增长点。当前市面上已经出现了几本关于如何设计章程及如何利用章程维权的书籍。如郭春宏:《公司章程个性化设计与疑难解释》,法律出版社 2014 年版;赵箭冰、俞琳琼:《有限责任公司章程设计的奥妙》,法律出版社 2014 年版。另外笔者在淘宝网进行搜索,发现当前已经有一些法律人士通过互联网销售渠道,专门提供代写、协助起草公司章程、股东协议的服务。

第四，在立法层面为未来的公司法及相关法律的完善提供一个来自于司法面向的法律规则发展与完善路径。施天涛教授说："如果说自由是企业的精髓和灵魂，那么自由主义就是公司法的精髓和灵魂。"[①]就宏观层面而言，我国现行《公司法》已经可以被称为一部自由主义公司法典。然而，就具体的制度塑构层面而言，现行《公司法》及其相关法律还有诸多有待完善之处，其中涉及公司章程的法律规范亦是如此。从公司法的生成路径来看，是先有公司章程而后有公司法，是"章程自治行为的法律化——产生了公司法"[②]。实践中愈来愈个性化的公司章程进入到司法程序以后，为法官所确认或者否定，经过裁判检验的公司章程则成为公司法进一步发展与完善的实践源泉。因此，本书研究与写作的目的之四在于：通过对公司章程法律属性及其法律适用规则的诠释，以及对"涉章案件"裁判路径的分析与裁判经验的总结，为未来的公司法及其相关法律之发展与完善，提供来自于商业实践层面、司法裁判层面的可能性素材。

二、研究现状综述与评价

（一）国内外研究现状阐述

1. 国内研究现状

根据笔者掌握的资料，当前国内学界直接对"公司章程司法裁判"问题进行针对性、专门性研究的文献仅有两篇。一篇是扬州大学硕士研究生周汀同学的学位论文《公司章程司法化问题研究》，其观点主要集中于公司章程裁判法源地位的论证，以及如何约束法官在"涉章案件"裁判中的自由裁量权。[③]另一篇是雷桂森法官发表在《人民司法》

[①] 施天涛：《公司法的自由主义及其法律政策——兼论我国〈公司法〉的修改》，《环球法律评论》2005年第1期，第81页。

[②] 蒋大兴：《公司法的展开与评判——方法·判例·制度》，法律出版社2001年版，第286页。

[③] 参见周汀：《公司章程司法化问题研究》，扬州大学硕士学位论文，2012年5月。

上的《公司章程规定的司法适用审查》一文,该文主要观点是法官在裁判"涉章案件"时应首先对公司章程的合法性进行审查,唯有在此基础之上才能以章程作为裁判的依据。[1]

尽管国内在系统性层面对"公司章程司法裁判问题"进行研究的著述非常缺乏,然而,一方面,国内对公司章程进行系统性研究的论著在近几年逐渐丰富起来;另一方面,学界对公司法司法化问题的研究热度正逐步提升。(1)对公司章程的系统性研究。根据笔者所掌握的资料,学界当前专门对公司章程进行系统性研究的学术性专著共有六本(皆为博士论文出版作品),此外还有一本博士学位论文是否出版尚不知晓。笔者下文主要根据这六本著述的出版时间顺序进行阐述。董慧凝博士的《公司章程自由及其法律限制》一书,主要探讨了公司章程自治的理论与实践依据、章程自治的法律边界以及章程自治的保障机制。[2] 刘坤博士的《意思自治视角下的公司章程法律制度解读》一书,对公司章程自治、章程自治的异化及其矫正问题进行了探讨。[3] 常健博士的《公司章程论》一书,从功能论的视角对公司章程的功能及其发挥机制进行了探讨。[4] 王毓莹博士的《公司章程自治研究》一书,对公司章程自治的理念与历史、缺失与回应问题进行了专门性探讨。[5] 孙英博士的《公司章程效力研究》一书,对公司章程自治的性质、自治的边界、无效的救济以及有效的章程的约束力问题进行了系统性探讨。[6] 伍坚博士在其博士论文《章程排除公司法适用:理论与制度分析》中,对公司法上的补充性规范(又名缺省性规范、推定适用规范)的设计方法、公司章程排除公司法的自由空间与司法边界问题进行了

---

[1] 参见雷桂森:《公司章程规定的司法适用审查》,《人民司法》2009年第19期。
[2] 参见董慧凝:《公司章程自由及其法律限制》,法律出版社2007年版。
[3] 参见刘坤:《意思自治视角下的公司章程法律制度解读》,中国法制出版社2010年版。
[4] 参见常健:《公司章程论》,中国社会科学出版社2011年版。
[5] 参见王毓莹:《公司章程自治研究》,法律出版社2013年版。
[6] 参见孙英:《公司章程效力研究》,法律出版社2013年版。

系统性研究。[1]（2）对公司法司法化的系统性研究。据笔者所掌握的资料，当前国内对公司法司法化问题从整体层面进行系统性研究的学者有四位，分别是蒋大兴教授、杨勤法博士、蒋学跃博士与胡旭东博士。蒋大兴教授是国内最早对公司法的司法化问题进行系统性研究的学者，2009 年蒋大兴教授出版了在公司法学界产生广泛影响的三卷本《公司法的观念与解释》一书。在这本书的导读说明中，他指出："尽管公司法之研究基本呈现出规则主义的导向与偏好，但大量规则主义爱好者的兴趣主要停留在立法文本的建构与解构上，很少深入行动中的规则世界，观察法的'活动过程'。因此，规则主义的发达与裁判解释的贫弱是同时并存的。"[2]《公司法的观念与解释》的第一册主要从宏观、整体性层面阐释了公司法的自由主义哲学观及其在公司法的具体制度构架中的嵌入式的体现[3]，第二册从司法立场提出了法官在裁判公司治理纠纷时所应秉持的裁判宽容的司法态度[4]，第三册从微观的层面通过个案分析的办法具体阐释了公司法司法化所具有的法律续造功能[5]。杨勤法博士的《公司治理的司法介入——以司法介入的限度和程序设计为中心》一书对司法介入公司治理的正当性进行了论证，并在此基础之上通过典型问题分析的方式探讨了司法介入公司治理的限度以及程序性介入方法应当如何适用的问题。[6] 蒋学跃博士的《司法介入公司治理法律问题研究》一书，对司法介入与公司治理的关系、司法介入公司治理的模式与类型、司法介入公司治理的限度与范围等问题进行了系统性探

---

[1] 参见伍坚：《章程排除公司法适用：理论与制度分析》，华东政法大学博士学位论文，2007 年 4 月。
[2] 蒋大兴：《公司法的观念与解释.Ⅰ，法律哲学 & 碎片思想》，法律出版社 2009 年版，导读说明，第 1 页。
[3] 参见蒋大兴：《公司法的观念与解释.Ⅰ，法律哲学 & 碎片思想》，法律出版社 2009 年版。
[4] 参见蒋大兴：《公司法的观念与解释.Ⅱ，裁判思维 & 解释伦理》，法律出版社 2009 年版。
[5] 参见蒋大兴：《公司法的观念与解释.Ⅲ，裁判逻辑 & 规则再造》，法律出版社 2009 年版。
[6] 参见杨勤法：《公司治理的司法介入——以司法介入的限度和程序设计为中心》，北京大学出版社 2008 年版。

讨。① 胡旭东的博士论文《我国公司法的司法发展机制研究》重点阐释了公司治理的司法裁判所具有的法律规则续造功能及其具体运用方法。②

除了笔者前面提到的就公司章程、公司法司法化进行系统性研究的学术专著以外，国内还有一些学者在著作中对"公司章程司法裁判问题"中的部分问题进行了研究，另外亦有学者以学术论文的形式对其中的某些具体性的问题进行了研究。如朱慈蕴教授对公司章程法律属性的几种学说及英美国家公司章程的两分法进行了比较性阐释。③ 罗培新教授、钱玉林教授认为，公司之初始章程与后续章程是遵循不同的理论机理制定的，故法官在司法裁判中应区分初始章程与后续章程适用的裁判准则。④ 钱玉林教授认为，依据现行《公司法》的规定，公司章程已经具有了裁判法源的地位，违背公司章程应当遭受法律的否定性评价。⑤ 吴建斌教授认为，将公司章程依据公司合同理论区分为初始章程与后续章程，再对其适用不同的裁判规则，是对公司合同理论的曲解与误读，公司章程效力之判定应充分地适用法律经济分析方法，平衡各方之利益。⑥ 韩长印教授认为，公司法上之行为主要是共同

---

① 参见蒋学跃：《司法介入公司治理法律问题研究》，人民法院出版社 2010 年版。
② 参见胡旭东：《我国公司法的司法发展机制研究》，中国社会科学院研究生院博士学位论文，2012 年 5 月。
③ 参见朱慈蕴：《公司章程两分法论——公司章程自治与他治理念的融合》，《当代法学》2006 年第 5 期，第 9—16 页。
④ 参见罗培新：《公司法强制性与任意性边界之厘定：一个法理分析框架》，《中国法学》2007 年第 4 期，第 71—75 页；罗培新：《公司法的合同解释》，北京大学出版社 2004 年版，第 144—196 页；钱玉林：《公司章程"另有规定"检讨》，《法学研究》2009 年第 2 期，第 71—80 页；钱玉林：《公司章程对股权转让限制的效力》，《法学》2012 年第 10 期，第 103—108 页。
⑤ 参见钱玉林：《作为裁判法源的公司章程：立法表达与司法实践》，《法商研究》2011 年第 1 期，第 95—100 页。
⑥ 参见吴建斌：《合意原则何以对决多数决——公司合同理论本土化迷思解析》，《法学》2011 年第 2 期，第 55—65 页；吴建斌：《科斯法律经济学本土化路径重探》，《中国法学》2009 年第 6 期，第 178—188 页；吴建斌、迟铭：《公司修改章程强行收购股权效力辨析——基于 Calabresi & Melamed 模型的解释》，《南京大学法律评论》2012 年第 1 期，第 281—293 页；吴建斌、赵屹：《公司设限股权转让效力新解——基于江苏公司纠纷案件裁判的法律经济学分析》，《南京大学法律评论》2009 年第 1 期，第 105—127 页。

法律行为而非合同行为，这类行为的效力判定亦应依据共同法律行为效力判定之准则。[①] 陈醇教授则从决议行为与合同行为的差别的角度，论证了决议行为的独立性及其对于商行为独立性的价值。[②] 另外还有一些学者对于公司章程的某些方面的司法适用问题进行了探讨。如陈进博士认为，随着西方国家公司法纷纷放弃了推定通知理论，公司章程在这些国家已经完全成为一个内部文件，我国的公司章程亦不应具有对外效力。[③] 梁上上教授、高圣平教授等人则认为第三人应该对公司章程中的特定内容负有审查义务。[④]

2. 国外研究现状

在英美法系国家，公司章程分为两个文件，即章程大纲与章程细则。其中章程大纲主要规范公司的外部关系及外部事务，须进行登记，是公司获得法人资格的必备法律文件。章程细则则主要规范公司内部的组织机构及其权力运作、内部人的权益分配、股东及董事义务等内部事务，一般不须进行登记。[⑤] 因此，英美学者对于公司章程的探讨，其实探讨的主要是章程细则。英美学者对于公司章程的研究，主要集中于公司章程修正案以及它可以在多大限度内选出公司法的问题。如伯利与米恩斯在《现代公司与私有财产》一书中对修改公司章程必须具有的共益性目的及修改内容的公平性问题进行了探讨。[⑥] 再比如

[①] 参见韩长印：《共同法律行为理论的初步构建——以公司设立为分析对象》，《中国法学》2009年第3期，第73—90页。

[②] 参见陈醇：《论单方法律行为、合同和决议之间的区别》，《环球法律评论》2010年第1期，第49—59页；陈醇：《意思形成与意思表示的区别：决议的独立性初探》，《比较法研究》2008年第6期，第53—64页。

[③] 参见陈进：《公司章程对外效力研究》，《甘肃政法学院学报》2012年第5期，第113—122页。

[④] 参见梁上上：《公司担保合同的相对人审查义务》，《法学》2013年第3期，第21—31页；高圣平：《公司担保相关法律问题研究》，《中国法学》2013年第2期，第104—114页。

[⑤] 参见朱慈蕴：《公司章程两分法论——公司章程自治与他治理念的融合》，《当代法学》2006年第5期，第9—10页。

[⑥] 参见阿道夫·A.伯利、加德纳·C.米恩斯：《现代公司与私有财产》，甘华鸣、罗锐韧、蔡如海译，商务印书馆2005年版，第274—282页。

1985 年美国特拉华州最高法院审理的"Simth v. Van Gorkom"一案引起的美国公司法学界关于"公司法中的合同自由"的旷日持久的大讨论，讨论最初的焦点亦是公司能否通过章程免除董事的信义义务。[①] 美国公司法学者艾森伯格教授将公司规则分为结构性规则、分配性规则与信义义务规则，并且认为前两种规则宜设计为任意性规则，可以由公司章程予以排除，信义义务规则则不能被排除。[②] 戈登教授则认为公司法上的程序性规则、权力分配性规则、经济结构变更规则与诚信义务规则应当被设置为强制性规则，不容许公司通过章程予以排除适用。[③]

相对于英美法系国家主要从公司契约的视角下理解公司章程及其司法适用问题，大陆法系国家则更倾向于从自治法规的立场来审视公司章程。不同于英美法系的公司章程二分法，大陆法系国家习惯于适用一个整体的章程文本，再将章程事项分为强制登记事项与任意登记事项。纯粹法学派的代表人物凯尔森教授在《法与国家的一般理论》一书中就将社团之章程称为"整个国家法律秩序之内的次级秩序"[④]，该观点一般被视作是章程自治法规说的理论渊源。在自治法规说之下，大陆法系国家的学者习惯于将公司法规范分为强制性规范与任意性规范，强制性规范不得违反亦不能被排除。另外，大陆法系国家还经常从股东平等原则与股东固有权的视角来审视公司之章程。如 1976 年欧共体《公司法》第 2 号指令第 42 条规定："为贯彻该指令，各成员国的

[①] 参见罗培新：《公司法的合同解释》，北京大学出版社 2004 年版，导论，第 2—3 页。

[②] 参见 Melvin Aron Eisenberg, "Contractarianism Without Contracts: A response to Professor McChesney", *Columbia Law Review*, 1990, vol. 90, pp. 1321-1331。

[③] 参见罗伯塔·罗曼诺编著：《公司法基础》，罗培新译，北京大学出版社 2013 年版，第 167—190 页。

[④] 汉斯·凯尔森：《法与国家的一般理论》，沈宗灵译，中国大百科全书出版社 1996 年版，第 113 页。

法律应当确保处于相同地位的全体股东获得相同的对待。"① 日本亦有判例认为，违反股东平等原则的公司章程条款应为无效条款。②

(二) 研究现状评判

首先需要说明的一点是，上述国内外有关公司章程的研究成果为本书的研究与写作奠定了坚实的理论基础，本书的研究亦正是通过学习与借鉴上述各家之研究成果方才得以开展。此部分所谓的评判，主要是针对笔者当下所研究的"公司章程司法裁判"这一个特定问题的研究现状进行分析，而非对前人的学术贡献评头论足。另外需要说明的一点是，本部分的评判主要是针对当前学界研究的不足之处予以展开，这并非无视前辈的学术贡献，而主要是基于一种查缺补漏式的学术发现姿态，来探寻理论与实践中有待进一步解释与澄清的问题。总体而言，当前有关"公司章程司法裁判"问题的学术研究主要存在以下几点问题：

1. 缺少对公司章程司法裁判问题的整体性关照

公司章程作为一个独立的法律文件，必然需要一个较为统一的法律适用规则或标准，以此来维护其法律适用的统一性与权威性。然而，如笔者前文所述，我国学界当前有关公司章程的专门性学术专著（包括未成书的博士论文）已经有六本。但是这六本书存在一个共同的局限性，即是将立法命题与裁判命题杂糅在一起，未能有针对性地关注公司章程的裁判价值。学界其他研究成果，多仅针对公司章程中的某一类条款的司法适用问题，也未从整体的层面关照公司章程司法适用的一体性问题。③

---

① 迈克尔·D. 贝勒斯：《法律的原则——一个规范的分析》，张文显等译，中国大百科全书出版社 1996 年版，第 18 页。
② 参见末永敏和：《现代日本公司法》，金洪玉译，人民法院出版社 2000 年版，第 67 页。
③ 如学者们对公司章程中的限制股权转让条款的效力认定问题、公司章程中的反收购条款有效性问题、公司章程中的担保规则的对外效力问题等等，进行过非常细致的研究与讨论。

2. 对于公司章程法律属性这样的"元命题"缺乏深入性地研究且远未形成共识

几乎每篇有关公司章程的文章都会涉及公司章程法律属性的阐释，同时也几乎是每一篇有关公司章程的文章都对此问题匆忙带过、草草收场。这似乎意味着公司章程法律属性问题是一个不太重要的问题，或者说是一个不言自明的问题。然而，事实情况并非如此，公司章程的法律属性乃是公司章程司法适用的解释论之起点，这个起点不统一，必将导向不同的裁判规则，从而可能使类似的案件有迥异的裁判结论。可以说，公司章程法律属性的认知分歧，实际上是导致司法裁判中"涉章案件"出现"同案不同判"现象的解释论成因之一。因此，尽快对公司章程的法律属性形成一个一元性的共识，乃是解决"涉章案件"裁判中"同案不同判"问题的关键性出口之一。

3. 未能充分认识到章程行为与合同行为的差异性

近年来，我国公司法学研究呈现出一种"唯美主义"的发展态势，即大量吸收与引荐美国公司法学理论，其表现之一即是公司合同理论在我国公司法学研究中的严重泛化。① 在公司合同理论影响下，公司章程合同说亦越来越为学界所推崇，以合同行为解释章程行为的做法比比皆是。然而，章程行为作为团体法上之行为，其本质上乃是共同法律行为中的决议行为，合同行为则是个人法上之行为。决议行为是与合同行为并列存在的民事法律行为，而非是为合同行为所包含的民事法律行为。② 这就决定了对于章程行为不能适用合同行为的司法裁判规则。章程行为相对于合同行为的独立性，章程行为自身的法律适用规则亦是本书所要探讨的重要问题。

---

① 吴建斌教授针对公司合同理论在国内学界严重泛化的问题指出："国内热议公司合同理论的学者不胜枚举，但几乎无人注意到该理论本身的多重涵义，大而化之、不求甚解甚至以讹传讹的解读比比皆是。"参见吴建斌：《合意原则何以对决多数决——公司合同理论本土化迷思解析》，《法学》2011年第2期，第57页。

② 对于章程行为与合同行为的具体差别，笔者将在本书第一章中着重论述，此处暂不细述。

4. 集中于规范分析而缺少价值分析与利益衡量等分析工具的运用

公司所在的领域是一个创新性领域，而之所以"公司法律的不周延性与滞后性并没有成为公司组织发展的桎梏"[①]，一个重要原因在于公司可以通过章程的创新实现对商业实践的紧密回应。公司法的滞后性与公司章程的创新性同时并存，意味着在"涉章案件"的裁判中法官经常会面临一个"找法困难"的问题。在这种情况下，法官如若再执拗地遵循过去的"法条主义"的演绎推理路径，则经常难以获得一个公正而又不抹杀公司制度创新积极性的裁判结论。然而，当前学界对于公司章程问题的研究与分析，恰恰多是采用这种"法条主义"的规范分析路径，这种从规范到事实的分析方法，显然无法满足商业实践的创新性要求。实际上，对于公司章程的司法裁判，尤其是超越公司法的公司章程的司法裁判，法律"后果主义"的价值分析与利益衡量方法的适用可以在一定程度上弥补规范分析方法的不足，以确保裁判结果不至于抹杀公司的制度创造力。

5. 未能充分重视公司章程的裁判法源地位及其解释论意义

如笔者前文所述，我国学界当前针对公司章程裁判法源地位的专门性文献，仅有钱玉林教授发表在《法商研究》上的《作为裁判法源的公司章程：立法表达与司法裁判》一文。[②] 并且，尽管该文认识到了公司章程作为一个独立的法律文本的裁判法源地位，却未能厘清章程具体应属于何种法源形式，最终又落入了折中主义的认知泥沼。[③] 其实，公司章程具有裁判法源的法律地位并不仅仅意味着其必须受到

[①] 常健：《论公司章程的功能及其发展趋势》，《法学家》2011年第2期，第85页。

[②] 参见钱玉林：《作为裁判法源的公司章程：立法表达与司法裁判》，《法商研究》2011年第1期，第95—100页。

[③] 钱玉林教授将公司章程内容作了类型化处理，将其拆分为作为合同的章程、作为自治规范的章程、根据具体情形确定为合同或者自治规范的章程。此种认识方式仍旧没有认识到公司章程的独立性，仍旧将章程置于合同、自治规范的囊括范围之内，此种认识背后所隐藏的是一种关于公司章程法律属性的折中主义思维。

法官的充分尊重，法官不能随意介入公司之章程治理，同时还意味着公司章程应当是一种独立的法源形式，有自己独立的法律适用规则，而不应继续栖身于自治法规或者合同的法律适用规则之下。学界当前的相关研究显然对此缺乏关注与重视。

三、主要研究方法

（一）案例分析方法

"公司章程司法裁判问题"就本质而言是一个解释论问题，因此案例分析尤其是典型案例分析的应用对于此论题的研究至关重要。具体而言，案例分析方法在本书中的应用主要体现在以下几个方面：（1）对最高人民法院公布的指导性案例与最高人民法院公报案例中涉及公司章程的案例，进行了较为细致的个案分析；（2）对国外判例法上的典型案例进行了引证式分析；（3）在部分论题的展开中，通过假设性案例的分析对相关理论进行证成或证伪。

（二）比较分析方法

"不识庐山真面目，只缘身在此山中"，比较分析方法是研究者跳出思维认知的局限，从一个更广泛、更高远的层面认识眼前问题的一种重要方法。在本书的研究中，笔者亦着重应用了比较分析方法，具体体现在：（1）将国内外有关公司章程的立法文本与典型案例进行比较分析；（2）将公司章程与合同等容易混淆的法律概念之内涵与外延进行比较分析；（3）将公司法上的某些条款的历史上的规定与现在的规定进行比较分析。

（三）法律经济学分析方法

公司法具有极强的效率导向性，这意味着法律经济分析方法对公法领域内问题的研究具有很强的可适用性。① 法律经济学分析方法在本书中的应用主要体现在：(1)用法律经济学分析方法阐释并解决股东权与公司自治权的权利冲突问题；(2)用法律经济学分析方法阐释公司与外部第三人的权益平衡问题，并以此来论证公司章程的对外效力问题；(3)用法律经济分析方法调和公司法与公司章程的规范对接问题。

(四)法解释学方法

法解释学方法是法学研究中主导性的研究方法，在民法、刑法等传统学科中已得到了广泛的运用。"公司章程司法裁判问题"本身又是一个解释论的问题，法解释学方法的运用必然不可或缺。具体而言，法解释学方法在本书中的应用主要体现在以下几个方面：(1)运用目的解释方法探求公司法上的相关条款的立法目的，以明确其原初预期；(2)运用体系性解释方法调和公司法与合同法等部门法之间的规范冲突问题；(3)运用规范的法律漏洞填补方法续造公司法及相关法律的规范漏洞。

四、可能的创新之处

(一)提出了公司章程"决议说"

在当前学界，有关公司章程法律属性的学说有"合同说""自治法规说""宪章说""权力法定说""秩序说"等②，其中主流性的学说有三种，即"合同说""自治法规说"与"折中说"。本书在分析与批驳上述三种主流观点的基础上，提出了公司章程"决议说"，并且进一步

---

① 公司法领域内的名作，如科斯的《企业的性质》、伯利与米恩斯的《现代公司与私有财产》、伊斯特布鲁克和费舍尔的《公司法的经济结构》等都渗透着强烈的法律经济学思维。

② 参见朱慈蕴：《公司章程两分法——公司章程自治与他治理念的融合》，《当代法学》2006年第5期，第10—11页。

强调,决议是章程的本质而非是认知章程的一个面向。尽管笔者对于公司章程法律属性的此种观点未必正确,但毕竟为学界与司法实务界提供了一种新的思维方向。

(二)提出了公司章程效力认定的四个法律适用标准

与本书所提出的公司章程"决议说"一脉相承的是,本书在此基础上提出了公司章程效力判定的四个标准:"目的性标准""公平性标准""程序性标准"与"利益衡量标准"。这四个标准分别与章程行为的四个特点相对应,章程行为的四个特点是:目标指向的一致性、意思表示的集合性、严格的程序性、约束力的涉他性(或扩展性)。既往的公司章程效力之认定,或者直接依据合同的效力认定规则予以认定,或者以自治法规的含混不清的效力裁决方法予以判别,裁判标准极不统一,且容易引发"同案不同判"的情况发生。笔者认为,公司章程既非合同也非自治法规,更非二者之混合物,章程在本质上是一种决议,故应当依照决议的效力认定规则,即以笔者上文所述的四个司法适用标准来判定其效力。

(三)首次对"公司章程司法裁判问题"进行了系统性研究

既往的有关公司章程的研究成果,或者将立法论与解释论放在一起阐述,或者仅对公司章程的部分规则进行局部性的解释论分析。而本书从整体主义立场,对"公司章程司法裁判问题"进行系统性阐释,以期找到"涉章案件"在司法裁判层面上所具有的共性及其所适用的一般性规则,为未来的"涉章案件"之裁判提供一种具有普遍参考价值的理论与现实依据。

(四)阐释了公司章程的裁判法源地位及其解释论意义

虽然已经有学者提出公司章程具有裁判法源地位的观点,但是公司章程裁判法源地位的重要性及其解释论意义显然还未被学界与司法实务界充分重视。在本书中,笔者认为,公司章程不仅仅是一种法律渊源,而且是一种正式的效力性的法律渊源,并且它相对于公司法而言具有优先适用性。公司章程具有裁判法源地位,意味着公司章程在司法裁判中不仅仅充当作为法律推理小前提的"法律事实",同时还具有作为法律推理大前提的"法律规范"的地位。这即对"涉章案件"的审理提出了一系列解释论之要求,如法官必须尊重公司之章程治理,不得轻易地直接对公司章程进行实体性干预;程序性干预方法应当是"涉章案件"裁判的主导性方式;等等。

(五)提出了公司章程是否具有对外效力是一个利益衡量问题

在公司法学研究上,公司章程是否应具有对外效力一直是一个争论不休的命题。持"肯定说"的学者多是从公司章程的登记公示效力,以及公司法的推定通知作用来证成公司章程中特定规则的对外效力。持"否定说"的学者则以越权原则与推定通知理论已经被发达国家公司法废弃为理由,否定我国公司章程的对外效力。双方各执一词,相持不下。然而笔者认为,在公司章程是否应当具有对外效力的问题上,并不存在一个固定化的标准答案。从越权原则与推定通知理论在西方国家公司法上的历史演进轨迹可知,公司章程的对外效力具有很强的时空性,亦受到多种相关因素的影响与制约。在司法裁判中,公司章程中的某项规则是否应当具有对外效力,应当综合考量当事人的具体利益和制度利益,使两者达至平衡。换言之,公司章程中特定条款在司法裁判中是否应当具有对外效力,乃是一个利益平衡问题。

(六)首次从公司法规范与公司章程规则对接的角度对公司章程规则进行分类,并针对各类章程规则提出一系列概念性成果

公司法学界,一般依照公司法规范的效力强度及其效力实现方式,将公司法规范分为强制性规范、赋权性规范与补充性规范。但是学界当前还尚未有人对公司章程规则作类型界分。在本书中，笔者根据公司法规范与公司章程规则的对应关系，将章程规则分为"执行性规则""细化性规则""排除性规则"与"超越公司法的规则"四类，并分别对这四类规则的内涵、外延、司法适用方法作出了阐释与说明。

（七）针对我国当前公司章程治理现状提出了"官僚治理模式"与"权威治理模式"两个概念性成果

陈甦教授指出："现在总是热讲'公司治理结构'和'公司自治'，其实，最为重要的公司治理结构，就是公司处于'章治'结构，而不是处于'人治'结构"[①]。但是，从实践层面来看，我国的公司治理距离彻底实现"章治"而非"人治"还有很长一段路程。针对我国当前实践中的公司治理模式，笔者认为，在国有公司、国有控股公司中普遍存在着一种"官僚治理模式"，即以行政治理替代章程治理；在私营公司、家族公司中则普遍存在一种"权威治理模式"，即创始人在公司治理中享有极高的个人威信，并以创始人的权威治理替代章程治理。

---

① 董慧凝：《公司章程自由及其法律限制》，法律出版社2007年版，序言，第2页。

第一章　公司章程法源属性界说及其解释论意义诠释

第一节　法律渊源及其形成条件

法律渊源在法理学研究尤其是在部门法学研究中是一个经常被忽略的概念范畴。然而，从法律渊源这一概念漫长的发展变迁史来看，它在法学研究与法律适用中又是一个至关重要的基础性命题。同时，并非任何表征善良、公正、自由、平等等人类终极价值关怀的规范形式都可以成为法律渊源，一种规范形式成为法律渊源还必须满足正当性与权威性两个决定性形成条件。

一、法律渊源的源流考辨及其含义探求

在当下中国法学研究的题域中，法律渊源是一个至关重要而又经常被法学研究者忽略的基础性命题，以至于现今的法律学人经常近乎下意识地将其与法律之形式等同起来，使其近乎成为一个可有可无的法学概念。[①] 然而，法律渊源对于法学研究与法律适用的价值功能并未

[①] 如，法理学学者彭中礼先生指出："法律渊源就是法律形式的观点在当前的法理学教材中随处可见，甚至还被人称之为'通说'。"参见彭中礼：《论法律形式与法律渊源的界分》，《北方法学》2013年第1期，第102页；周旺生教授指出："20多年来，学界论题甚多，但论锋利所向，从未专指法的渊源。"参见周旺生：《重新研究法的渊源》，《比较法研究》2005年第4期，第1页。

因现实的冷落而失却，因为"迄今为止的法律学说在很大程度上是围绕着法的渊源展开的，法的形成和法的应用甚至以法的渊源为立命的前提性基础"①。换言之，在一定意义上，法律渊源是诸多法学命题得以衍生的"元命题"②，并充当着这些命题的解释论之基础，是法学研究与法律适用的"中枢"而非"鸡肋"。

一般认为，"法律渊源"一词肇始于古罗马，由西塞罗首先提出，而古希腊并未形成有关法律渊源的概念性认知。③ 因为，古希腊人虽然有着丰富的法律生活，但无论是精英人士还是普通民众都认为法源于自然等神秘莫测的力量，代表着正义等朴素的人类情怀，再加之古希腊司法裁判适用的是"陪审团制"，裁判结果取决于民众的认知与喜好，法的技术性特质未能得到彰显，亦不存在初级层面的法律方法，故无法律渊源据以产生与存在的空间。到了古罗马时代，法律已经逐渐褪去了"神意"等神秘色彩，具有了客观而实在的表现形态，法律的制定与适用愈加程序化与技术化。在古罗马，法律表现为制定法、皇帝的法令、元老院决议、平民决议、长官的告示、法学家的解答等多种样态。司法权也已经去民主化而专属于执法官。当执法官面对多元化的法律形式的时候，即会出现一个选择何种法律据以裁判的"找法"的任务，执法官需要寻找适合的法律渊源以对自己所给出的判决理由与结论做出论证，法律渊源作为一种权威性理由，并据以充当裁判结果的正当性论据，即是在这种背景下产生的。由是可知，法律渊源的产生与司法裁判有着紧密的因果关系。正因如此，学者多从司法层面对法律渊源进行认知与界定，并认为法律渊源是法官在裁判中发现法律的场所，如法律渊源理论研究的权威学者格雷教授认为："无

---

① 周旺生：《法的渊源意识的觉醒》，《现代法学》2005年第4期，第27页。
② 有学者指出："元命题是一切法律问题的根源，一切法律问题根源于法学元命题"。参见徐炳、支振锋：《引言：法哲学元命题的追问》，《环球法律评论》2009年第3期，第5页。
③ 参见彭中礼：《法律渊源词义考》，《法学研究》2012年第6期，第51—58页。

判决，即无法律"①；德国法学家魏德士认为："只有那些对于法律适用者有约束力的法律规范，才是法律渊源"②；我国学者陈金钊教授认为："法律渊源是一个描绘司法过程的概念"③。

法律渊源在整个罗马法的发展历程中作为一种重要的法律认知学说与方法，对于罗马法的发展与繁荣起着至关重要的作用。然而到了近代，法律渊源在法学研究与法律适用中的地位发生了转折性的变迁，法律渊源与法律形式开始被视作同一个概念，法律渊源的解释论意义因此而失却。具体而言，近代西方国家渐次兴起的资产阶级革命以及工业技术革命，破除了神权与封建王权对人类思想与行动的外在束缚，极大解放与张扬了人作为一种独立存在体的个性化价值。其中有三个关键性因素在很大程度上造成了法律渊源在法学研究与法律适用中地位的失落。④第一，理性主义思潮的兴起。在近代西方理性主义者看来，人类可以利用自己的认知能力，缔造完美而逻辑自洽的法律，法律适用更像是解答数学中的几何推理问题⑤，任何一项法律纠纷或问题都可以直接从法典中或者通过演绎推理的方式找寻到裁判的依据。在理性主义思潮之下，法官的自由裁量权被限定为：在严格服从实在法的规则的前提下，就案件的事实部分展开争论⑥，法律渊源在司法适用中的存在空间因此被严重挤压。第二，民族国家的出现。近代资产阶级革命的政治结果即是大批民族国家的建立。民众遵从"社会契约"的要求将部分权利让渡给了民族国家，民族国家在保障个体的民众获得基

---

① 约翰·奇普曼·格雷：《法律的性质与渊源》，马驰译，中国政法大学出版社2012年版，第83页。
② 魏德士：《法理学》，丁晓春、吴越译，法律出版社2005年版，第99页。
③ 陈金钊：《法律渊源：司法视角的定位》，《甘肃政法学院学报》2005年第6期，第1页。
④ 参见彭中礼：《法律渊源词义考》，《法学研究》2012年第6期，第60—62页。
⑤ 参见何柏生：《法律与作为西方理性精神核心的数学理性》，《法制与社会发展》2003年第4期，第20—33页。
⑥ 参见 P. 诺内特、P. 塞尔兹尼克：《转变中的法律与社会：迈向回应型法》，张志铭译，中国政法大学出版社1994年版，第53—66页。

本的自由、平等与人权的前提下，建立起一套适用于整个主权国家范围之内的制定法体系，强调制定法的一体性与权威化，传统习惯、宗法、学说等原有的法律形式的强制性效力不再为民族国家所认可，法律形式单一化、法条主义盛行，自然没有法律渊源的适用余地。第三，三权分立的政治体制的建立。近代民族国家普遍采取立法权、执法权与司法权三权分立的政治体制模式，其中立法权由议会统一行使，立法主体由古罗马时期的多元主体变为单一主体。立法权与司法权的严格分立，意味着法官的自由裁量权被严重地限缩，因为自由裁量权的发挥极有可能会被视为对立法权的僭越而违反民族国家的宪政原则。一言以蔽之，在近代西方民族国家，司法权的行使从实体到程序都被严格限定，既无从沿用与形成司法裁判中的法律方法，亦无法律渊源发挥其价值功用的客观条件，出现法律渊源在概念上与法律形式等同甚至被其取代的情况亦不足怪。

然而，当历史的时针旋转到现代社会，纷繁复杂、瞬息万变的社会生活不断催生出令立法者应接不暇的法律问题，近代民族国家所秉持的制定法大一统的形式主义自治型法律观开始动摇，制定法的权威性与公信力亦遭受现实世界的强烈挑战。制定法会存在漏洞，不同法律部门或条文之间可能存在价值冲突，适用某一法律规定可能会导致裁判不公等等，成文法的这些局限性业已成为法律人的共识。社会结构化变迁所迸发出的法律问题与纠纷亟待法律作出回应。立法者面对此种情境，不得不一改往日的"立法中心主义"姿态，而对司法裁量权的发挥持一种更为宽容的态度，允许甚至鼓励法官在约束性范围之内充分发挥司法的能动性，填补法律文本的漏洞，调和不同法律规定之间的价值冲突，以"更多地回应社会需要"[①]，藉以维护法律的权威性

[①] 参见 P. 诺内特、P. 塞尔兹尼克：《转变中的法律与社会：迈向回应型法》，张志铭译，中国政法大学出版社 1994 年版，第 81 页。

与公信力。同时，立法者亦意识到立法主体的单一化所带来的尾大不掉的弊端，并逐渐将法律规则的制定权分散授权给地方、社会中间组织等多元主体，并确认或默许了民俗、习惯、团体自治章程、合同等传统意义上的法源形式的司法适用效力。法律形式的多元化，又进一步意味着法官在作出司法裁判的过程中，又将面临一个找寻"裁判规范"也即法律推理"大前提"的问题，法律渊源的司法适用性故而被重新发掘，法律渊源的解释论基础之地位亦得以回归。"一个社会每当发现自己处于危机之中，就会本能地转眼回顾它的起源并从那里寻找症结"①，笔者认为这句话可以很好地为当下法律渊源的研究做注脚。

法律渊源的概念在漫长的法律发展史中几经演变，时而明朗，时而晦暗，经常令人捉摸不透，如凯尔森曾提出："（法律渊源）是一个隐喻性并且极端模糊不清的概念，这一术语的模糊不明似乎使这一用语近乎无甚用处"②。庞德亦认为，人们在使用法律渊源这个术语时，常常出现各种混淆的情况。③ 甚至有学者认为应该将法律渊源这个词从法哲学中"驱逐出去"。④ 然而笔者认为，虽然法律渊源这一概念术语外形十分含混不明，但就其所表征的实质性内涵而论却具有相当的确定性与可认知性。纵观法律渊源概念的发展演变史，法律渊源始终与法律的司法适用有着深刻的共生共荣关系，司法越自由自主则法律渊源理论越发达，司法自由的失落同时也意味着法律渊源地位的失却。因此有学者指出："法律渊源重点要解决的就是司法判决的效力来源问题"⑤"从实质上看，'法律渊源'中的'法律'，并非是指规范

---

① 哈罗德·J. 伯尔曼：《法律与革命——西方法律传统的形成》，贺卫方等译，中国大百科全书出版社1993年版，第665—666页。
② 凯尔森：《法与国家的一般理论》，沈宗灵译，中国大百科全书出版社1996年版，第149页。
③ 周旺生：《法的渊源意识的觉醒》，《现代法学》2005年第4期，第29页。
④ 参见 Edwin Charles Clark, *Practical Jurisprudence: A Comment on Austin*, Cambridge University Press, 1883, p.198.
⑤ 谢晖、陈金钊：《法理学》，高等教育出版社2005年版，第397页。

意义上的法律，毋宁说它是针对个案的、为法官裁判所适用的'裁判规范'"[1]。因此，法律渊源其实就是"法官法源"或者说"裁判法源"。并且笔者认为，使用"裁判法源"这个概念，能够更为直观而明朗地反映出法律渊源的属性与特质，涤荡有关法律渊源概念认知的混乱局面，更利于法律渊源的方法论价值之发挥。

二、法律渊源的形成条件

法律渊源或者说裁判法源是法官裁判中在发现法律的场所，但并非任何渊源形式都可以为法官所采用，亦并非是为法官所采用的渊源形式即具有了正当性。法律渊源尤其是其所包含的具体渊源形式首先必须满足正当性与权威性两个先决性条件。[2]

（一）法律渊源的正当性条件

法律作为一种对于人类行为的激励与约束性规范，其本身必须具有正当性，而且衡量一部法律或者某一法律条款是否正当的依据并非法律乃是奥斯丁意义上的主权者的命令。德国法社会学家卢曼教授指出："正当性这一概念源自于中世纪，一开始只是一个法律概念，和一个地方规则相关，主要用来防范非法篡权和专制。在19世纪，随着自然法的消解，它开始分解，主要是对新规则的正当化和对因不正当的

---

[1] 谢慧：《法源视野中的合同研究》，法律出版社2014年版，第22页。
[2] 谢慧研究员在解释合同的法源属性时认为，合同作为法源必须满足司法适用性、权威性与合理性三个条件。其中后两个条件与笔者所提出的权威性与正当性大同小异。对于司法适用性这个条件，谢慧研究员认为"它应该具有命令、禁止和允许等'应当如何'的指示功能"。参见谢慧：《法源视野中的合同研究》，法律出版社2014年版，第101～104页。然而，笔者认为司法适用性这个条件其实未能走出规范法学的思维藩篱，限缩了法源的认知视野。司法适用性条件与其说是一个先在的约束性条件，不如说是法官在找法的过程中展现出来的一种解释技艺或说理能力。

权力更迭而进行的法律建构所作的批判性拷问。"① 具体就法律渊源而言，其所具有的正当性意味着，在司法裁判中被法官所依恃的作为法律推理"大前提"的裁判规范必须经得起正义、公平等普世价值以及一个国家、一个民族甚至某一地区的习俗理念的考验，能够符合以第三人视角审视所能形成的合理性期待。另外，法律渊源的正当性同司法裁判一样，是个性化而非普适性的，某一法律在一个案件中适用具有正当性并不意味着在另一个案件中适用同样具有正当性。法律渊源必须满足正当性条件，这一点在有关冲突性权利配置的案件裁判中显得尤为重要。以近年来实践中频发的公司越权担保合同效力认定案件为例，我国现行《公司法》第16条将公司提供担保的决策机关、数额限度等事宜的决定权限配置给了公司章程，但遗憾的是该条并未设置法律后果条款，进而导致实践中有关公司越权担保的案件纠纷数量繁多而复杂，甚至成为公司法上难以解决的"悬案"②。其实，公司越权担保合同效力认定的问题所指向的乃是如何对《公司法》第16条所欠缺的法律后果要件进行司法续造的问题，问题本身并不复杂。然而，我国目前的司法裁判中，对这类案件的审理存在着严重的担保债权人偏向，很多法官习惯于直接绕开《公司法》第16条而直接以《中华人民共和国合同法》（以下简称《合同法》）第50条"法人或者其他组织的法定代表人、负责人超越权限订立的合同，除相对人知道或者应当知道其超越权限的以外，该代表行为有效"的规定为裁判规范，并且认为公司章程属于公司内部组织规则，第三人对章程之内容不负有审查之义务，公司章程中有关公司对外担保的限制性规定亦仅对股东、董事等内部人具有约束性效力而不能对抗担保债权人。笔者认为，就公司担保问题而言，《公司法》第16条与《中华人民共和国合同法》

---

① 尼克拉斯·卢曼：《法社会学》，上海世纪出版集团、上海人民出版社2013年版，第308页。
② "悬案"一词来自胡田野先生对公司担保案件审理的相关评述，具体内容参见胡田野：《公司法律裁判》，法律出版社2012年版，第670—676页。

（以下简称《合同法》）第 50 条存在着一定的法益价值冲突的问题，公司法重在保护公司资产安全、维护公司股东及其他相关主体权益，而合同法则重在维护交易便捷、保障第三人之合理交易预期。[1] 法官所应做的乃是在两种价值目标之间通过利益衡量的办法求取一个平衡，而非直接抛弃《公司法》第 16 条，仅以《合同法》第 50 条作为裁判规范判令公司一方承担清偿责任。应当说，该种裁判思路所折射的即是法官应当如何寻找正当裁判规范的问题。

（二）法律渊源的权威性条件

法国民法学者雅克·盖斯旦与吉勒·古博指出："法律渊源是一种提出法律主张的权威，不论这些主张是否被赋予制度性权力，即不论其是否是强制性的，换言之，即凡可以确定某种法的权威，即使它并没有被强制推行，都可以被定性为法的渊源。"[2] 在司法裁判环节中，法律渊源所起到的作用乃是为裁判结果提供"权威性理由"，这意味着：第一，法官所发现的裁判法源必须是有效的，无效的法律渊源根本不能充当裁判结果的论据。如在合同纠纷中，合同的有效性是法官作出尊重合同自治的裁判结果的前提，也即是说法官仅尊重具备有效性的合同的裁判法源地位。第二，法律渊源的权威性是具有效力层级的。并非任何具有权威性的法律渊源皆可以为具体的裁判结论提供充实的权威性论据，这是因为法律渊源的权威性与法律的效力一样是具有层级性差别的。当两个具有权威性的法律渊源形式发生对冲的时候，处于低位阶的法律渊源的权威性被高位阶的法律渊源所斥除。如物权法

---

[1] 参见罗培新：《公司担保法律规则的价值冲突与司法考量》，《中外法学》2012 年第 6 期，第 1245—1246 页。

[2] 雅克·盖斯旦、吉勒·古博：《法国民法总论》，陈鹏、张丽娟、石佳友等译，法律出版社 2004 年版，第 188—189 页。转引自谢慧：《法源视野中的合同研究》，法律出版社 2014 年版，第 54 页。

定原则作为物权法的基本原则,具有高度的权威性,它决定了物权的类型与内容必须法定化方为有效,然而当物权法定原则严重限制了当事人财产权利的行使时,作为民法基本原则的意思自治原则则可以缓和或斥除物权法定原则为私权行使所设置的束缚性障碍。[①] 第三,法律渊源的权威性在特定情形下是一门衡平的艺术。当高低位阶不同的两个法律渊源发生对冲时,高位阶的法律渊源的权威性应当被尊重与采纳。然而,司法裁判中可能会出现同位阶的两个或多个法律渊源相对冲的情形,这时即需要法官通过利益衡量的办法选择可适用的裁判规范。如有学者将法律渊源的权威来源分为国家权威、社会权威与个人权威[②],虽然国家权威与社会权威是一个国家与社会最为重要的权威来源,但这并不意味着国家权威与社会权威一定就高于个人权威。比如私权神圣作为一种私法理念具有权威性,当私人利益与国家利益或社会公共利益相冲突的时候,并不能想当然地得出私人利益必须服从国家利益或者社会公共利益的裁判结论。

第二节　公司章程是一种独立而具有优先适用性的正式法律渊源

我国的《公司法》初设于 1993 年,2005 年与 2013 年的两次修订大量剥离了纠盘其间的强制性规定,增加了众多赋权性规范与补充性规范,极大地彰显了公司法所本应具有的自由主义精神气质,因此被

[①] 参见申卫星:《物权法定与意思自治——解读我国〈物权法〉的两把钥匙》,《法制与社会发展》2013 年第 5 期;张鹏:《物权法定原则的肯定与否定——兼评〈物权法草案〉对物权法定原则的新近修改》,《法学》2006 年第 6 期。

[②] 谢慧:《法源视野中的合同研究》,法律出版社 2014 年版,第 57 页。

学者盛赞为 21 世纪最为先进的公司法。① 现行《公司法》的自由主义精神气质的一大表现即是：有关公司章程的法律条文大幅增加，公司章程作为独立规范文本的法律地位得到认可。如公司法学者钱玉林教授所言："公司章程已经大大超出了一般法律文件的意义，具有了丰富的法学内涵……真正得以成为国家法律规范中的次级法律规范，并成为裁判的法源。"② 如笔者在上一节内容中所述，某种规范形式若要成为法律渊源，则必须满足法律渊源的正当性与权威性两个先决条件。就公司章程而言，一方面，它是公司自治、私法自治及最终极层面上的法的自由价值理念的具体化，这就使其满足了作为法律渊源的正当性条件；另一方面，公司法以及其他相关法律对公司章程的广泛授权及对公司章程独立法律地位的确认，则使其满足了作为法律渊源的权威性条件。

从学理层面而言，公司章程具有法源属性，已经为一些学者所认知。例如，凯尔森教授在《法与国家的一般理论》中阐述道："章程是整个国家法律秩序之内的一个次级秩序。"③ 格雷教授认为："私人社团的内部章程，虽然不是国家（state）的法律，但却是团体这一组织化共同体的法律。"④ 博登海默教授将法律渊源分为正式渊源与非正式渊源，正式渊源"意指那些可以从体现为权威性法律文件的明确文本形式中得到的渊源"，非正式法律渊源则指"那些具有法律意义的资料和值得考虑的材料，而这些资料和值得考虑的材料尚未在正式法律文件中得到权威性的或者至少明文的阐释与体现……当正式渊源完全

---

① 参见罗培新：《公司法强制性与任意性边界之厘定：一个法理分析框架》，《中国法学》2007 年第 4 期，第 69 页。
② 钱玉林：《作为裁判法源的公司章程：立法表达与司法实践》，《法商研究》2011 年第 1 期，第 95—96 页。
③ 凯尔森：《法与国家的一般理论》，沈宗灵译，中国大百科全书出版社 1996 年版，第 113 页。
④ 约翰·奇普曼·格雷：《法律的性质与渊源》，马驰译，中国政法大学出版社 2012 年版，第 92 页。

不能为案件解决提供审判规则时，依赖非正式渊源也就理所当然地成为一种强制性的途径"。① 正式法源包括立法、委托立法与自主立法、条约与其他经双方同意的协议、先例几种类型。对于经双方同意的协议（如集体商定协议、私人之间或私人与政府之间的其他各种合同），博登海默认为如果这类协议中包含规范性规定，就应当被视为正式的法律渊源。② 而公司章程作为规范性的公司之内部组织规则，类似于集体商定协议，按照博登海默的划分方法应被归为正式的法律渊源之列。我国台湾学者黄茂荣教授亦认为，地方团体与职业团体的"自治法规，在其自治权限所及范围内，具有法源的地位，享有一般之规范上的拘束力"③。韩国公司法学者郑燦亨认为，"公司章程只要不违反公序良俗，对公司内部问题具有法规范的效力，作为自治法，是公司法的法律渊源"④。遗憾的是我国公司法学界对于公司章程的裁判法源地位鲜有关注，更无系统性研究，这不能不说是公司法学理论研究的一大缺憾。

从实证层面看，我国现行公司法中充斥着大量的赋权性规范与补充性规范。对于赋权性规范而言，公司法允许公司章程作进一步细化性的规定，公司法中的赋权性规范与公司章程中的细化性规定首尾相接共同构成了该类规范的文本全貌。公司法在允许公司章程对赋权性规范进行细化性规定的同时，也就认可了这些出现在章程中的细化性规定的法律效力。如现行《公司法》中关于有限责任公司股东会、董事会职权的规定中都设置了一个兜底性条款，"公司章程规定的其他职权"即属此类。对于补充性规范（又叫缺省性规范或者推定适用规

---

① E. 博登海默：《法理学：法律哲学与法律方法》，邓正来译，中国政法大学出版社 2004 年版，第 429—430 页。
② E. 博登海默：《法理学：法律哲学与法律方法》，邓正来译，中国政法大学出版社 2004 年版，第 430—456 页。
③ 黄茂荣：《法学方法与现代民法》（第五版），法律出版社 2007 年版，第 26—27 页。
④ 郑燦亨：《韩国公司法》，崔文玉译，上海大学出版社 2011 年版，第 6 页。

范），只有当公司章程未对此类规范作"排除"性适用的前提下，这类规范才具有适用性。换言之，对于公司法中的补充性规范而言，公司章程中的"排除"性规定具有被优先适用的效力，这即证成了公司章程的法律渊源地位。现行《公司法》第 42、43、50、71、75、166 条中的"公司章程另有规定，从其规定"或者"公司章程另有规定除外"条款皆属此类。

一、公司章程是一种正式的法律渊源

如前文所述，博登海默教授将法律的渊源分为正式的法律渊源与非正式的法律渊源。在司法裁判中，法律的正式渊源具有优先适用性，只有当正式的法律渊源完全不能为案件裁判提供裁判规则，或者适用法律的某种正式渊源会得出与社会普遍的公平正义理念相左的裁判结论时，非正式的法律渊源才可以被法官所采纳。当然，对于法律渊源的分类并不仅限于此，如格伦顿将法律渊源分为基本渊源与辅助性渊源，佩岑尼克将法律渊源分为必然渊源、应然渊源与或然渊源，我国学者陈金钊教授将法律渊源分为权威性法源与补充性法源，周永坤教授将法律渊源分为主要渊源与次要渊源。[①] 其实上述几种对于法律渊源的分类方法大同小异，并无实质性差别。其中博登海默教授对于法律渊源的分类方法更为主流，本书亦采此分类方法。正式的法律渊源相对于非正式的法律渊源而言，具有国家意志性、体系自洽性、国家强制力三个特点，公司章程作为一种法律渊源形式即具备上述三个特点。因此，公司章程不仅仅是一种法律渊源，而且还具有法律的正式渊源的性质与地位。

[①] 参见谢慧：《法源视野中的合同研究》，法律出版社 2014 年版，第 127—128 页。

（一）公司章程体现了国家意志性

"将法律与国家意志结合起来，实际上早在罗马法那里便开始出现。罗马共和国之后，成文法得到长足地发展，而成文法则可以被理解为制定法，也即由诸如贵族大会、军伍大会和地区大会以及平民议会等立法机关所制定的法律和决议。"[①] 这些法律与决议无不体现着国家的意志力，五大法学家之一的乌尔比安曾说，"皇帝的意志，都具有法律效力，因为人们已经把自己的权力都赋予了皇帝，并委托给皇帝了"[②]，而"皇帝"在帝制之下乃是国家意志力的最高体现。当西方国家进入中世纪以后，皇权与教权并存，法律尤其是由皇室颁布的法律仍旧是国家意志的体现。从整个世界范围来看，封建制时期的法律主要是一种"压制型法"，在这种法律类型之下，"法官和法律官员都是国王的臣属……法律的标志成了它与政府要求的联系以及它对政府要求的服从"[③]。也即是说，封建皇权制下，法律主要的角色是充当国家维护政治统治的制度武器，法律中的国家意志力被极大地张扬。在近代资产阶级革命以后，西方国家的政治体制实现了由封建制到资本主义制度的转型，而法律或者说法典则是巩固资产阶级革命成果的制度性手段之一，伟大的《法国民法典》《德国民法典》等莫不如此。应当说，笔者在上面这部分的阐述主要是从整体上说明法律中所体现的国家意志力。然而，无论是皇权、帝制还是民族国家，尽管都曾致力于将整个国家的一切公共生活与私人生活全部囊括进其所制定的法律中去，以实现对社会生活的全面控制。但是现实却远非如此容易把控，习俗、礼制、宗法甚至道德规约与宗教教义这些隐性的社会约束机制从未在社会生活中消失，其中某些成分已经被法律所吸收，被融合进

[①] 谢慧：《法源视野中的合同研究》，法律出版社2014年版，第136页。
[②] 徐爱国：《西方法律思想史》，北京大学出版社2002年版，第54页。
[③] P. 诺内特、P. 塞尔兹尼克：《转变中的法律与社会：迈向回应型法》，张志铭译，中国政法大学出版社1994年版，第37—43页。

了国家意志之中，另一些则仍旧以原有的形态潜移默化地对特定人群发挥着不可替代的影响力与约束力，并充当着一国或者某一地区的非正式法律渊源的角色，这也就有了正式的法律渊源与非正式的法律渊源界分的产生。正式的法律渊源，无论是国家立法机关所直接制定的法律规范，还是从国家层面确认其效力的其他规则，都无一例外地体现了国家的意志力。非正式的法律渊源则不然，如少数民族地区的婚礼习俗是经过漫长的历史发展在特定的少数民族群体之间所逐渐形成并得以固化的，与国家的意志力无关。

乍看之下公司章程乃是公司内部的组织与管理规则，似乎并未体现一国之国家意志。然而实际情况并非如此，因为在当今社会，公司已经成为一国经济生活的细胞体，所有的公司加总起来则代表了一国的总体经济实力，这就意味着国家不可能不对公司的生活进行关照，不可能不将自己的国家意志渗透进公司之中，这就有了公司法及相关法律制度的产生。从我国现行《公司法》来看，学界普遍承认它是一部自由主义公司法，甚至有学者认为它已经是当今世界上最为先进的公司法。它的自由与先进之处在于规则设置的宽缓与自由，即设置了大量的赋权性规范与补充性规范，赋予了公司极大的自主权。实践中，公司行使公司法所赋予的自主权则经常需要借助公司章程。如对于现行《公司法》中的"公司章程另有规定，从其规定"这类的补充性规则而言，公司可以排除其适用。但公司并不可以随时地、任意地排除这类规范的适用，而是必须通过公司章程或者股东协议予以排除。公司在章程中所作的异于上述补充性规范的个性化规定在不违背现行法律、行政法规的强制性规定的情况下，即会产生同公司法规则一样的拘束力，这种拘束力是公司法所赋予的，也就延续和体现了公司法的国家意志力。公司章程其实就是一种国家意志之下的私人自主立法，即"个人或组织（而非政府）制定法律或采用与法律性质基本相似的规则的权力"[①]。

(二) 公司章程满足自身的体系自洽性

"为什么要遵守法律，或者说法律效力的渊源何在，是数千年来法哲学的元命题。而法律效力渊源的定位，又关涉法体系的逻辑结构及其自洽性的问题。"[②] 法律的正式渊源与非正式渊源的一大区别在于，法律的正式渊源具有体系上的自洽性，以使"法律成为一个封闭的逻辑自足体系，在这个自足体系内，法律可以自我创生"[③]。因此历史法学家萨维尼教授说："法学有两大任务：一方面必须系统地理解法律，一方面必须历史地理解法律。"[④] 而系统地理解法律，就是指将法律放在其逻辑体系之内理解其真实的含义。法律的正式渊源体系上的自洽性之核心意旨在于致力于构建一套不需要依靠外在力量证成的法体系，即任何一种纠纷与矛盾都可以从法律的正式渊源体系之内找寻到可靠的解决方案，而不需要诉诸道德、宗教信仰等其他权威。当然，法律的正式渊源的体系自洽性存在一个限度的问题，即使是纯粹法学的代表者也主张"法学不能没有形而上的假设；因为没有形成上学则不能证成'应然'因素"[⑤]。我们所说的法的正式渊源的体系自洽性，因此亦并非是一个绝对性的概念，但法律的正式渊源仍旧必须满足最低限度的自洽性要求，如此才能满足其形式合理性的要求。法律的非正式渊源则不然，其经常无所谓体系，更无所谓体系的自洽性。比如道德约束，它本身是无形的、潜在的，甚至是个性化的，它最终所诉诸的乃

[①] E. 博登海默：《法理学：法律哲学与法律方法》，邓正来译，中国政法大学出版社2004年版，第439页。
[②] 钱锦宇：《法体系的规范性根基》，山东人民出版社2011年版，第154页。
[③] 谢慧：《法源视野中的合同研究》，法律出版社2014年版，第138页。
[④] 林瑞：《德国历史法学派——兼论其与法律解释学、法律史和法律社会学的关系》，《清华法学》2003年第2期，第42页。
[⑤] 乌尔弗里德·诺伊曼：《法效力的问题》，张青波译，载郑永流主编《法哲学与法社会学论丛》2007年第1期，北京大学出版社，第209—221页。

是受体的心灵与思想,并且道德标准亦并非显而易见,而是时不时处在一种模糊的状态之中。再比如民俗它就更无体系自洽性可言,因为民俗往往是针对特定事项的,如婚嫁风俗、丧葬习俗等等,它们是碎片化的存在而并非对所有的私人生活形成一种普遍性的关照力。并且,民俗往往是因为某个历史时期的特定人物或特定事件而发轫,偶然性因素比较大,因为一贯如此而为人们所遵从,其中并不存在一个效力性的逻辑层级可言。

公司章程作为一种法律渊源形式,其效力来源于法律——主要是公司法——的授权。公司章程与公司法以及公司法的上位法、相关法构成一个自洽的、周延的逻辑体系。在这个关涉公司章程的法律的正式渊源体系中,公司章程处于最低的效力位阶,这意味着公司章程不得违反公司法等上位法的规定。但是,又并非是违反上位法的章程规定皆属无效,因为公司章程属于广义上的"私法范畴",遵循"法不禁止则为允许"的私人自治定律。但无论公司法在自由主义的路途上走得多远,上位法尤其是上位法中的强制性规定始终如达摩克利斯之剑一样悬挂在公司章程的头上。一言以蔽之,公司章程、公司法及其他法律的正式渊源存在于一个自洽的逻辑体系之内,这个体系的理想状态是针对每一种纠纷总能在该体系的规则之内找到解决的办法。

(三)公司章程可以依赖国家强制力执行

因为法律的正式渊源具有国家意志性,所以其效力的发生亦是以国家强制力作为后盾。如实证分析法学派的凯尔森教授即指出:"实在法实质上是一个强制秩序,因为实在法规则的内容缺乏自然法由于其特定来源而独有的那种内在'必然性'……由于这一理由,强制性就成了实在法的一个必不可少的部分。"[①] 在法学发展史上,法律的标志

[①] 凯尔森:《法与国家的一般理论》,沈宗灵译,中国大百科全书出版社 1996 年版,第 427—428 页。转引自谢慧:《法源视野中的合同研究》,法律出版社 2014 年版,第 140 页。

是其强制性还是其正当性，一直是法学家为之倾注心力的热门话题。如周永坤教授所言："强制论与正当论的兴衰渐替几乎构成了法律哲学的历史长卷。"[①] 应当说正当论是早期的主流性观点，尤其为自然法学派学者所主张，从古希腊到古罗马，法律无不是一种"至善"、一种正当性的表率。直至近代资产阶级革命和民族国家的兴起，法律尤其是法律的正式渊源成为民族国家所保有的一种垄断性资源。法律之所以应当被遵从，尽管亦是因为其具有多维层面上的正当性，但更主要的原因似乎在于其背后所依托的国家意志力以及国家所拥有的整个暴力系统，在于法律乃是主权者的命令。当然，我们反对摒弃法律的正当性而妄论法律的强制力的做法，因为从本质上讲法律作为一种生活秩序，决定了它必须是一种"善良而公正的艺术"。并且，即使抛开法律的正当性不论，法律亦并非总是以强制性的冰冷可怕的面目出现，法律中亦存在着柔性的协调性规范、倡导性规范与激励性规范等非强制性规范，并且这些规范形式在任何时代的法律中都从未真正消弭过。我们此处阐述的法律的正式渊源的效力上的强制性，并非一定是直接的、显性的，亦可以是间接的、隐性的，即国家的强制力对于法律的正式渊源所起的乃是类似于一种执行担保的功能。非正式的法律渊源在效力上则不以国家强制力作为后盾。如宗教教义的效力依靠的是信徒内心的信服感以及特定宗教组织所特有的处罚机制；道德规范则主要依靠个人的羞耻心以及社会群体所形成的道德压力予以保障。对于宗教教义与道德规范的违反，当事人是无法诉诸国家暴力机器予以救济的。

公司章程并非由国家立法部门制定而是公司自主立法的产物，在适用上不具有法律所具有的普遍性约束力，而是仅对公司内部成员和特定的外部人产生约束力。但是，章程这种规范形式乃是国家法律所确认的，代表了国家意志力。国家认可章程作为一种自主立法形式存

---

① 周永坤：《论法律的强制性与正当性》，《法学》1998年第7期，第17页。

在，并且通过公司法等部门法赋予其广泛而自由的权限，国家即应保障其在现实中被遵守与执行。现实情况也确实如此，当公司大股东或管理者的行为违反公司章程的特定规定时，公司可以向法院这种国家暴力机关提起诉讼，其他股东亦可以提起诉讼。如果法院判定大股东或管理者败诉，则法院可以强制他们采取补救措施或者承担赔偿责任。

谢慧研究员指出："在法律实证主义者所讨论的法律体系中，某个规范是否可以被容纳进来不是根据它自身的好坏，而是需要看它是否符合这个体系中的特定标准，也即它是否能够成为这个法律体系中的成员或者是否具备在法律体系中的'成员资格'，需要看它是否符合这个体系中的'成员资格标准'。"[1] 法律的正式渊源的上述三个特点其实就是进入这个体系的"成员资格标准"。公司章程兼具法律的正式渊源的上述三个特征，也就具备了进入法律的正式渊源体系的"成员资格"。

二、公司章程是一种具有优先适用性的法律渊源

拉伦茨教授指出："法律规范并非彼此无关地并行存在，其间有着各种脉络关联。"[2] 凯尔森教授亦曾指出："法律秩序，不是一个相互对等，如同在同一个平面上并立的诸规范的体系，而是一个不同等级的诸规范的等级体系。"[3] 根据法律位阶理论，法律是一个具有等级秩序的规范体系，是一个由一些条件性规范与一些附条件性规范所组成的体系。其中除了处在最高位阶的规范之外，其他任何一个规范的效力都

---

[1] 谢慧：《法源视野中的合同研究》，法律出版社2014年版，第148—149页。
[2] 卡尔·拉伦茨：《法学方法论》，陈爱娥译，商务印书馆2003年版，第316页。
[3] 凯尔森：《法与国家的一般理论》，沈宗灵译，中国大百科全书出版社1996年版，第141页。

至少取决于一个其他的规范。① 也即是说，整个法律规范体系，其实是以金字塔结构的形式而存在，处于最高位阶的法律规范决定着处在其下方的其他法律规范的有效性，整个金字塔从上到下亦遵循一个由普遍到特殊、由一般到具体的规范分布逻辑。其中，通常效力更高的法律规范并不是因为它在道德方面更加完美，而只是表明它的制定者在政府的金字塔中处于更高的位置。② 法律位阶有三个特点：（1）条件性与依附性，即下位法的效力取决于其上位法；（2）具体化和个别化，即前面所说的从上到下遵循一个由一般到具体的差序结构；（3）权威性与审查性，即处在高位阶的法律规范有权对处于其下方的法律规范进行审查，并可以否定处在低位阶的法律规范的效力。③《中华人民共和国立法法》（以下简称《立法法》）中所规定的"上位法优于下位法"的原则其实也就是指上位法在效力上高于下位法。从严格意义上讲，我国《立法法》中的"上位法优于下位法"的表述并不科学。首先，法律规范的优劣主要是一个立法质量的问题，而我们不能断论上位法的立法质量就高于下位法。其次，"优"字本身还会给人一种优先适用的误解，而实际情况正好相反，即一般是下位法优先适用于上位法，这是因为下位法一般是针对某一法律关系的特殊规范、具体规范，属于特别法的范畴，在司法裁判中具有被优先适用的效力。④

就公司法律体系而言，处在最高位阶的是《中华人民共和国宪法》（以下简称《宪法》）中的相关规范，然后是《公司法》及其司法解释，再往下是有关行政法规与地方政府规章，公司章程则处在最底端，

---

① 参见顾建亚：《法律位阶划分标准新探》，《浙江大学学报》2006年第6期，第42页。
② 参见罗伦斯·M. 弗里德曼：《法律制度》，李琼英、林欣译，中国政法大学出版社2004年版，第46页。
③ 参见顾建亚：《法律位阶划分标准新探》，《浙江大学学报》2006年第6期，第43—44页。
④ 关于特别法与一般法、上位法与下位法在司法适用中的关系，具体内容可参见汪全胜：《"特别法"与"一般法"之关系及适用问题探讨》，《法律科学》2006年第6期，第50—54页；顾建亚：《"特别法优于一般法"规则适用难题解析》，《学术论坛》2007年第12期，第124—128页。

公司章程的效力依赖于《公司法》等上位法的规定。虽然公司章程处于公司法律规范金字塔的最底端,但是在司法裁判中公司章程却具有被优先适用的效力。公司章程属于公司自己的特别法,是具体的、特殊的法律渊源形式,依照"特别法优先适用于普通法"的法律适用顺序,在司法裁判中法官对于特定案件首先应在公司章程中找寻裁判规范,只有当公司章程未有规定或者规定无效的情况下,才可诉诸更高位阶的法律规范以找寻裁判规范。而我国当前的司法实践中,法官经常忽略公司章程的正式法律渊源地位,直接到公司法及其他法律规范中找寻裁判规范,这种做法显然是欠妥的。司法裁判中,如何处理公司章程与公司法的法律适用关系是一个非常棘手的问题,因为,公司章程与公司法在规范内容上经常是高度重叠的,公司法本身是一种特别法,公司章程也是一种"特别法",在处理规范内容高度重叠的特别法与"特别法"的关系上,法官经常会显得无所适从,而对于法官来说,采取更为安全的裁判方式往往就意味着直接避开公司章程而以公司法为裁判依据。尤其是在公司章程就特定事宜与公司法对该事宜的规定相左的情况下,也即公司章程排除公司法规范的时候,更是增加了法官的裁判难度。如本书前面章节所述,我国现行《公司法》针对有限责任公司股东股权转让、有限责任公司表决权行使、公司利润与股息分配等几种公司治理事宜,明确规定可以由公司章程排除适用。但是这是否意味着公司章程仅能排除现行《公司法》上的这几处规范呢?笔者认为绝非如此,在司法裁判中,公司法更多是作为公司章程的审查性规范而存在,即为公司章程划定一个自由的边界,只要公司章程不逾越这个边界即可,而在这个边界之内公司章程则是完全的甚至是唯一的裁判规范。这就存在着一个公司章程自由边界识别方法的问题,即如何理解公司章程自治的法律边界的问题。裁判中法官经常会陷入一个思维误区,即公司法没有授权的即为禁止,这其实是错用了公权力的边界界定方法。公司法属于私法范畴,禁止性规定才是私法领域之内行为的自由边界，即"法不禁止则为允许"，而法律没有授权、没有明确规定并不意味着法律就禁止。如易军教授所言："'法不禁止皆自由'力图宣示，扣除禁令后剩余的所有空间均为自由的领地，由此凸显了自由为'扣减权'的无所不包的特性，从而营造了最大的自治空间。"[①] 我国现行《公司法》针对公司章程设置了前面所说的几处补充性规范，允许公司章程排除这几处规范，并不意味着公司章程只能够排除这几处规范而不能排除其他规范，这是裁判中法官需要更正的一种固化思维。当然，笔者亦非是主张凡是公司法没有明确禁止公司章程排除的规范皆可以被排除且皆应当被认定为有效。判定公司章程中的这类规范是否有效，法官不仅需要考察公司章程中这类规范的形成机制是否符合章程规则形成的一般性标准，还须把握公司法特定规则的立法意图以及整个公司法的价值倾向。如果公司章程排除了现行《公司法》中没有明确允许排除的规范条款，而公司章程中该排除性规定本身满足了章程规则形成机制的法律标准与要求，又不违背公司法中的强制性规定尤其是效力性强制性规定，且符合公司法所秉持的价值伦理，那么法官即应当认可其法律效力。也即是说，公司章程的自由边界有二：一是公司法及其他相关法律中的强制性规定，这些规定一般不允许公司章程排除适用或者违背其规定[②]；二是公司法的价值倾向以及整个法律体系的终极伦理关怀，这也不允许公司章程违背。在这两个边界之内，公司章程是自由的，法官应当对其保持充分的尊重。

---

① 易军：《"法不禁止皆自由"的私法精义》，《中国社会科学》2014年第4期，第121页。
② 根据曹兴权教授的研究，"商法中的强制性规范并非都是以实现特定经济政策为目的，绝大部分是反映经济规律的技术规则，与私法自治并不相矛盾"。参见曹兴权：《商法的强制性与私法自治：基于法技术视角的考察》，《四川省政法管理干部学院学报》2004年第3期，第37页。因此，笔者需要澄清的一点是，公司法及其相关法律中的强制性并非都是刚性而不可缓和的，有些强制性规范亦是可以被公司章程排除适用的，具体如何操作方才有效，笔者在后文中将专门就此问题展开论述。

三、公司章程是一种独立的法律渊源形式

公司章程具有法律的正式渊源地位，并在司法裁判中具有优先适用性，还远未涉及"涉章案件"裁判中的解释论之关键点，因为在司法裁判中还会发生"法源错用"的问题。依照法理学界的观点，合同亦是一种正式的法律渊源，在司法裁判中亦具有优先适用性[①]，公司章程合同说又是当前学界与司法实务界关于公司章程法律属性认知的主流性观点，所以司法裁判中经常会发生将合同的效力认定规则用作章程的效力认定规则的错误做法。首先，公司合同理论，即公司章程合同说的理论渊源，并非是将公司真正地视为合同，而是一种对于公司的比喻性描述，并通过这种描述表明公司法的自由主义本质。因为，在公司合同主义者看来，"与当事人自身相比，立法者没有动机，也不知道当事人的目标和需求，因此不可能制定出最佳的公司法"[②]，所以最好的方式莫过于让商人自己协商制定自己的规则，这种规则就类似于合同或者契约。所以，公司合同理论中的"合同"是一种"自由主义的隐喻"，而非是公司的本质。[③] 其次，即使我们相信公司合同理论中的"合同"是公司与其章程的本质，这种合同也是经济学意义上的合同而非法学意义上的合同。法学层面上的合同是一个有着严格内涵与外延的概念范畴，而经济学意义上的合同则要宽泛得多，并且合同或契约也并非一个严格的经济学概念，而是一种对《社会契约论》中的契约概念的借用。因此，"以契约性否认企业的组织性，就如同以'社

---

① 参见谢慧：《法源视野中的合同研究》，法律出版社 2014 年版，第 125—191 页。
② 罗伯特·A. 希尔曼：《合同法的丰富性：当代合同理论的分析与批判》，郑云瑞译，北京大学出版社 2005 年版，第 87 页。
③ 参见吴建斌：《合意原则可以对决多数决——公司合同理论本土化迷思解析》，《法学》2011 年第 2 期，第 58 页。

会契约论'否认国家的存在一样荒谬"①。在法学领域内,合同是个人法上的行为规则,而公司法与章程都属于团体法上的规则。换言之,合同是个人法上的法律渊源,公司法与公司章程属于团体法上的法律渊源,以个人法上的法律渊源作为团体行为的裁判规范显然是不合逻辑的。公司章程作为自治团体之自治规则,与合同是并列的法律渊源类型,是一种独立的法律渊源形式,公司章程的司法裁判也应该遵从章程所固有的法律适用规则。

第三节　公司章程法源形式之学说梳理与评议

公司章程是否具有法律渊源地位,虽是一个极易被忽视的问题,但只要经过充分的说理与论证,亦较容易获得共识性的认识。然而,对于公司章程到底属于何种形式的法律渊源,也就是公司章程的法律属性问题,却呈现出歧见丛生、真理未明的纷争势态。对于公司章程的属性界定主要存在着合同说、自治法规说、宪章说、权利法定说与秩序说等几种学说。② 然而,随着公司法理论的整合发展,公司章程的宪章说、权力法定说与秩序说等几种学说逐渐被章程合同说与自治法规说所吸收与合并。③ 学界当前对于公司章程的法律属性界定主要存

---

① 朱义坤:《公司治理论》,广东人民出版社1999年版,第13页。
② 参见朱慈蕴:《公司章程两分法论——公司章程自治与他治理念的融合》,《当代法学》2006年第5期,第10页。
③ 宪章说认为公司章程乃是规范公司内部相关权利、义务主体的规范性文件;权力法定说认为公司章程乃是出自法定而非内部人之间所订立的合同或契约;秩序说以纯粹法学派的凯尔森为代表,认为社团的章程乃是社团成员行为规则的总和,是一国之法律秩序之内的次级秩序。其实,公司章程的宪章说、权力法定说与秩序说三种学说同章程的自治法规说有很大相通之处,它们之间并无本质性差别,所以一般也将这三种学说纳入自治法规说。参见朱慈蕴:《公司章程两分法论——公司章程自治与他治理念的融合》,《当代法学》2006年第5期,第10—13页。

在以下三种主流学说：合同说、自治法规说与折中说。①

一、公司章程合同说——隐喻而非本质②

尽管如笔者前文所述，当前公司法学界对于公司章程的属性认识存在着合同说、自治法规说与折中说三种学说，但毫无疑问的是公司章程的合同说或公司章程的契约解释乃是当前学界有关公司章程法律属性界定的最为主流的学说，公司章程即是公司股东之间、股东与其他相关主体之间所订立的合同近乎成为一种共识。然而，笔者认为将公司章程视为合同的认知路径是公司合同理论在公司法学研究中被严重泛化的一种表现。公司章程的合同解释：其一，从理论层面，它忽视了章程行为与合同行为在法律属性上的本质性差别；其二，从实证层面，它容易破坏公司内部主体间的"团结型关系"，并减损公司建立在这种"团结型关系"基础之上的"团结型效率"。

公司章程的合同说主要为英美国家学者所主张，合同说最初主张公司章程仅是股东之间订立的一份契约或者合同。后来伴随着企业社会责任思潮与利益相关者理论的兴起，英美学者对章程的合同说进行了修正，开始视其为公司、股东、管理者、其他利益相关者等多元主

---

① 徐学鹿教授认为公司章程是一种"软商法"。笔者认为：首先，"软法"的概念本身并不是一个严谨的学术概念，且容易造成误解与偏见；其次，按照学界的一般性认识，"软法"一般并不具有国家强制执行力，而公司章程不仅体现国家意志性，还依赖国家强制力保障执行。因此，笔者认为不能将公司章程纳入"软商法"之列。关于"软商法"的论述参见徐学鹿：《商法的轨迹：从传统到现代》，法律出版社 2013 年版，第 124—167 页。

② 关于公司契约理论的反思，华东政法大学李诗鸿博士进行了较为系统的研究，他指出："公司契约概念内涵模糊，忽视了国家在创设中的作用，否定了公司的主体地位。同时其对公司法具体制度的解释力和对公司的立约、履约以及后续修改表现出天生的羸弱。契约理论者的目标有限，公司契约理论只是研究公司本质的一个视角，法学研究者须审慎对待。公司应从多维度对公司本质理论进行阐述与解读，客观回应公司作为独立实体的法益。"具体内容参见李诗鸿：《公司契约理论新发展及其缺陷的反思》，《华东政法大学学报》2014 年第 5 期，第 83—99 页。

体之间订立的"系列契约"。① 其实从公司章程合同说的演变过程可以看出，公司章程合同说乃是公司合同理论在章程问题上的一种体现而已，其理论渊源直接来源于公司合同理论。因为，"在合同理论框架下，公司章程是公司合同的一部分，公司章程的性质当然地取决于公司的性质"②。一般认为，公司合同理论肇始于科斯的《企业的性质》一文，在该文中科斯将企业与市场视为资源配置的两种不同方式，企业之所以存在是因为"市场的运行是有成本的，通过形成一个组织，并允许某个权威（一个'企业家'）来支配资源，就能节约某些市场运行成本"③。也即是说，企业这种资源配置方式出现的原因在于，市场价格机制是有成本的，企业通过内部科层制的安排，可以将需要在市场交易中逐个谈判订立的多个契约合并为一个"长期性关系契约"，这大大节约了资源配置的谈判成本。因此，罗培新教授将公司合同理论视为"科斯定理的公司法版本"④。科斯之后的伊斯特布鲁克法官与费希尔教授所著的《公司法的经济结构》则将公司合同理论研究推向一个高峰。⑤ 在公司合同主义者看来，公司是股东等各参与方所订立的一种关系合同（契约），公司法则是一种开放式的标准合同，意在为公司各参与方在订立长期性关系合同时提供一个范本，并填补当事方所订立合同的漏洞，以节约各参与方的试错成本。部分公司合同理论持有者认为，公司章程作为与公司法相并列的一种规范文本，二者的区别在于，公司法是国家从立法层面为公司提供的一套标准合同，而公

---

① 参见麦克尼尔：《新社会契约论》，雷喜宁、潘勤译，中国政法大学出版社1994年版，第10—13页。
② 董慧凝：《公司章程自由及其法律限制》，法律出版社2007年版，第69—70页。
③ 罗纳德·哈里·科斯：《企业、市场与法律》，盛洪、陈郁等译校，上海三联书店1990年版，第7页。
④ 罗培新：《公司法强制性与任意性边界之厘定：一个法理分析框架》，《中国法学》2007年第4期，第75—76页。
⑤ 参见弗兰克·伊斯特布鲁克、丹尼尔·费希尔：《公司法的经济结构》，张建伟、罗培新译，北京大学出版社2005年版，第1—2页。

司章程则是公司各参与方自己订立的个别化合同。然而，笔者认为公司章程合同说尽管有其合理之处，但因其并未能真切领会公司合同理论的真实用意，亦未能辨明合同行为与章程行为在法律属性上的差异，若在司法裁判环节中被遵循，容易助长公司内部的"个人主义"倾向，破坏公司主体间"团结型关系"，并减损公司经营效率。

（一）公司章程合同说误解了公司合同理论的真实意旨

在公司合同理论的发展史上，1985年特拉华州最高法院所审理的"Simth v. Van Gorkom"一案的发生是一个关键点，也是供我们参透该理论真实意旨的一把钥匙。该案中，法官认为商业判断规则仅仅适用于掌握了充分的商业信息基础之上所作出的商业决策，该公司的经理在面对外部并购时，既没有仔细研究商业信息，也没有咨询外部专家人士意见，尽管股票被收购的价值远高于其市场价格，但是经理仍旧违反了对股东所负的信义义务。[1]该判决结果一经公布，在公司法学界与实务界引起轩然大波，人们纷纷认为特拉华州法院对于信义义务的解释过于严苛。迫于各方压力[2]，1986年特拉华州公司法加入了一条规定，即"授权公司可以自主决定是否减轻高级管理人员违反注意义务的责任"[3]。"Simth v. Van Gorkom"一案的余波延续了两年之后，美国哥伦比亚大学法学院举办了一场以"公司法中的合同自由"为主题的研讨会，美国公司法学界的领军人物就此问题展开激烈交锋，将公司

---

[1] 参见罗培新：《公司法的合同解释》，北京大学出版社2004年版，第284—285页。

[2] 特拉华州政府的财政收入中很大一部分来自于公司所缴纳的注册费以及其他税费，法院作出不利于公司高级管理人员的司法判决，增加了公司高管的从业风险，可能会导致他们改为选择其他州作为公司注册地，这对于保障特拉华州的财政收入极为不利，同时也意味着特拉华州律师业务量的减少，故也会遭致律师的反对。应当说，来自于特拉华州内部的抗议之声是导致修改公司法的最大动因。

[3] 参见罗培新：《公司法的合同解释》，北京大学出版社2004年版，第285页。

合同理论的讨论推向一个高潮。①

将"Simth v. Van Gorkom"一案与之后哥伦比亚大学法学院举办的"公司法中的合同自由"研讨会结合起来看,我们可以清晰地发现与公司合同理论相对立而存在的乃是公司法的干预主义、管制主义。公司合同理论的论者相信,"市场竞争的结果将达成最优的合同安排,而不需要国家法律的介入"。正如威廉姆森所言,"政府没有任何特别的权力来取代公司组织结构的创新"②。与其说公司合同理论中的"合同或契约"切实存在,毋宁说它是对商人自治的一种隐喻性的描述,意在说明商人是自身经营规则的最佳制定者,以为我们重新认识和检讨公司立法提供一种"意思自治思路"。正如罗培新教授所言:"(公司合同)不是本质,而是方法"③。公司合同理论乃是解读公司自治与国家外在管制的一条路径,其所强调的意思自治乃是公司作为一个整体相对于国家意志的独立性,而非是用以解读公司内部不同主体之间意志关系的途径。④ 因此,以公司合同理论作为理论基点,并不能得出公司或者章程亦是一种合同的结论。⑤ 即使是公司合同理论的倡导者弗兰克·伊斯特布鲁克和丹尼尔·费希尔都曾说:"与其我们把公司视作一整套合同,还不如把它看成是一个共和政府。"⑥

---

① 参见罗培新:《公司法的合同解释》,北京大学出版社2004年版,导论,第2—3页。
② 罗培新:《公司法的合同路径与公司法规则的正当性》,《法学研究》2004年第2期,第75页。
③ 罗培新:《公司法的合同解释》,北京大学出版社2004年版,导论,第29页。
④ 参见吴飞飞:《"公司章程另有规定"条款的理论争点与司法解说——以公司合同理论与股东平等原则为认知路径》,《甘肃政法学院学报》2014年第1期。
⑤ 南京大学法学院吴建斌教授针对公司合同理论在国内公司法学研究中的泛化现象指出:"国内热议公司合同理论的学者不胜枚举,但几乎无人注意到该理论本身的多重涵义,大而化之、不求甚解甚以讹传讹的解读比比皆是"。参见吴建斌:《合意原则何以对决多数决——公司合同理论本土化迷思解析》,《法学》2011年第2期。
⑥ 弗兰克·伊斯特布鲁克、丹尼尔·费希尔:《公司法的经济结构》,张建伟、罗培新译,北京大学出版社2005年版,第17—18页。

（二）公司章程合同说的司法适用极易助长股东"个人主义"作风，减损公司经营效率

公司，从超越利润动机的视角来测度，可以被视作各股东所共同从事的事业。因此，公司除了寄托着股东对于物质财富的追求目标之外，还包含着所有股东的共同信念、彼此的认同这些情感性因素。所以，有学者指出，从某种层面而言，"公司是一种精神共同体"[①]。而"共同体是人类的一种基本需求，它所构成的自足系统可以满足人类的合群需求，并让人获得一种归属感"[②]。在共同体中，"私利是适度的，合作是受鼓励的"[③]。作为"精神共同体"而存在的公司，其股东彼此之间维系着一种"团结型情感"，这种情感的存在使得公司在本质上是厌恶纠纷与诉讼的。公司章程合同说，崇尚的是每个股东个人意志的自主性、自治性，却忽略了公司作为一个团体的自治性。对章程合同说的过分推崇，极易诱导与强化股东的"个人主义"动机，使得公司法中诸多旨在保护中小股东权益的制度设计成为中小股东向大股东或公司威胁要价的筹码，进而减损公司的经营效率甚至导致公司发展陷入僵局。

公司章程合同说并未意识到股东关系与市场交易关系之间的差别，并习惯于用处理交易关系的方法来处理股东之间的关系。笔者认为，股东之间的关系是一种"生产性关系"，在生产性关系中，各主体所进行的是一种"向心运动"，以获得更多的总和利益，进而增加单个主体可以获得的利益数量。而市场交易关系则不然，市场交易关系从本质上而言是一种"博弈性关系"，利益总和是确定化的，一方利益的增多则意味着另一方利益的减少。[④] 市场交易关系鼓励利益的锱铢必较，崇

[①] 蒋大兴：《团结情感、私人裁决与法院行动——公司内解决纠纷之规范结构》，《法制与社会发展》2010年第3期，第56页。

[②] 保罗·霍普：《个人主义时代之共同体重建》，沈毅译，浙江大学出版社2010年版，第142页。

[③] 菲利普·塞尔兹尼克：《社群主义的说服力》，马洪、李清伟译，上海世纪出版集团2009年版，第87页。

[④] 参见吴飞飞：《公司法中的权利倾斜性配置——实质的正义还是错位的公平》，《安徽大学学报》2013年第3期，第95页。

尚个人主义，议价越是充分，交易就越是公平。而股东间关系尤其是有限责任公司或者封闭公司的股东关系则更为注重彼此之间的团结协作、追求更高的利润总和，而非眼前利益分配的秋毫分明。且对于股东人数众多的大公司而言，决议的股东一致同意在实践中也是很难实现的。资本多数决原则作为资本民主的机制性体现，从一个层面审视是为节约民主成本的无奈选择，从另一个层面解读又是公司作为一个效率性组织体的不二选择。

二、公司章程自治法规说——欠缺法律行为理论内核的解说

公司章程自治法规说是大陆法系国家对于公司章程的传统定位[①]，亦是日本、韩国等国家和我国台湾地区公司法理论界的通说[②]，我国公司法学界亦有众多学者持此观点。[③] 该说认为公司章程是股东为了经营公司而制定的公司的组织与行为规则，是公司自己的法律。笔者认为，公司章程自治法规说较章程合同说最大的进步之处在于其强化了公司相对于作为出资人的股东的独立性。公司自治具有三个维度[④]：第一是公司相对于国家的自治，第二是公司相对于社会的自治，第三是公司相对于股东的自治。第一个维度的自治旨在强化公司法的自由主义色彩，减少公司法的管制主义成分；第二个维度的公司自治重在协调股东利润最大化与公司社会责任之间的二元关系，避免公司陷入泛社会道德的藩篱而侵损其商业功能；第三个维度的公司自治意义在于使公司成为一种独立的事业而非一项松散的合约，使其真正具有独立的法

[①] 孙英：《公司章程效力研究》，法律出版社2013年版，第22页。
[②] 董慧凝：《公司章程自由及其法律限制》，法律出版社2007年版，第64页。
[③] 参见朱慈蕴：《公司章程两分法论——公司章程自治与他治理念的融合》，《当代法学》2006年第5期，第11—12页。
[④] 参见吴飞飞：《公司自治与公司社会责任的公司法困境》，《北京理工大学学报》2013年第2期，第133—134页。

人格，并以此保障公司经营运作的持续化、高效化，这也是公司章程自治法规说在实现公司自治的第三个维度上所具有的合同说所不具备的优势。因为，公司自治并不等于每一个股东的自治，公司自治是全体股东自治之后形成的团体性自治，它优于并高于单个股东的自治。

尽管相对于章程合同说，自治法规说更妥帖地彰显出了公司章程的法律渊源属性，然而自治法规说亦有不尽完善之处。章程自治法规说最大的问题在于，其未能深入到章程行为的法律行为属性层面来认知公司章程，仅仅大而化之地强调公司章程对公司、股东、管理者等多元主体具有拘束力却未能澄清"章程具体如何对这些主体发生效力的问题"[1]。如依照自治法规说，公司章程是在公司成立以后方才生效，因为公司未成立也即无所谓自治法规。这就出现一个问题，即自治法规说无法解释投资人在公司成立之前的法律行为属性问题。[2] 不能从法律行为的深层面解构公司章程，即很难澄清公司章程与其制定与修改主体的股东或投资人之间到底具有何种关系，而章程与股东的二元关系又是解读公司章程内外效力的切入点。在这一点上，章程自治法规说显然没有章程契约说做得到位，章程契约说将章程行为视为一种合同或契约行为，尽管存在认知偏差，却毫无疑问地已经将对于公司章程的认知深入到了法律行为这个更为深入的理论层面，并使得其论证结论更具有理论上的发散力与解释力。因此，笔者认为章程自治法规说只有与法律行为理论相结合，澄清章程行为属于何种法律行为才能具有更好的说服力。另外，有学者指出："自治法规说的一大缺陷在于，一国法律体系中并不存在自治法规这一层次，因此自治法规自身的性质仍需要界定，以其来阐明章程的法律性质显然有失严谨。或许正是因为这一点，一些坚持自治法规说的学者亦开始以自治规范的提法来代替自治法

---

[1] 孙英：《公司章程效力研究》，法律出版社2013年版，第23—24页。
[2] 参见王爱军：《论公司章程的法律性质》，《山东社会科学》2007年第7期，第144页。

规"[①]。笔者认为这一观点直击自治法规说的要害，非常具有说服力。

三、公司章程折中说 ——折中的解说遭遇无法折中的命题

公司章程折中说认为公司章程在司法裁判过程中的作用机理，难以单纯用"合同说"或"自治法规说"中的任何一说予以表达。[②] 应利用类型化的方法，将公司章程分为三类：第一类是作为合同的公司章程，主要包括调整股东之间、股东与公司之间关系的章程规范；第二类是作为自治规范的公司章程，主要是规范公司内部机关与管理者的职责、权限及其运作的规范；第三类是根据具体情形确定为合同或自治规范的公司章程，其中对全体股东一致对待的规范具有自治法规属性，仅对部分股东之权益作出限制的规范则应以合同原理判定其效力。[③] 公司章程折中说是在认识到合同说与自治法规说各自局限性的基础之上提炼出来的对于公司章程的新的认知方式。公司内部不仅存在着平等的交易关系，还有科层式的"命令与服从关系"。所以公司章程折中说认为合同说与自治法规说都是片面的，都不能表达出公司章程所具有的全部法律内涵。

然而，笔者认为公司章程折中说亦存在一些问题。首先，公司章程作为一个整体的规范文本，其法源形式应该是特定的、一元的而非是可变的、多元的。因为，不同法律属性的规范条款所适用的裁判机理存在差别，公司章程法律属性的多元化无疑会增大司法裁判中法官找法的难

[①] 伍坚：《章程排除公司法适用：理论与制度分析》，华东政法大学博士学位论文，2007年4月，第15页。

[②] 有关公司章程折中说的论著参见王爱军：《论公司章程的法律性质》，《山东社会科学》2007年第7期，第143—145页；钱玉林：《作为裁判法源的公司章程：立法表达与司法实践》，《法商研究》2011年第1期，第95—99页。

[③] 参见钱玉林：《作为裁判法源的公司章程：立法表达与司法实践》，《法商研究》2011年第1期，第98—99页。

度。并且，某一章程规范到底是属于合同还是自治法规也并非可以简单地获得一致性的认识，这显然加重了法官的裁判负担，增加了裁判结果的不确定性。其次，并非是股东间具有平等性的法律关系即要适用合同机理裁决。公司章程折中说在解读"作为合同的公司章程"时，以《公司法》中对股东出资责任的法律规定作为例证，阐明该类法律关系应适用合同理论裁判。其指出，"立法上的'违约责任'、'连带责任'的用语，表明了公司章程有关股东出资的规定，在性质上属于公司与股东、股东与股东之间的合同关系"[①]。然而笔者认为，现行《公司法》中关于股东未尽出资义务须对其他股东承担违约责任、其他股东须承担连带责任的规定本身并不科学。因为既然股东出资义务所对应的对象应当是公司而非其他股东，那么未完全履行出资义务的股东所承担的违约责任的对象也应该是公司而非其他股东。[②] 也即是说，现行《公司法》关于股东出资责任的规定，未能认识到公司作为一个独立的法律实体所具有的独立的、排他性的请求权主体地位，这是该规定本身存在的问题，因此它不能为股东间的关系属于合同关系提供充分的论据与说辞。

第四节　公司章程决议说——法源特定化及其解释论意义诠释

一、公司章程具有决议的法律属性

章程的属性到底是什么？笔者认为，章程行为属于法律行为中的

[①] 钱玉林：《作为裁判法源的公司章程：立法表达与司法实践》，《法商研究》2011年第1期，第99页。

[②] 同类观点参见朱慈蕴：《股东违反出资义务应向谁承担违约责任》，《北方法学》2014年第1期，第31—59页。

决议行为，章程具有决议的法律属性。公司修改章程之行为须借由股东大会决议方式为之，因此将修改章程之行为界定为决议行为争议不大。可能存有疑义的是，一般认为公司制定初始章程一般须全体参与者一致同意方得以通过，于是该种行为似乎应属合同而非决议。下文，笔者将对章程之决议属性作系统性证成。

（一）决议行为与章程行为皆属团体法行为

私法自治包括个人自治与团体自治两重维度。然而，近代民法"侧重于规范自然人，是一种典型的原子式的个人主义思维"[1]，法律行为作为私法自治的工具，亦深受近代民法的个人主义思维影响。这种影响的典型表现是，"在法律行为理论中，合同居于极为重要的地位，一直被当作法律行为的最佳代表……决议既没有被当作法律行为的代表，也没有在法律行为理论之中占据一席之地"[2]。在很长的一段历史时期内，决议行为一直被视作是多方法律行为尤其是合同行为，直至德国民法学家冯·图尔与梅迪库斯提出"应该将决议从合同中分离出来"[3]，决议行为的独立性才开始受到学界的关注。近年来，决议行为逐渐得到我国民法学界的关注。[4] 尽管对于决议行为之归属尚有一定争议，如有学者认为决议行为属于共同行为[5]，有学者认为决议行为是一种区别于合同行为与共同行为的独立的法律行为类型[6]，还有学者认为决议

---

[1] 王雷：《我国民法典编纂中的团体法思维》，《当代法学》2015年第4期，第68页。
[2] 陈醇：《商法原理重述》，法律出版社2010年版，第129页。
[3] 卡尔·拉伦茨：《德国民法通论》，王晓晔、邵建东、程建英等译，法律出版社2013年版，第433页。
[4] 参见陈醇：《意思形成与意思表示的区别：决议的独立性初探》，《比较法研究》2008年第6期；王雷：《论民法中的决议行为：从农民集体决议、业主管理规约到公司决议》，《中外法学》2015年第1期；徐银波：《决议行为效力规则之构造》，《法学研究》2015年第4期。
[5] 参见韩长印：《共同法律行为理论的初步构建——以公司设立为分析对象》，《中国法学》2009年第3期。
[6] 参见王雷：《论民法中的决议行为：从农民集体决议、业主管理规约到公司决议》，《中外法学》2015年第1期。

行为是意思的形成机制而非表示机制。① 然而，毫无争议的是，学界一致认为决议行为是团体法行为。章程是公司这种营利性团体的内部规则，制定和修改章程的行为，是成员为组建团体或者完善团体内部治理规则所从事之行为，其目的指向公司团体这个目标实体，涉及团体成员之共同利益与福祉。尽管，章程行为会涉及股东或者投资人的个人权利，但该种情景下的个人权利并非纯粹意义上的个人私权，而是与其他成员之私权以及团体组织紧密联系在一起的结构化了的个人私权。因此，章程行为注定是团体法行为而非个人法行为，而且公司修改章程的行为本身即是一种决议行为。

(二) 章程行为符合决议行为的行为特性

在前一部分中，笔者指出决议行为与章程行为都属于团体法行为。然而，按照当前我国民法学界的主流观点，共同行为也是团体法行为，如此就会产生这样的疑问——章程行为为何不是共同行为而是决议行为？如前文所述，公司修改章程的行为属于决议行为当无异议，争论点在于公司制定初始章程的行为属性问题。因为根据学界的一般认识，决议行为适用多数决原则，初始章程一般须参与成员全体一致通过，因此持章程合同说的学者认为公司制定初始章程的行为属于合同行为。此外，亦有学者主张"共同行为是非法人团体和设立中法人团体私法自治的工具；决议行为是团体成立后私法自治的工具"②。依此观点，公司制定初始章程之行为似乎应当归入共同行为之列。然而，笔者并不如此认为。

1. 制定初始章程之行为并非共同行为

根据学界主流观点，共同行为，"乃由同一内容的多个意思表示合

---

① 参见徐银波：《决议行为效力规则之构造》，《法学研究》2015 年第 4 期。
② 王雷：《我国民法典编纂中的团体法思维》，《当代法学》2015 年第 4 期，第 75、77 页。

致而成立"①,"共同行为与契约行为均须所有人表意一致,决议则采多数决原则"②。然而,实际上法律并未要求公司制定初始章程须全体股东或发起人一致同意通过,制定初始章程的行为并非共同行为。我国学界当前对章程存在一个重大误解,即认为公司制定初始章程须全体股东或发起人一致同意通过。然而,现行《公司法》第23条针对有限责任公司初始章程规定:"股东共同制定公司章程",而共同并不等于一致同意。第76条针对股份有限公司初始章程规定:"发起人制定公司章程,采用募集方式设立的经创立大会通过"。第23条与第76条均未明确规定公司制定初始章程须全体股东或发起人一致同意通过。且该法第90条规定:"创立大会应有代表股份总数过半数的发起人、认股人出席,方可举行。……创立大会对前款所列事项(包括通过公司章程)作出决议,必须经出席会议的认股人所持表决权半数通过。"将第90条与第76条结合起来看,采募集方式设立的股份有限公司初始章程之通过,仅须出席创立大会的认股人所持表决权半数通过即可,而无须全体认股人一致同意。综上所述,我国现行《公司法》并未采用初始章程制定的一致同意机制。域外立法规定亦多如此,在美国,公司章程分为章程大纲与细则,大纲记载事项较为简单,主要起登记备案作用;细则记载事项较为具体,有关公司内部治理的规则多数规定于细则之中。根据《美国标准公司法》第2.06节的规定,章程细则既可以由发起人制定,亦可以由董事会制定。③ 美国《特拉华州普通公司法》第109条亦规定:"公司原始章程细则或者其他章程细则,可以由设立人、初始董事或者董事会通过、修改或废止。"④ 由此可见,美

---

① 王泽鉴:《民法总则》,北京大学出版社2009年版,第242页。
② 朱庆育:《民法总论》,北京大学出版社2013年版,第133页。
③ 参见《最新美国标准公司法》,沈四宝编译,法律出版社2006年版,第28页。
④ 《特拉华州普通公司法》,徐文彬、戴瑞亮、郑九海译,中国法制出版社2010年版,第18页。

国公司法亦未要求公司初始章程须全体股东一致同意通过。另外,《英国 2006 年公司法》第 2 章第 18 条针对公司之初始章程亦仅规定:"公司必须具有规定公司规章的章程。"[①] 因此,我国学界关于公司制定初始章程须全体股东或发起人一致同意通过的观点并不正确。公司制定初始章程之行为并不是共同行为。

2. 章程行为符合决议行为之特性

笔者在上文中指出,法律并未要求初始章程须参与者一致同意通过,所以此行为并非共同行为。并且,公司修订章程之行为是由股东大会以多数决原则为之,属于典型的决议行为,亦非共同行为。笔者认为,因为章程行为符合决议行为之特性,因此章程行为具有决议行为属性。

第一,章程行为符合决议行为的公共管理属性。这是决议行为区别于共同行为的关键之处。决议之内容不仅仅涉及成员之私权,最为重要的是,它也涉及成员之共益权,并因此而使决议行为具有了公共管理属性。在成员众多的团体中,决议的公共管理性还会衍生出代议制,如公司董事会其实就是股东大会的代议机构。共同行为则不然,其不具公共管理属性,如在婚姻缔结行为中,男女双方自愿性地通过共同的、同向的意思表示结为合法夫妻关系,其内容共同而非公共,共同处分行为亦是如此。因此,笔者主张合伙协议、公司设立行为其实都应当是决议行为而非共同行为。如就合伙协议而言,尽管《中华人民共和国合伙企业法》第 4 条规定:"合伙协议依法由全体合伙人协商一致、以书面形式订立。"但实际上,合伙协议未必一定要所有合伙人一致同意,采用多数决原则亦未尝不可。并且,合伙协议本身是一个"协议束",内容庞杂,期待合伙人在每一项协议内容上都能达成一致也是不合理的。而婚姻缔结行为无论如何只能一致同意。回到章程,

---

① 《英国 2006 年公司法》,葛伟军译,法律出版社 2012 年版,第 10 页。

无论是初始章程还是章程修订案，其中都大量涉及公司机关权力配置、股东共益权行使等具有公共管理属性的问题，所以章程行为符合决议行为之公共管理属性。

第二，章程行为符合决议行为之意思表示集合性。决议行为最终形成的意思表示是集合化的意思表示，它扬弃、吸收了单个成员的意思表示并经过化合反应后形成集合化的意思表示。进而言之，决议行为最终形成的是一个独立的意思表示——团体的意思表示。共同行为则不然，共同行为中每一个参与者的意思表示都是独立的，最终是以共同同意的形式表现出来，而非形成一个独立的意思表示，如在共同处分行为中既无团体又无团体之独立意思表示可言，仅仅是共同而已。章程行为，无论是制定初始章程的行为，还是修订章程之行为，都是成员通过反复协商、讨论、表决，最终形成一个独立性的意思表示——公司的意思表示而非股东个人的意思表示。因为章程，本身就是公司的章程而不是股东的章程。

第三，章程行为符合决议行为的严格程序性。决议行为的公共管理属性以及多数决定机制决定了程序必然要在决议行为中占据至关重要的地位，同时程序性瑕疵也会对决议行为的效力产生影响。如根据我国《公司法》第 22 条规定，公司股东大会、董事会召集程序、表决方式违反章程规定的，属于可撤销事由。所以，有学者认为，正当程序原则与民主原则是决议行为的两大原则。[①] 而共同行为对于程序一般无严格要求，如在婚姻缔结行为、共同处分行为等共同行为中，法律其实更看重参与者的个人意思表示的真实性，对于程序无太多要求。章程行为同样秉重程序，如股东大会修改章程，须经历董事会提案、事前通知、公开讨论、公开表决等多项繁复的程序方得以通过。即使对于制定初始章程的行为而言，采用募集方式设立的股份有限公司制

---

① 参见陈醇：《商法原理重述》，法律出版社 2010 年版，第 131—138 页。

定初始章程亦须经历创立大会的公开讨论与表决程序。

第四,章程行为符合决议行为的拘束力扩展性。决议行为作为团体组织之行为,不仅仅对参与实施的成员具有拘束力,而且对团体内部所有成员具有普遍性的拘束力,在特殊情况下甚至可以产生超越团体范围的对抗效力。如某小区业主大会通过一项决议,"禁止外来机动车辆入内",这项决议即具有了对外效力。章程行为的拘束力或者说效力也具有明显的扩展性,章程行为的参与者尤其是表决环节参与者只能是发起人或者股东,但是章程却可以对公司内部所有成员具有普遍拘束力。而且,章程中的特定内容,在特定情况下还会具有对外效力。如章程中的担保规则即可因《公司法》第 16 条之引致而获得推定通知功能,进而可对抗未履行审查义务之担保债权人。[①]

综上所述,公司制定与修改章程之行为,既非合同行为,亦非共同行为,而属于决议行为。章程作为决议行为文本化的结果,应具有决议的法律属性。

二、公司章程决议说之解释论意义诠释

(一)公司章程决议说彰显了商法的法源独立性

商法的独立性问题是近年来学界关注的热点问题,尤其是民法法典化的开展愈发激起商法学研究界对于商法独立性的呼唤,甚至有学者主张尽快实现商法的法典化,制定《商法典》或者《商事通则》。然而,根据民法学者张谷教授的观点,商法的法典化仅是一种形式,并不能从实质意义上实现商法的独立化,如法国、德国的商法均实现了法典化,却仍未能摆脱其寄居于民法的宿命;而英国虽然未有商法典,其商法在实质意义上却是独立于民法的。一言以蔽之,商法的独立性

---

① 参见吴飞飞:《公司担保案件司法裁判路径的偏失与矫正》,《当代法学》2015 年第 2 期。

并不倚重于商法的法典化。① 笔者对此观点深表认同。

有学者认为,所谓商法的独立性系指"商法本身作为一种规范体系与其他法律的有效区分,以及在可区分性基础上的独特性和不可代替性"②。然而,从商法的制度变迁史可以窥知,商法独立性最大的障碍是民族国家的大一统法律观③,商人"难以'自发倡导、组织和实行'符合自己需求的商人法律制度"④。重塑商法的独立性地位,关键在于剖析清楚商事关系与民事关系所隐含的不同的思维理念,并以此为起点整饬现有的商事立法与司法制度。

笔者认为,我国商法的独立化之希望在于商法法源的独立性而非商事立法的独立化。商法的最大特征在于规则自治,也即商人是自己规则的最佳制定者。然而,自近代以来民族国家在立法中占据了主导性地位,商人这一原始立法者的角色逐渐隐退,民族国家主导商事立法的情境下,商法的独立性即很难寄希望于立法层面的谋划。当前局面下,较为可行的办法即是通过重塑商法法源的方式,将商人自己制定的规则纳入商法法源体系之内,并在司法裁判中予以优先适用。公司章程即是作为公司的商主体为自己制定的内部规则,在裁判环节中,公司章程与公司法及其他立法层面的制度规则相比,应当具有被优先

---

① 参见张谷:《商法,这是寄居蟹——兼论商法的独立性及其特点》,载高鸿钧主编:《清华法治论衡》(第6卷),清华大学出版社2005年版,第1—51页。

② 蒋励君:《论我国商法的独立性——实质商法的相对独立》,《学习与实践》2008年第4期,第102页。

③ 陈醇教授研究发现,世界上享誉最高的法典都是由"皇帝"促成制定的,如优士丁尼统治时期古罗马缔造了《学说汇纂》《法学阶梯》《优士丁尼法典》和《心律》,拿破仑一手促成了《法国民法典》的制定,俾斯麦则缔造了《德国民法典》。"皇权"与私人团体的"整合性权利"有着不可调和的矛盾,"皇权"不允许私人团体具有管理性的自治,因为一旦私人拥有管理性自治权利,就会洞悉到"皇权"的运行之术,即会对"皇权"产生威胁。所以世界上最著名的民法典中都将私法自治局限为私人的个人意思自治而不包含私人团体的管理性自治,所以商法作为一种团体自治法在民族国家统治下总是被挤压在狭小的角落里。参见陈醇:《商法原理重述》,法律出版社2010年版,第303—317页。

④ 王煜宇:《中国社会转型期商人法律制度研究》,法律出版社2008年版,第169页。

适用的效力。然而，仅仅是优先适用作为私人自治规则的公司章程并不一定就能提升商法的独立性，因为关于章程属性的解读还是制约着法官的裁判思维取向。如对于公司章程合同说而言，在司法裁判中法官将公司章程视为公司内部主体间所订立的一份合同，而当然地适用合同的裁判规则予以处理，这种裁判方式中章程作为团体自治规则的优先适用性其实被合同的优先适用性所消解。法官所面对的仍旧是民法视野中的一个个处于孤立存在状态的个体，公司仅被视为资本的集结体而未被当作一个独立的法人实在体，公司作为商法人的独立性即无从谈起。

首先，公司章程决议说，旗帜鲜明地撇清公司章程与合同之间纠缠不清的关系，合同法规则不再具有当然地适用于公司章程的正当性，章程本身的效力以及具有效力性的章程所具有的约束力适用决议行为成立与生效的认定规则。其次，将公司这个团体的人格存在感凸显了出来，司法裁判中法官所面对的是作为商法人的公司而非作为合同当事人的股东。合同重在保护的是单个股东的个人利益，而决议"首先不是以保护和满足单个人的个人利益为目的，而是调整多个人的共同利益"[1]。"商人法律制度的制度价值不是指商人法律制度'对人的有用性'，而是商人法律制度的立法宗旨和价值追求，即商人法律制度以何者为本位的问题。"[2] 商法的独立性源自于商主体的独立性，公司章程决议说即是要澄清作为商主体的公司与作为民事主体的股东之间的人格独立关系。章程决议说保障了公司章程作为商法法源区别于其他法源的独立性，也渐进式地促成了商法法源的独立性。

---

[1] 格茨·怀克、克里斯蒂娜·温德比西勒：《德国公司法》，殷盛译，法律出版社 2010 年版，第 3 页。

[2] 王煜宇：《中国社会转型期商人法律制度研究》，法律出版社 2008 年版，第 203 页。

（二）公司章程决议说重塑了法官的裁判立场

公司法学者胡田野先生指出："缺乏理念引导的裁判，或者在狭隘偏颇理念引导下的裁判，对裁判本身而言就是一剂毒药。"[①] 此话道出了裁判理念于司法裁判的重要性。就公司法而言，公司自治业已成为公司法学人的共识性知识，亦成为公司案件司法裁判所应遵循的"教义性原则"。然而，当前学界与司法实务界甚少有人真正去探寻公司自治的本源性内涵，使得这个公司法的最高指引原则经常陷入"灯下黑"的尴尬境地。诚言之，公司合同理论的引入对于中国公司法的自由化改革居功至伟，公司法中强制性条款的剥离、任意性条款的增加皆与其有着千丝万缕的联系。笔者认为，公司合同理论于公司法的自由主义路径而言乃是一个充分性且非必要性条件。因为，合同自由仅仅是私法自治的一个面向而非全部，团体管理自己经济、社会生活的自由一样是私法自治的应有之义。如陈醇教授指出："本来，私法自治既包括私人在交易上的自治也包括在管理上的自治，为了避免民法与皇权在管理上的矛盾，（现代民族国家的）民法理论和民法典就有意无意地忽略了（社团）自我管理方面的理论。"[②]

公司自治于股东而言乃是一种管理自己团体生活的自由，而非股东间的合同自由。换言之，公司自治是一种管理型自治而非交易型自治。庆幸的是，我们公司法文本虽未彰显公司法的团体法属性却也未直接将公司法或公司章程的性质界定为合同，公司法或公司章程的合同立场尚未被立法固定化。公司章程决议说，以私人团体的整体性权利为裁判解释之基点，摒弃了合同的权利个人主义解释路径，彰显出团体自治作为私法自治一个面向的应有之义。一言以蔽之，公司章程决议说对于"涉章纠纷"的司法裁判而言，意味着一种裁判理念的视

[①] 胡田野：《公司法律裁判》，法律出版社2012年版，第1页。
[②] 陈醇：《商法原理重述》，法律出版社2010年版，第311页。

角转换，法官所尊重的公司自治由单个股东层面的意思自治转换为股东的团体性自治，章程条款本身是否有效，章程条款所具有的约束力皆以此转换后的公司自治理念为解释论之基础。

为避免前文的论述陷入文字与逻辑的虚悬状态，笔者以有限责任公司强制股权转让为例从实证层面验证前文观点。我国现行《公司法》中的有限责任公司股权转让条款属于"缺省性规范"，公司可以通过章程的自主设置予以排除适用。实践中，部分有限责任公司即可能在章程中作出"公司可以强制股东转让股权"的规定。根据罗培新教授的研究，有限责任公司强制股东转让股权的情形主要有三种类型：第一，身份绑定类型。如在章程中规定，股东离职、退休或被解聘的，应当将股权转让给公司或公司内部其他股东。第二，违法事由类型。即当股东因为从事违法行为而遭受刑事、行政制裁或处罚时，其所持股份必须转让给其他股东或者员工持股会。第三，其他条件苛刻类型。如员工在怀孕或生产期间的，其股份应当转让给其他股东或员工持股会。[1]当被要求转让其股权的股东诉至法院请求认定公司章程中的"强制股权转让"条款无效时，法官应当如何认定？如果遵循章程合同说的解释路径，股权作为股东的所固有的财产权，依法具有自由转让的权利，这种权利非经股东自己同意不得被剥夺。换言之，这类章程条款是否有效取决于该条款的表决过程中是否得到了利益受损股东的同意，司法环节中首先采用的标准是合同效力认定的"合意标准"或"意思瑕疵标准"。[2]然而，有限责任公司在章程中针对某些特定情形作强制股权转让的规定，很多时候是出于维持公司人合性与增进协作效率的考虑，于公司整体而言很可能是有益的。如果按照章程合同说的裁判思维，这类规定对同意的股东有效，对不同意的股东无效，那么，

---

[1] 参见罗培新：《拟制股权转让代理成本的法律构造》，《中国社会科学》2013年第7期，第138页。

[2] 参见钱玉林：《公司章程对股权转让限制的效力》，《法学》2012年第10期，第103—108页。

不仅该类规定的严肃性荡然无存，而且其还会人为地造成同意的股东与不同意股东之间的权益失衡。①然而，若以章程决议说为解释路径展开，公司章程所作的强制股权转让的规定是否有效，并非取决于是否争得利益受损股东的同意，而重在考察该强制股权转让的规定的以下几个方面：第一，是否违反法律的强制性规定与社会善良风俗；第二，是否是以提升公司之整体福利为目的；第三，是否经过民主而规范的决议程序；第四，股权转让价款是否合理，利益受损股东评估权是否得到保障；第五，是否存在欺诈、胁迫等影响股东意思表示真实性的因素；等等。②如此一来，既不会影响公司自治的实现，又不会放任大股东对小股东利益的侵害。公司章程决议说从解释论立场澄清了公司自治是股东的团体自治而非单个股东的意思自治，公司治理纠纷的解决首先应适用决议行为规则等团体法的裁判规则，保护股东的合同自由在公司案件裁判中不能成为法官干涉公司团体自治的正当理由。

---

① 罗培新教授从章程合同说的解释视角指出："值得注意的是，虽然同为股权转让的限制，特定情形下强制转让股权、或者股权转让的其他章程限制性规定，将特定情势与具体后果直接挂钩，大大提升了可预见性，已属于短期契约，遵守其约定在通常情况下不会违背合同各方的意愿，而且不会产生负的外部性等代理成本，'契约应遵守'的规定应予以奉行。"参见罗培新：《拟制股权转让代理成本的法律构造》，《中国社会科学》2013年第7期，第141页。笔者认为该观点有一定道理，然而其亦存在以下几点问题：第一，"特定情形"是指哪些情形？是否一切具有可预见性的情形都可视作"特定情形"？第二，"遵守其约定在通常情况下不会违背合同各方的意愿"，而不违背各方意愿自然不会进入诉讼程序，可见一旦进入诉讼程序必然是违背了某部分股东的意愿。第三，"负的外部性等代理成本"如何界定？如章程规定女职工持股者怀孕期间必须将股权转让给公司，股权收回时候公司所开出的价款又大大高于股权的市场价值，然而某位女职工以公司涉嫌性别歧视为由偏偏不同意股权被强制收回，法官应当如何认定公司该做法是否会产生"负外部性等代理成本"？

② 参见吴飞飞：《公司章程"排除"公司法：立法表达与司法检视》，《北方法学》2014年第4期，第158—160页。

第二章 公司章程司法裁判的现状与问题

第一节 公司章程法律属性认知多元化造成了解释论起点的不统一

裁判解释的贫弱长期以来一直是制约公司法司法适用的关键性症结，对于公司章程的司法裁判问题而言亦是如此。尽管从公司制度史上看，公司章程的历史要远远长于公司法的历史，是"章程自治行为的法律化——产生了公司法"[1]，然而，公司法领域尤其是司法裁判部门却对于公司章程的法律属性，即公司章程司法裁判的解释论起点这样的基础性命题，尚未形成共识性的认识。而司法裁判的过程，乃是在就法律事实与法律规范已获得的共识性认知的基础之上获得权威性裁判结论的过程。公司章程的法律属性构成了"涉章案件"司法裁判的裁判解释与法律论证的起点，而对于解释论起点认知的差异将会造成裁判结论的多样化，这无疑会减损司法裁判的权威性与公信力。

一、以公司章程合同说为解释论起点的裁判路径及其局限

如本书第一章所述，公司章程合同说与自治法规说是我国公司法

---

[1] 蒋大兴:《公司法的展开与评判——方法·判例·制度》，法律出版社2001年版，第286页。

学界关于公司章程法律属性的两种主流性认知路径。在公司章程纠纷的司法裁判中，持公司章程合同说的法官亦不在少数，且其数量呈递增之趋势。持有该说的法官认为，公司章程从本质上而言乃是股东、管理者等公司内部人之间订立的长期性关系合同。由于合同订立者不可能完全预见到公司运营过程中所发生的各种问题，所以公司章程这种长期性关系合同将不可避免地存在漏洞。司法介入"章程治理"的正当性与必要性即在于填补公司当事方所订立合同之疏漏。[①]

应当说，源自于公司合同理论的公司章程合同说在解释公司自治的正当性问题上颇有说服力。然而，在具体的司法适用上，公司章程合同说却容易引发以"合同治理"替代"章程治理"的棘手问题，并极有可能有意无意地将公司法摆在合同法的特殊法的尴尬位置。也即是说，公司章程的合同解释，会在倡导与维护公司自治的名义之下，将公司法淹没于合同法之中而使其丧失独立性，进而出现公司自治与公司法的不自主这样矛盾又难以自圆其说的解释困境。

（一）公司章程合同说裁判路径在处理公司内部纠纷上的解释困境

在公司内部纠纷的处理上，法官在司法实践中经常遵循的公司章程合同解释路径，存在着以"合同治理"替代"章程治理"，架空资本多数决原则这类公司内部法定议事规则的缺憾。这种裁判路径的局限性在公司章程强制离职股东转让股权的案件审理中表现得非常明显。

在某一案件中，原告与另外四名自然人共同出资成立了某有限责任公司，原告担任公司经理，后因为原告与其他四名股东关系失和而辞去经理职务，并不再参与公司任何经营管理事务。原告离职后不久，公司召开股东会修改公司章程，并在章程中规定：

[①] 参见罗培新：《公司法的合同解释》，北京大学出版社 2004 年版，第 132—190 页。

"自然人股东因本人原因被解聘或者离职的,公司有权强制收回其股权,股权的价格为股东的出资额与未分配红利之和。股东会召开之后,公司即告知原告其股权已被公司收回,并通知其前来公司领取股权回购款项。原告未将出资证明交付给公司,亦未去公司领取股权回购款,而是向法院起诉,请求确认公司强制收回其股权的行为与公司章程中的相关规定无效。法院经审理后认为,尽管公司章程修改遵守了法定程序,并符合《公司法》规定的表决通过比例要求,但是由于股权是股东的固有权,未经股东同意不得被剥夺。所以法院认定被告公司方强制收回原告股份的行为无效,并应原告请求撤销了公司章程中的股权回购条款。

上述案例中的案件审理法官的裁判思维路径,即遵循了章程合同说的裁判解释路径。客观地说,被告公司方修改公司章程的意图确实十分明显,即意在将原告开除出公司。从感情上说,法官甚至是笔者本人都可能会将天平向原告方倾斜。然而,法官裁判天平倾斜的方式也即所适用的裁判解释路径却存在问题与弊端。首先,未能明了我国现行《公司法》第71条之立法意图。我国《公司法》第71条将有限责任公司股权转让的法律规定设置为补充性规范,立法意图在于尊重公司自治、维护有限责任公司的人合性,而该立法意图即为现实中的案件纠纷之裁判奠定了审理的基调。[①] 该案中,原告与公司其他股东之间的关系陷入僵局,而其他股东通过修改章程的方式强制收回其股权,并试图借此维护公司的人合性,应当说公司或其他股东的做法在法理上并无瑕疵。案件审理法官以未经原告股东同意为由,认定该股权收回行为无效,显然是未能领会《公司法》第71条的立法意图。其

---

① 参见闫志旻、李学良:《有限公司章程中强制转让条款的效力分析》,《人民司法·应用》2009年第21期,第82页。

次,置资本多数决这种公司内部的法定决议方式于尴尬境地。卡多佐教授指出:"每个判决都具有一种生殖能力,即按照自己的面目进行再生产。"[1] 尽管我国不是判例法国家,但不可否认的是,每一个司法裁判对后续的裁判及裁判所对应的制度生活都会有着直接或间接的影响作用,所以法官在司法裁判中除了要考虑个案的公正性还应当关照裁判结果对于后续案件裁判以及人们的制度生活可能产生的司法影响。该案中,法官以未经原告股东同意为由,表面上否定的是被告公司强制收回股权之行为以及公司章程相关决议条款之效力,根本上却是对资本多数决这种公司法定决议方式的否定。其结果便是,公司法虽然从立法层面规定或认可了公司股东大会或股东会采取资本多数决的方式实施其权利,而资本多数决所形成的决议结果是否有效尚须法官的认可,这显然严重减损了公司决议的稳定性与公司行为的可预见性。尽管,资本多数决所遵循的多数同意原则有着诸多自身难以克服的缺陷[2],但是在我们未能找到另一种更为奏效的民主表决方式之前,还是应对其本身及其所产生的决议结果保持应有的尊重。因为"在一个重新安排法律体系所确立的权利需要耗费成本的世界上,法院在处理妨碍的案件中,实际上是在决策经济问题和决定种种资源如何利用"[3]。在没有发现更好的替代性制度之前,维持现有制度亦是效率最大化的选择。[4] 所以,在公司按照资本多数决原则,遵循严格的法定程序作出决议,并且不违反法律和行政法规的情况下,法官应尊重该决议结果而不应轻率地否定其效力。因为,尽管在某个个案上,这种否定性评价可能获得了情感上的合理性,但这种合理性却是以牺牲制度的确

---

[1] 本杰明·卡多佐:《司法过程的性质》,苏力译,商务印书馆1997年版,第9页。
[2] 参见钱玉林:《"资本多数决"与瑕疵股东大会决议的效力——从计算法则的视角观察》,《中国法学》2004年第6期,第98—100页。
[3] 罗纳德·哈里·科斯:《社会成本问题》,陈春良译,载罗卫东选编:《经济学基础文献选读》,浙江大学出版社2007年版,第208页。
[4] 吴建斌:《科斯法律经济学本土化路径重探》,《中国法学》2009年第6期,第186页。

定性为代价而获得的。比如，在前述案例中，如果原告股东无法与其他股东和睦相处的原因在于其行为极端自私，且根本不具备就任经理一职的才华与能力而该有限责任公司又要在维持其人合性的前提之下存续经营，最有效的办法就是将原告股东开除出于公司之外，而原告股东对于这个结果显然不会甘愿接受。在这种情境下，如果再遵循章程合同的解释路径进行裁决，其结果无异于使公司长期处于一种僵局状态，无法维持公司效率化运营所需的股东间的"团结型关系"。而且，法院的这种裁判方式，无疑是对公司所实行的"章程治理"方式的一种否定，甚至是以"合同治理"来直接替代"章程治理"，这显然不是法官的职责权限之所在。公司章程之具体内容是否有效，取决于其是否符合自身的效力认定规则，而不是取决于其是否符合合同的效力认定规则。这一认知至关重要，却经常为司法实务部门甚至是理论法学界所忽略。

（二）公司章程合同说裁判路径在处理公司对外纠纷上的解释困境

公司章程合同说在涉及公司章程对外效力的案件裁判中，其局限性亦十分明显。以合同的属性来解释章程，直接否定了章程的对外效力，降低了章程在对外问题上保护公司方利益的价值功用。如近年来频频发生的公司越权担保合同效力的司法认定案件即是如此。对于此类案件，根据罗培新教授的统计，在2007—2010年之间，法院对公司对内担保作无效判决的比例为90.6%，对公司对外担保作无效判决的比例为33.3%。然而，吊诡的是，对于绝大多数被判决无效的担保合同，法院仍旧判令公司方承担连带清偿责任或者是二分之一清偿责任。[①] 法院在公司越权担保合同效力认定案件的司法裁判中，之所

---

① 参见罗培新：《公司担保法律规则的价值冲突与司法考量》，《中外法学》2012年第6期，第1235—1237页。

以会呈现出严重偏向担保债权人的倾向，笔者认为原因之一在于法院所秉持的章程合同立场。这种裁判解释立场从《最高人民法院公报》2011年第2期上公布的"中建材案"中即可窥知。

该案中，原告中建材集团进出口公司（以下简称"中建材公司"）为被告之一北京大地恒通经贸有限公司（以下简称"恒通公司"）代理进口计算机及其他物品，并代其垫付相关费用，并约定事后由恒通公司向中建材公司履行偿还义务。然而，当中建材公司为恒通公司实施一系列代理行为之后，恒通公司一直未能向中建材公司履行合同义务，导致中建材公司迟迟无法收回货款与其他费用。此外，天元公司（为行文方便对该公司及后面几个公司皆使用简称）、天宝公司、银大公司、俄欧公司先后向中建材公司出具《承诺书》，为恒通公司的债务提供担保。中建材公司以恒通公司、天元公司、天宝公司、银大公司和俄欧公司为被告向北京市第二中级人民法院提起诉讼。北京市第二中级人民法院于2008年11月11日作出一审判决，判决恒通公司偿还中建材公司欠款，并判令天元公司、天宝公司、银大公司与俄欧公司对所担保债务承担连带清偿责任。

银大公司不服一审判决，向北京市高级人民法院提起上诉。其上诉的主要理由之一是，公司法定代表人何寿山以公司名义与中建材公司所订立之担保合同违反该公司章程的规定，中建材公司对此并未进行必要的审查。依据《公司法》第16条，该担保合同应当被认定为无效合同。北京市高级人民法院对此理由提出四点理由予以驳回，分别是：第一，《公司法》并未明确规定违背第16条的担保合同无效；第二，《公司法》第16条并非是效力性强制性规范；第三，（章程规定）属于公司内部决议（程序），不得约束第三人；第四，认定该担保合同无效，不利于维护合同的稳定性和交易安全。二审法院最终作出的终审判决是：驳回起诉、维持原判。①

应当说，"中建材案"对于我们解读司法系统对于公司章程的认知态度非常具有代表性，因为该案历经一审、二审，且判决情况发布在最高人民法院颁布的《最高人民法院公告》中，三级法院对于该案的司法态度具有高度的一致性。该案件的审理情况经《最高人民法院公报》公布之后，引发公司法学界的学术大讨论，罗培新教授、朱广新教授、李建伟教授、梁上上教授、高圣平教授、钱玉林教授等纷纷撰文参与讨论。② 多数学者认为，法院在公司越权担保合同效力认定中，具有平衡提供担保公司与担保债权人之间的利益的职能，否认公司章程的对外效力，完全不考虑担保债权人审查义务的履行情况，对于提供担保的公司而言有失公允。并且，从实践层面来看，"公司商事担保中的负外部性现象非常严重，公司担保圈、掏空公司资产现象严重，亟需法律规制"③。而法院的司法态度，显然不利于改观实践中"蔚然成风"的公司担保乱象。

其实对于该案，争议的焦点在于公司章程是否应具有对外效力的问题。如果法官遵循公司合同理论的解释路径，那么否认公司章程的对外效力则具有理论上的正当性，因为合同效力是具有相对性的，不能约束第三人。也即是说，如果法官遵循公司章程合同说的解释立场，《公司法》第 16 条即不是认定公司担保合同效力的裁判规范，而仅仅

---

① 参见《最高人民法院公报》2011 年第 2 期。
② 参见罗培新：《公司担保法律规则的价值冲突与司法考量》，《中外法学》2012 年第 6 期；朱广新：《法定代表人的越权代表行为》，《中外法学》2012 年第 3 期；李建伟：《公司非关联性商事担保的规范适用分析》，《当代法学》2013 年第 2 期；梁上上：《公司担保合同的相对人审查义务》，《法学》2013 年第 3 期；高圣平：《公司担保相关法律问题研究》，《中国法学》2013 年第 2 期；钱玉林：《公司法第 16 条的规范意义》，《法学研究》2011 年第 6 期。
③ 李建伟：《公司非关联性商事担保的规范适用分析》，《当代法学》2013 年第 2 期，第 81 页。

是公司事后向做出越权行为的股东、董事、经理或其他高级管理人员进行责任追究的裁判规范。① 但是我们若遵循"以理找法"的逆向推理思维，以公司担保合同行为的最佳行为范式何以成为逻辑起点向后推②，那么显而易见的结论是，在公司担保合同效力认定的司法裁判中，法官所遵循的章程合同主义解释路径，实际上无助于引导形成最佳的公司担保合同行为范式，甚至会"变相鼓励"现实中的随意担保行为。③

对于公司章程是否具有对外效力的问题，学界观点不一。其中，反对公司章程具有对外效力的学者多以"推定通知理论"在西方国家公司法上的衰落、西方国家公司法已经逐渐不再承认公司章程的对外效力为理由。④ 然而，笔者认为此观点犯了以外国法律解释本国法律的错误。因为，公司章程对外效力在西方国家所经历的从有到无的演进历程表明，这是一个时空性命题，会受到特定的历史时期的法治大环境的影响。我国当下的公司法治环境与西方国家公司所处的法治环境有所不同，这决定了西方国家的理论和制度都不能直接"照搬"过来使用，否则会"水土不服"。以美国为例，在美国公司法中，公司对外担保的有效性必须经受商业判断规则的检验，即只有该担保能为公司带来直接或者间接的利益时才能为法官所认可。⑤ 也即是说，在美国，公司对外担保必须具有营利性目的，对外担保行为显然是一种经营判

---

① 参见钱玉林：《公司法第 16 条的规范意义》，《法学研究》2011 年第 6 期，第 128 页。
② 参见王彬：《司法裁决中的"顺推法"与"逆推法"》，《法制与社会发展》2014 年第 1 期，第 74—88 页；罗发兴：《"以理找法"：疑难案件的逆向裁判思维》，《理论探索》2013 年第 5 期，第 116—120 页。
③ 据《证券日报》记者统计，2012 年我国共有 1333 家沪深上市公司在其年报中披露对外担保情况，其中有 333 家公司在 2012 年对外提供担保，涉及总金额高达 1001 亿元。据 WIND 统计，以 2012 年会计年度为准，两市共有 45 家公司担保总额占净资产比例超过 100%。参见桂小笋：《333 家上市公司去年担保总额超千亿元 45 家公司担保总额占净资产比例超 100%》，《证券日报》2013 年 5 月 10 日。
④ 陈进：《公司章程对外效力研究》，《甘肃政法学院学报》2012 年第 4 期，第 113—122 页。
⑤ 参见高圣平：《公司担保相关法律问题研究》，《中国法学》2013 年第 2 期。

断行为。而我国现行《公司法》并未规定公司对外担保必须能够为公司带来直接或间接的利益，公司担保行为经常不能获得直接或间接的支付对价，对于提供担保的公司而言其风险与收益的配置显然是不匹配的。如果我们还以美国公司章程不具对外效力来否定我国公司章程的对外效力，对于提供担保的公司而言显然是极大的不公。至于公司越权担保合同效力认定案件应当如何裁判，笔者将在后面章节中予以专门讨论，此处论及旨在说明公司章程司法裁判中的现实乱象。

二、以公司章程自治法规说为解释论起点的裁判路径及其局限

客观地说，在公司合同理论在我国公司法学界繁盛以前，公司章程自治法规说在我国关于公司章程的属性认知中一直占据着主流性地位。公司合同理论的引入，为我国公司法学界提供了一套解读与分析公司法规范的全新工具。并且，学者们不仅将其用于解构公司法规范，而且将其适用于公司章程属性的辨识，合同相对于自治法规而言，亦更容易获得自由主义者的青睐，因此公司章程合同说才逐渐与章程自治法规说平分秋色，甚至大有取而代之的趋势。如兼有经济学与法学教育背景的吴建斌教授针对近年来公司章程合同说日渐取代自治法规说以及公司合同理论之繁盛景象曾发出诘问："以合意取代（杀死）多数决，对于公司法理论的发展完善是幸还是不幸；究竟应当如何理解这一理论，才能有利于维持公司这一'统治全世界'的企业形态的制度优势？"[1] 公司章程自治法规说之所以会日渐为章程合同说所取代，从另一个侧面来看，也正说明了该说所存在的一些问题。在公司法实践中，法院以自治法规说裁判"涉章案件"也经常显得捉襟见肘、难以圆通。

---

[1] 吴建斌：《公司冲突权利配置实证分析》，法律出版社2014年版，第115页。

法官在以章程自治法规说为解释论起点裁判"涉章案件"时,面临的最大的解释困境在于无法解释清楚公司章程本身的效力问题。因为法官可以轻松地阐述出合同效力的认定规则,却很难道明自治法规的效力具体应当如何认定。孙英法官指出:"之所以出现章程具有约束力,但其约束力如何执行不明确的问题,根本原因在于自治法规说对于章程如何对这些主体具有约束力所提供的理论支持不足,涉及具体权利义务的享有和承担不免有隔靴搔痒之感。"[1] 尽管法官可以以是否违反法律、行政法规的强制性规定,是否违背社会公德、善良风俗等标准来裁决自治法规的效力属性,但是上述几种标准又几乎是一切法律行为与自治规范的一般性的效力认定依据,并不能满足技术性、程序性、专业性非常强的公司章程的效力认定的特殊化需求。

对于司法裁判中法院遵循章程自治法规说进行裁判的问题,笔者以南京市鼓楼区人民法院审理的一起涉及公司有无"罚款权"的案件为例加以分析。[2] 该案具体情况如下:

> 被告祝某原系原告南京安盛财务顾问有限公司(以下简称"安盛公司")的股东,并同时在该公司审核岗位从事审核会计工作。祝某于 2008 年 7 月向安盛公司递交了辞职申请,并解除了双方劳动关系。然而,后来安盛公司经查实,祝某在公司期间存在严重违反公司章程的行为。主要表现为:第一,作为公司新股东,不满三年时间即离开公司;第二,祝某在从事审核会计工作时存在故意侵占公司利益、从事同业禁止行为的情况。于是安盛公司于 2009 年 1 月依照公司法及公司章程召开股东会,并依照公司章程的规定,经全体股东表决一致通过作出对祝某罚款人民币

---

[1] 孙英:《公司章程效力研究》,法律出版社 2013 年版,第 24 页。
[2] 参见《最高人民法院公报》2012 年第 10 期。

50000元的股东大会决议。安盛公司多次要求祝某履行该罚款决议，但都被祝某予以拒绝。

安盛公司向南京市鼓楼区人民法院提起诉讼，请求法院判令祝某给付人民币50000元罚款。后来，安盛公司又将诉讼请求变更为请求法院判令祝某给付人民币25893元。诉讼过程中，被告祝某提出反诉，请求法院确认安盛公司所作出的对其进行罚款的股东大会决议无效。因为祝某认为，股东大会该罚款决议有违民事主体平等原则，是对其财产权的侵犯。

南京市鼓楼区人民法院经审理后认为：第一，有限责任公司股东会无权对股东作出罚款决定，除非其公司章程中另有规定。第二，有限责任公司章程在赋予股东会对股东处罚权的同时，应对处罚的标准和幅度同时作出明确规定。若公司章程只赋予股东会对股东的处罚权，却未明确处罚的标准与幅度，则股东大会对股东作出的处罚，属于法定依据不足，应认定为无效。

最终，南京市鼓楼区人民法院依法作出判决：第一，安盛公司股东会所作出的对祝某罚款人民币50000元的股东大会决议无效；第二，驳回安盛公司要求被告祝某支付人民币25893元的诉讼请求。

南京市鼓楼区人民法院对于该案的司法裁判充分表明了其所遵循的公司章程自治法规说解释路径。具体而言：第一，法院在该案件审理中认可了公司章程对股东的处罚权。如其在裁判理由中指出："公司章程可以赋予股东会对股东的处罚权"，具体到本案就是"罚款权"。然而，所谓罚款："一般是指国家行政执法机关和司法机关因为公民违反法律、行政法规和规章而对该公民所实施的经济处罚。其他任何机关、团体和个人无明确的法律依据或法律授予的职权，不得对公民实施罚款。"① 也即是说，罚款权必须是法律所明确规定或授予的，而我国现行法律中并未明确认可公司或者股东会的罚款权，也未对其作出授权。② 该案中法院却认可章程赋予股东会以罚款权，这显然是将章程视为法律，也就是遵循了章程自治法规说。第二，该法院认为在公司章程未对处罚的标准与幅度作出明确规定的情况下，股东会对股东作出的处罚属于法定依据不足，应当认定无效。"法定依据不足"显然是将"章程规定"视为"法定依据"，因此章程自治法规说的裁判理念预设是显而易见的。

然而，笔者认为鼓楼区法院遵循公司章程自治法规说所给出的裁判理由存在明显的硬伤，这些硬伤也折射出章程自治法规说的局限性。第一，公司与股东是平等的民事主体关系，其所对应的法律关系模型为：权利—义务。而罚款权是一种具有直接强制性的"权力"范畴，将罚款权或处罚权赋予公司显然是一种法律关系的错配。罚款权作为一种剥夺公民私人财产的强制性权力，必须由法律明确作出规定或授权，且必须由特定的机关、团体或个人予以执行。公司根本无此权力，章程又怎能将其授予股东会呢？公司怎能未经法律允许剥夺股东的私人财产权呢？应当说，公司章程对于股东会罚款权的规定，不仅违法而且违反的是宪法，违反的是宪法与法律对于公民财产权规定的"法律保留原则"。③ 第二，针对祝某的股东大会决议作出之时，祝某已经辞职并不再是公司股东（安盛公司已经强制回购祝某股份），那么安盛公司股东会如何可以决议对一个公司之外的第三人作出处罚呢？如果可以的话，岂不意味着我们每一个人都可以自己决定对其他人作出罚

---

① 李雅云：《企业罚款权探讨》，《中外法学》1999 年第 3 期，第 121 页。
② 企业的处罚权曾经得到法律的认可，法律依据为 1982 年国务院颁布的《企业职工奖惩条例》第十二条的规定，即："对职工的行政处罚分为：警告、记过、记大过、降级、撤职、留用察看、开除。在给予上述处分的同时，可以给予一次性罚款。"然而，首先，该条例仅适用于全民所有制企业和城镇集体所有制企业的全体职工；其次，该条例已经于 2008 年 1 月 15 日被废止。
③ 参见吴万得：《论德国法律保留原则的要义》，《政法论坛》2000 年第 4 期，第 106—113 页。

款决定？笔者认为，安盛公司针对祝某给公司造成的损失，应当向法院提起损害赔偿之诉，而非直接对其进行罚款。第三，法官对该案件的裁判意见与结果还存在一个自相矛盾的地方。判决一方面承认公司章程赋予股东会对股东作出处罚决定的有效性，另一方面又认定没有明确处罚标准与幅度依据的股东大会处罚决议无效。其实经股东一致通过的罚款决议已经具有修改公司章程的功能。据笔者猜测，可能是法院根据公司章程自治法规说，认为公司章程可以赋权股东会对股东作出处罚，但是又觉得这样的裁判结果对被告股东有失公平。因为章程并未规定处罚的比例或标准，该股东在事前根本无法预知自己的行为将会得到何种的处罚结果，也就无法以此来引导自己的行为，事后让其承担其所无法预见的裁判结果，会给人"不教而诛"的印象。

三、解释论起点多元化引发"同案不同判"而影响司法公信力

笔者在前文分别对以章程合同说、自治法规说为解释论起点的局限性进行了阐释。从笔者前文的分析可知，无论是以合同为裁判基准还是以自治法规为基准，都存在着诸多难以克服的解释困境。然而，笔者亦不赞同采取一种折中主义的立场，即将合同与自治法规杂糅在一起的裁判方式。如有学者在批判了合同说与自治法规说各自的不足之后，提出将章程的内容作类型化处理，有的内容依据合同说裁判，有的依据自治法规说裁判，有的则需要根据具体情况作针对性的认定之后再选择合同说或自治法规说作为解释论起点。[①] 然而，笔者认为折中说存在的局限性亦非常明显。第一，如何对公司章程的内容作出分类是一个非常棘手的问题，在立法文本未能给出具体分类标准的情

---

① 参见钱玉林：《作为裁判法源的公司章程：立法表达与司法实践》，《法商研究》2011 年第 1 期，第 99 页。

况下,这无异于又将问题抛给了法官,法官之间对于章程内容的法律属性的认知差异,又会使得"涉章案件"的司法裁判充满了不确定性。第二,公司章程作为一个独立的规范性文件,其效力应当如何认定、约束力如何实现,应当有一套自身的裁判标准,唯此才能真正体现商行为的独立性价值。商行为的裁判标准、认定依据不独立,我们又何谈商行为的独立性呢?

近年来,随着实践中公司由"人治"向"章治"的转变,由公司章程引发的诉讼纠纷亦逐步增多。然而,"涉章案件"数量的增多并不必然意味着这类案件裁判复杂性的增大。而之所以愈来愈多的"涉章案件"成为公司法上的"疑难案件",很大程度上是因为我们对于公司章程的法律属性这样的基础性命题、起点性命题都未能形成一致的共识,而使得司法裁判中"同案不同判"[①]的情况屡屡上演。司法裁判中,造成"同案不同判"现象的原因有多种。根据陈杭平先生的研究,造成"同案不同判"现象的原因主要有:制定法的原因、司法程序及组织的原因、裁判主体的原因。[②] 而"涉章案件"司法裁判中的"同案不同判"现象产生的原因则更为复杂。第一,立法层面一直未能明确公司章程的法律属性。现行《公司法》第11条可以说是关于公司章程的统领性条款,然而该条却仅仅作了如下表述:"设立公司必须依法制定公司章程。公司章程对公司、股东、董事、监事、高级管理人员具有约束力"。该条规定既未表明章程约束力产生的具体源头,亦未明了章程约束力如何发挥、约束力的规范边界以及违反章程规定行为的认定标准等基础性问题。这直接导致了司法裁判中,法官对于"涉章案

---

① 所谓"同案不同判"是指:"不同审判组织对同一法律问题作出不同裁判结果,造成司法不统一的现象。"参见陈杭平:《论"同案不同判"的产生与识别》,《当代法学》2012年第5期,第26页。

② 参见陈杭平:《论"同案不同判"的产生与识别》,《当代法学》2012年第5期,第27—28页。

件"的裁判找不到可以直接遵循的确定性标准与规则。第二，公司章程法律属性的学理纷争。①在立法未能对公司章程的法律属性提供明确界定标准的情况下，理论界对于公司章程法律属性的解读常常成为法官裁判理由的重要知识来源。尽管在现今的司法裁判中，法学界的学说一般不构成具有效力性的法律渊源。但不可否认的是，理论界的观点经常会像血液一样在未来法官的学生时代融入其知识存量之中。②理论界对于公司章程法律属性认知的不统一，也间接造成法官对于章程解释论起点认知的多元化，进而诱发"同案不同判"的裁判现象。第三，法官所适用的"法条主义"的法律推理方法存在问题。所谓"法条主义"推理方法，即司法裁判中适用的"先解释后演绎的'顺推'模式"。③"法条主义"推理方法在适用于简单案件的审理时，法官对案件的裁判会非常得心应手，裁判结果亦显得权威而且规范。但是，在疑难案件的司法裁判中，"法条主义"推理方法经常会力不从心。因为，疑难案件的产生一般都与法律漏洞存在因果关系，也即是说在"法条主义"的演绎推理过程中，作为法律推理大前提的法律规范存在漏洞，这就不能满足法律推理的"上位概念的全部要素在下位概念中

---

① 理论界对于公司章程的法律属性认知问题，反映了公司法学乃至商法学研究中的学养不足问题。无论是章程合同说、自治法说还是其他学说皆是源自域外，而非我国学者独创。目前已经出版的几部公司章程专著中，对于公司章程的法律属性问题也仅仅是采取了一种"评而不立"的姿态，即仅仅评说各家之言、各国法律之立场，未能真正提炼出自己的独立的学术观点，而更多是选择在一些细枝末节的问题上求取创新之处。

② 我国当前的法学教育普遍存在着偏理论而轻实证的问题，法科学生受这种教学模式的影响，往往会养成一种简单化的线性思维方式。当法科学生毕业进入到法院系统以后，在很短的时间内即会参与案件审理。生活经验、社会经验缺乏的他们在面对案件纠纷时，缺少对于案件本身的分析与辨识能力，更倾向于直接套用某个条款或者采用某种理论来寻求裁判结果，甚少反思法律条文与理论知识本身存在的问题。案件剖析能力与知识反思能力的匮乏，使其所给出的裁判理由经常出现偏颇失当的情形，裁判理由不充分，裁判的结果便可想而知了。关于当前我国法学教育的反思性论著，可参见霍宪丹：《法学教育的历史使命与重新定位》，《政法论坛》2004年第4期；苏力：《当前中国法学教育的挑战与机遇》，《法学》2006年第2期。

③ 王彬：《司法裁决中的"顺推法"与"逆推法"》，《法制与社会发展》2014年第1期，第73页。

全部重现"①的规范性要求。"法条主义"推理模式无法做到将法律规范与案件事实"无缝对接",而在此情形下如若再习惯性地采用这种推理方式,就会出现裁判结果多元、裁判结论存在价值冲突的情况。②如前所述,我国现行《公司法》中涉及公司章程的法律条款普遍存在着法律要件欠缺的问题,也即是存在法律漏洞。而司法裁判中,法官仍旧主要采用"法条主义"的演绎推理方法,就导致了"同案不同判"情况的发生。笔者认为,在公司章程法律属性在理论界与司法实务界尚未形成共识的情况下,法官在司法裁判中对"涉章案件"裁判放弃"法条主义"的推理模式,转而采用"后果主义"的逆向推理方法,或许是谋求更加公正的裁判结果的可行路径。

第二节　裁判理念错位导致的裁判方法与路径失当

蒋大兴教授指出:"如果我们理解了作为整体的'公司法制度'的理念核心在于自由主义,就会在司法的过程中自然地、没有后顾之忧地走向——裁判宽容。"③笔者以为,"裁判宽容"也即是一种尊重公司自我组织、自我管理、自主行为的司法裁判理念。具体就公司章程司法裁判问题而言,即是要在尊重公司"章程自治"的前提之下,谨慎地介入公司"章程治理"纠纷。然而,当前的公司章程司法裁判实践远未树立起这种宽缓而谨慎的裁判思维理念。

---

① 卡尔·拉伦茨:《法学方法论》,陈爱娥译,商务印书馆2003年版,第125页。
② 参见王彬:《司法裁决中的"顺推法"与"逆推法"》,《法制与社会发展》2014年第1期,第73—74页。
③ 蒋大兴:《公司法的观念与解释.Ⅱ,裁判思维 & 解释伦理》,法律出版社2009年版,第3页。

一、过度介入公司之"章程治理"

私人自治不仅包括私人之间在交易行为上的自治,还包括在管理上的自治[①],而"章程治理"就是私人自我管理的一种重要方式。按照经济学理论,"个人是他自己的幸福的最好的法官,他所做的决定是出于自己特有的需要的优先顺序"[②]。同样地,公司也是其自身利益及其成员整体利益的最好的法官或最佳的判断者。然而,私人对自身利益的判断又由于其自身的有限理性,并不总是正确的、合法的、合理的,这也就为私人生活的公权力干预提供了合理性基础,公司的"章程自治"亦是如此。由于章程订立与修改主体的单一性、股东间实力地位与利益诉求的异质化、公司存续期间的长期性,公司的"章程自治"不可避免地会出现诸多依靠公司自身力量以及外在市场约束力量所难以克服的问题,这些问题则为国家介入公司治理提供了正当性前提。[③] 客观地说,相对于立法与行政介入方式而言,公司"章程治理"的司法介入,更容易避免对公司自治的过度干预,更容易获得商事主体的认同。然而,对于公司"章程治理"的过度的、不适当的司法介入,极有可能成为破坏公司内部团结型关系、减损公司经营效率的外在诱因,我国当前的公司"章程治理"的司法介入即在一定程度上存在介入过度的问题。

(一)以"司法治理"替代"章程治理"

公司章程作为公司自治的制度化承载体,具有公司治理"行动规

---

① 参见陈醇:《商法原理重述》,法律出版社 2010 年版,第 311 页。
② 布莱恩·R.柴芬斯:《公司法:理论、结构和运作》,林华伟、魏旻译,法律出版社 2001 年版,第 3 页。
③ 参见吴飞飞:《公司章程"选出"公司法之理论机理及其自由限度》,载梁慧星主编:《民商法论丛》(第 55 卷),法律出版社 2014 年版,第 165—168 页。

则"或"操作指南"的地位。司法裁判中，尊重公司自治从另一个层面而言也即是尊重公司的"章程治理"秩序。然而，在我国当前的司法实践中，却不同程度地存在着法官以"司法介入"的名义替代公司"章程治理"的现象，这显然与法官本身的职能定位不符。以"司法介入"替代"章程治理"的现象在股东请求公司分配利润案件的司法介入中比较具有普遍性，下面举例详释。

深圳市某甲有限责任公司在2007年至2011年连续五年未向股东分配利润，且该公司股东会长期未召开，公司利润分配决议皆是由董事会作出。原告乙系甲公司股东，其向法院提起诉讼，请求法院判令甲公司依照公司章程的规定向其派发股利人民币10800元。法院查明，该公司章程中规定："股东会负责审查与批准董事会制定的年度利润分配方案与亏损弥补方案；公司缴纳税款之后的利润，用于提取公积金与公益金之后以股息红利的形式分配给股东；公司每年按照股东的出资比例向股东派发一次红利。"法院经审理认为，实现股东的利润分配请求权须满足两个条件：第一是公司存在可资分配的利润；第二，股东会作出利润分配决议。由于该公司股东会连续多年未曾召开，所以股东会也就没有履行对董事会所提议的利润分配方案进行审查批准的职责，因此董事会所提议的年度利润分配方案实际上一直未获股东会的批准，故当属无效。因此，被告公司应依法向原告股东派发红利。应当说，案件审理至此法院的做法并无不当之处。然而，法院后续的做法却显得过于积极。该案件受理法院在双方当事人均未提交公司2012年度审计报告的情况下，主动以公司往年的年度报告中所列示的未分配利润为分红基数，并且以该公司之章程所规定的税后利润的80%为分红比例，为原告股东计算出应得分红款人民币13749.93元，该数字超过了原告诉讼请求中所提出的人民币 10800 元。①

在该案件的审理中，法院的裁判方式属于典型的以"司法介入"替代"章程治理"的做法，因为该公司章程对于利润分配问题作了十分明确的规定。按照公司章程的规定，董事会负责拟定公司的年度利润分配方案，再提交股东会审查批准。也就是说，公司利润分配问题按照公司章程规定其最终决议机关为该公司股东会。法官的正确做法应当是责令公司召开股东会以确定最终的红利分配方案，而非直接代行股东会权限为公司确定利润分配方案。并且，该公司的股东并非仅为原告股东一人，法院作出的判决却仅使原告股东一人获得了股息红利，这显然是有违股东平等原则的。然而，如果法院也为其他股东计算出他们应当获得的股息红利，并判令公司及时支付，就又违背了法院受理案件的不告不理原则。从笔者上述分析可知，法院显然不应当也不适合直接介入公司的利润分配问题，合理的做法是尊重公司章程的相关规定，责令股东会或董事会制定并实施利润分配方案，并应股东之请求判定公司利润分配决议之效力，而非直接代公司制定利润分配方案并赋予该方案强制执行力。②

司法实践中发生的公司少数派股东向法院起诉要求分配利润的案件，法院惯常的裁判思路，是受理案件之后先行审查被告公司的年度利润总额，然后计算出原告股东应得利润数额，最后进行强制分配。作为被告的公司本身也多意识不到利润分配问题属于公司自治问题，法院无权直接决定公司的利润分配方案。因此，被告一方往往仅就公司是否存在可分配利润问题提出抗辩，在最终当事人双方在公司存在

---

① 案例详情参见周游：《公司利润分配之司法介入及其界限忖度》，《天津法学》2013 年第 4 期，第 51 页。

② 参见周游：《公司利润分配之司法介入及其界限忖度》，《天津法学》2013 年第 4 期，第 52—56 页。

可分配利润的实情上达成共识之后，被告公司即绝少会对法院已经确定的利润分配方案提出质疑。① 实际上，利润分配问题对于现代公司而言主要是一个经营判断或者说商业决策问题。我国现行《公司法》对于公司利润分配所采取的立法态度是"有盈才分、无盈不分"②。具体而言，即现行《公司法》第166条意在说明公司在哪些情况下才可以分配利润，而非在哪些情况下必须分配利润，即该条之立法目的在于维持公司之资本以及保护债权人，而非在于干预公司利润在股东间的分配问题。③

其实，股东的利润分配请求权包含两个层面，第一个层面是具体意义上的利润分配请求权；第二层面是抽象意义上的利润分配请求权。在公司股东大会关于利润分配的决议缺失的情况下，股东向法院起诉实际上要实现的是抽象意义上的利润分配请求权。④ 这种抽象意义上的利润分配请求权，一般是不能直接被法院强制执行的。

（二）过度使用实体性干预手段而忽视程序性干预方法

在1976年美国的"Kamin v. American Exp. Co."一案中，该案主审法官指出，"董事会的会议室显然要比法庭更加适宜用来探讨经

---

① 参见蒋大兴：《公司法的观念与解释·Ⅱ，裁判思维 & 解释伦理》，法律出版社2009年版，第137页。

② 蒋大兴：《公司法的观念与解释·Ⅱ，裁判思维 & 解释伦理》，法律出版社2009年版，第138页。

③ 《公司法》第166条共有6款内容。第1款：公司分配当年税后利润时，应当提取利润的百分之十列入公司法定公积金。公司法定公积金累计总额为注册资本的百分之五十以上的，可以不再提取。第2款：公司的法定公积金不足以弥补以前年度亏损的，在依照前款规定提取法定公积金之前，应当先用当年利润弥补亏损。第3款：公司从税后利润中提取法定公积金后，经股东会或者股东大会决议，还可以从税后利润中提取任意公积金。第4款：公司弥补亏损和提取公积金后所余税后利润，有限责任公司依照本法第三十四条的规定分配；股份有限公司按照股东持有的股份比例分配，但股份有限公司章程规定不按持股比例分配的除外。第5款：股东会、股东大会或董事会违反前款规定，在公司弥补亏损和提取法定公积金之前向股东分配利润的，股东必须将违反规定分配的利润返还公司。第6款：公司持有的本公司股份不得分配利润。

④ 参见张辉：《股东盈余分配纠纷的司法裁判规则》，《社会科学》2014年第11期，第102页。

营性问题"①。这句话道出了公司治理纠纷裁判慎用实体性干预手段的要旨。如有学者指出:"'法官不是商人'表明,公司法案件的审理在多数情况下法院不是在做实体判断,而是在做程序判断,也意味着法院对公司纠纷的干预多为程序性干预。"②详言之,法官之所以要谨慎使用实体性干预方法而须侧重程序性干预的原因在于:第一,商业判断问题往往是即时性的,考验的是决策者的洞察力、参悟力与决策力,而这些能力往往与决策者的经验、性格甚至经历有着千丝万缕的联系,并且经常是难以言说的。如果说切实需要存在某种实体性标准予以检验的话,笔者认为市场标准应当是最好的检验标准。第二,从司法裁判层面而言,法官显然并不具备商人所拥有的"地方性知识",尽管我们并不否认某些法官可能具有极高的商业天赋,但这种情况毕竟是个例而非一般性情况。如特拉华州大法官 Allen 所说:"若确认法院拥有对善意、独立和尽到适当注意义务的董事作出的商业决策的实质内容进行'公平性'、'妥当性'和'合理性'审查的权力,那就会把法院变成为一个'超级董事会'。"③第三,尽管公司治理问题在更大程度上属于公司自治范畴,但是法官仍旧具有对其进行司法介入的必要性,对此笔者在前文已经阐述。而程序性介入方法则既可以确保公司享有充分的自治权,又可以避免公司中的弱势主体陷于任人宰割之境地。因为,程序性瑕疵往往是实体性瑕疵的外在表现,对于程序性规范的逾越,其背后经常隐藏着某种实体性目的,法官借助于程序性干预手段往往也可以起到解决实体性问题的效果。因此,从成本收益分析的角度而言,程序性干预显然要比实体性干预付出的社会成本

---

① 转引自周游:《公司利润分配之司法介入及其界限忖度》,《天津法学》2013 年第 4 期,第 52 页。

② 蒋大兴:《公司法的观念与解释.Ⅱ,裁判思维 & 解释伦理》,法律出版社 2009 年版,第 112 页。

③ 斯蒂芬·M. 贝恩布里奇:《理论与实践中的新公司治理模式》,赵渊译,法律出版社 2012 年版,第 97 页。

小得多。

目前我国的"涉章案件"司法裁判中普遍存在着程序性干预思维欠缺的问题，法官经常直接以实体性手段强行介入公司治理问题，影响公司"章程自治"的实现。以有限责任公司章程限制股权转让案件的审理为例，部分法院对此所持有的司法态度的背后隐藏着的即是一种实体性的干预思维，而缺少程序性干预理念。如《江苏省高级人民法院关于审理适用公司法案例若干问题的意见》第60条规定：

> 公司股东违反公司章程之规定而与他人签订股权转让合同的，应认定为无效，但存在下列情形的除外：（1）章程的该规定与法律规定相抵触的；（2）章程的该规定禁止股权转让的；（3）经股东会三分之二以上有表决权的股东同意的。

江苏省高院颁布的该司法意见从司法干预方法的角度而言，存在以下两点问题：第一，整个第60条的内容缺乏一种宽缓的裁判理念。如该意见规定："公司股东违反章程规定与他人订立的股权转让合同，应属无效"，也即违反章程规定的股权转让原则上无效。这就存在一个问题，《中华人民共和国民法通则》（以下简称《民法通则》）以及《合同法》中所规定的合同无效的情形也仅仅是几种而已。并且即使是违反法律、行政法规的强制性规定的合同也未必当然无效，因为还要区分所违反的强制性规定是属于管理性强制性规定还是效力性强制性规定。法律在强制性上显然甚于公司章程，合同违反法律的强制性规定也未必一定无效，而违反章程的规定却原则上无效显然说不通。况且章程的规定本身亦有程序性规定与实体性规定的区分，不在对此区分的基础上规定违反章程规定的股权转让合同无效，无疑有失偏颇。另外，尽管从本书的写作立场来看，股权受让人应当对公司章程负有一定审查之义务，但是江苏省高院的该意见却完全未将股权受让人的利益纳入考量范围之内。如民法学者黄忠教授指出："实际上，一旦我们承认以契约自由为典型的私人自治之于民法乃至市民社会的重要价值，那么我们就不能武断和简单地将违法与无效予以完全和直接的等同。"[①]因此，更不能直接将违"章"与无效直接等同起来。[②]第二，该意见规定了三种例外情形，其中一种是"章程的该规定禁止股权转让的"。一言以蔽之，如果公司章程禁止股权转让，则公司股东违反章程规定而订立的股权转让合同不一定无效；而如果公司章程没有禁止股权转让，股东违反章程规定订立的股权转让合同则无效。该例外情形给人的感觉是条理不清、逻辑混乱，不过我们仍然可以窥探出该例外情形设定的初衷——公司章程不能禁止股权转让，其目的在于防止小股东因失去自由转让股权的权利而任由大股东摆布。然而，该规定最大的问题在于缺少程序性干预思维，其所采用的行为模式与法律后果关系构造是"禁止转让规定——无效"的线性构造方式，整个例外规定中没有出现任何程序性审查标准。但是，根据世界各国公司法的普遍做法，有限责任公司或者闭锁型公司为了维持其公司的人合性而采取禁止股东对外转让股权的做法在原则上都是有效的，无效的是例外。[③]而且，我国现行《公司法》亦是将有限责任公司的股权转让规则设计为补充性规则，这意味着现行《公司法》允许公司通过章程对股东转让股权问题作更严于公司法的规定。对于公司章程禁止股权转让条款的效力认定，笔者认为应从实体与程序两个方面考察而不能重实体而轻程序。具体而言：首先，需要考察公司章程中的该禁止性规定之产生是否严格遵循了决议程序，如果存在程序性瑕疵，则会直接影响法官对该款

[①] 黄忠：《违法合同效力论》，法律出版社2010年版，第3页。
[②] 针对司法裁判中合同无效率高起的情况，李开国教授指出："合同无效率直线上升，履约率直线下降，打经济合同无效的官司几乎成了违约者规避违约责任的常用手法和律师帮助违约者摆脱违约责任的经常手段。"李开国：《民法总则研究》，法律出版社2003年版，第255页。
[③] 参见王建文：《有限责任公司股权转让限制的自治边界及司法适用》，《社会科学家》2014年第1期，第88页。

规定效力的司法态度;其次,需要考察公司在禁止股东对外转让股权的同时,是否公平地对待了所有股东尤其是小股东,股东的评估权是否能够获得便利的实现;最后,需要考察公司章程该条款的设置是否是出于增进公司整体福利之目的。① 即采取一种从程序性审查到实体性审查的渐进式方法,如果程序性审查可以奏效则无须再进行实体性审查。

二、公司章程的裁判法源地位严重失落

在本书的第一章,笔者对公司章程的裁判法源地位及其解释论意义进行了论述。所谓裁判法源,就是司法裁判中法官发现法律的地方,它构成了作为法律推理"大前提"的法律规范,同时又为司法裁判结果提供着法律论据。也即是说,"法源是法官构建裁判大前提而使用的权威性理由,它支持着判决的合法性和合理性的问题,以使一项个案的判决具有更强的说服力和可接受性"②。我国现行《公司法》通过赋权性规范与补充性规范的设置,将大量的公司规则设定权赋予了公司章程,使得"公司法规则建构中的商人角色得到重视"③,并因此而重构了公司法与公司章程的二元关系。换言之,在现行《公司法》视域下,公司章程的司法裁判地位具有双重属性,一方面,公司章程继续充当司法裁判中法律推理的小前提——法律事实,另一方面,公司章程又具有法律推理大前提的裁判法源属性。如钱玉林教授所言:"这一变革使公司章程真正得以成为国家法律规范中的次级法律规范,并成为裁

---

① 参见吴飞飞:《公司章程"排除"公司法:立法表达与司法检视》,《北方法学》2014年第4期,第158—160页。
② 谢慧:《法源视野中的合同研究》,法律出版社2014年版,第35页。
③ 吴飞飞:《公司章程"选出"公司法之理论机理及其自由限度》,载梁慧星主编:《民商法论丛》(第55卷),法律出版社2014年版,第178页。

判的法源。"① 并且，公司章程作为关涉公司治理问题的"特别法"②，在司法裁判中还应当具有优先适用性。司法裁判中法官首先应当以公司章程作为裁判依据或论据，只有当公司章程本身的合法性与合理性存在瑕疵或受到质疑的时候，才能诉诸更高位阶的公司法等其他裁判法源。然而，在我国当前的司法裁判中，公司章程的裁判法源地位并未得到充分的认知与认真的对待。

（一）公司章程尚未成为真正意义上的独立案由

绝大多数公司章程纠纷在性质上都属于民事纠纷，公司章程在司法裁判中的地位亦可以从最高人民法院出台的《民事案件案由规定》中见其端倪。最高人民法院出台的《民事案件案由规定》经历了两个关键性的改革时间点，在以之为基础形成的两个发展阶段中公司章程的司法地位整体而言有所提升，但是仍然未能作为真正意义上的独立案由而存在。第一个时间点，是 2000 年最高人民法院颁布《民事案件案由规定（试行）》，该试行规定将民事案件案由分为四种，分别是：①合同纠纷案由；②权属、侵权及不当得利、无因管理纠纷案由；③婚姻家庭纠纷案由；④使用特别程序案件案由。③ 在该试行规定中，公司纠纷或者与公司相关的纠纷的案由独立性并未得到体现，而是被放在了"合同纠纷"条目下的"证券合同纠纷"与"经营合同纠纷"之中，因此在此阶段没有所谓公司章程纠纷这一类案由存在，公司法的裁判法源地位也未得到承认，公司章程的裁判法源地位更是无从谈起。如据钱玉林教授统计，在 1994 年至 2005 年《公司法》实施时为

---

① 钱玉林：《作为裁判法源的公司章程：立法表达与司法实践》，《法商研究》2011 年第 1 期，第 96 页。

② 我们在一般意义上所说的法律乃是由具有立法权的国家机关制定的具有强制性约束力的法律文本，特别法亦是如此。从这个意义上讲，公司章程不能被称为法律，也不能被称为特别法，所以笔者在此对"特别法"加了引号。

③ 参见最高人民法院《民事案件案由规定（试行）》，《最高人民法院公报》2001 年第 1 期。

止,《最高人民法院公报》所公布的典型案例大约有 400 件左右,其中涉及公司、证券的仅仅有 10 余件,且在这 10 余件案例中法院基本都是以《民法通则》《合同法》为裁判依据,甚至裁判理由的阐释也绝少以公司法为论据。[①] 第二个时间点,是 2007 年最高人民法院正式出台《民事案件案由规定》,该规定共分为十个部分,第九部分为"与公司、证券、票据等有关的民事纠纷",其中与公司有关的纠纷共有 22 条内容,这 22 条内容中有一条直接涉及公司章程,即第 244 条"公司章程或公司章程条款撤销纠纷"。应当说,2007 年的《民事案件案由规定》较 2000 年的《民事案件案由规定(试行)》有了很大改观。主要表现即是公司纠纷不再附属于合同纠纷,而成为一种独立的民事案件案由。2011 年,最高人民法院对《民事案件案由规定》作了第一次修订,其中与公司有关的纠纷增加到了 25 条,但是总体而言修订幅度并不大。

　　从上述分析可知,最高人民法院的《民事案件案由规定》从试行到正式出台再到第一次修订,尽管公司纠纷的独立性逐渐被凸显出来,但是仍旧规定得过于笼统而没能进一步作类型化区分。具体就公司章程而言,其作为一种独立的规范性文件,由其所引发的纠纷也具有一定的共性,而且章程纠纷的司法裁判亦遵循大体相同的裁判规则。因此,将章程纠纷作为民事诉讼中的一种独立案由确属必要之举。然而,就目前的《民事案件案由规定》而言,与公司章程有关的纠纷却呈现出零散分布的现实状态,一部分分布于与公司有关的纠纷之中,另外的则分布于合同纠纷等其他案由之中。公司章程纠纷没有真正被作为独立的民事案件案由,而是被分散于其他案由之中,这就意味着在司法裁判中法官一般不会将公司章程作为裁判法源来适用。如实践中频繁发生的涉及公司章程的公司越权担保合同效力认定纠纷,在《民事

[①] 参见钱玉林:《作为裁判法源的公司章程:立法表达与司法实践》,《法商研究》2011 年第 1 期,第 96 页。

案件案由规定》中属于合同纠纷，司法裁判中法官也多是依照合同纠纷的裁判路径、以合同法的裁判规则对其效力进行认定，而公司章程对于公司担保的限制性规定则经常不被作为认定公司越权担保合同效力的依据，章程的裁判法源地位严重缺失。

（二）具体案件裁判中公司章程不被作为裁判法源对待

如前所述，我国现行《公司法》将大量的规则设置权让渡给了公司章程，公司法对公司章程的赋权，使得公司章程具备了裁判法源的正当性条件。同时，从现行《公司法》的规则设置与条文表述中我们又可以确知，公司章程是具有效力性的规范性文件，违背公司章程的规定将会遭受后果上的利益损失，这就使得公司章程满足了作为裁判法源的司法适用性与权威性条件。公司章程对正当性、权威性这两个先决性条件的满足充分地证成了公司章程的裁判法源地位，这意味着在"涉章案件"司法裁判的特定场域下[①]，公司章程的法律推理"大前提"地位应当得到应有的司法尊重。退一步讲，即使我们抛开公司章程的裁判法源地位不论，依据法律经验主义的观点，由于"可感知的时代必要的、盛行的道德理论和政治理论、公共政策的直觉（无论是公开宣传的还是无意识的），甚至法官及其同胞所共有的偏见等，所有这一切在确定支配人们所依据的规则时，比演绎推理具有更大的作用"[②]，那么具备严格规范形式的公司章程就更应得到法官的足够重视。

然而，在我国当前的公司章程案件司法裁判中，公司章程的裁判

[①] 此处需要澄清的是，正当性、权威性这两个条件只是公司章程作为裁判法源的必须满足的一般性条件，在具体的案件裁判中章程能否被作为裁判法源对待，还需要受特定场域或语境的限制。如，尽管我们认可公司章程的裁判法源地位，但是在一个与公司章程风马牛不相及的案件的裁判中，公司章程亦是不能作为裁判法源而被适用的。相关观点可参见谢慧：《法源视野中的合同研究》，法律出版社2014年版，第115—116页。

[②] E. 博登海默：《法理学：法律哲学与法律方法》，邓正来译，中国政法大学出版社1999年版，第151页。

法源地位显然未能得到法官的充分认知与重视。其实,"涉章案件"可以分为三类:第一类是认定公司章程条款本身是否有效的案件,在这类案件裁判中公司章程主要是作为法律推理"小前提"的法律事实的一部分,在此类案件裁判中,公司章程一般不充当裁判法源的角色。如司法裁判中所审理的股东请求确认违反法定决议程序的公司章程条款无效即属此类。第二类是认定违反公司章程的行为的法律后果的案件,其所涉及的一般是有效的公司章程所产生的约束力能否被司法机关予以确认并执行的问题。在这类案件的裁判中,公司章程在一定意义上充当着裁判规范的角色,其裁判法源属性应得到重视与尊重。公司超越章程对外订立的担保合同效力认定案件即属此类。第三种类型的"涉章案件"则较为复杂,其一方面既涉及公司章程本身是否有效的问题,另一方面又牵涉公司章程是否具有约束力的问题。公司章程在这类案件中同时充当着法律推理的大前提与小前提,在这类案件中公司章程的裁判法源地位比较不好把握。司法实践中审理的公司通过修改章程剥夺股东资格的案件即属此类。司法裁判中公司章程裁判法源地位缺失的问题在后面两类案件的裁判中表现得尤为突出。

  在上述第二类"涉章案件"中,公司章程的裁判法源地位缺失问题在公司超越章程规定对外订立的担保合同效力认定案件的司法裁判中表现得十分突出。公司越权担保合同效力的司法认定笔者在前文曾经论述过,故此处仅重点阐释该类案件的司法裁判中公司章程裁判法源地位缺失的问题。如前文所述,现行《公司法》第16条将公司提供担保的决策机构选任权、担保数额限度决定权赋予了公司章程。实践中,经常发生公司大股东董事或者董事会违反公司章程关于对外担保的相关规定代表公司订立担保合同的情形。当担保债权人按照担保合同的约定要求提供担保的公司承担债务清偿责任时,违反公司章程所订立的担保合同是否有效的问题则成为案件争讼的焦点。对于这类案件,当前的司法裁判主要存在两种裁判路径,两种裁判路径各有其裁判法源，却都未将公司章程作为裁判法源。第一种裁判路径直接以《公司法》第 16 条作为认定越权担保合同效力的裁判规范。该种裁判路径又存在几种不同的裁判主张，一些法官认为《公司法》第 16 条属于效力性强制性规范，违反该条规定所订立的担保合同应当无效。另有法官认为《公司法》第 16 条属于管理性强制性规范，公司违反该条规定所订立的担保合同不一定无效。还有法官认为《公司法》第 16 条的第 1 款并非公司越权担保合同效力认定的裁判规范，第 2 款因为涉及公司为内部人提供担保的问题，属于担保合同生效的必要条件，应为认定担保合同效力的裁判规范。[①] 总而言之，这种裁判路径在整体上而言仅仅将《公司法》第 16 条作为认定公司越权担保合同效力的裁判规范，却并未考虑到公司章程的裁判法源角色。更准确地说，这种裁判路径将公司章程对于公司担保的相关规定视为是《公司法》第 16 条的规范延伸，是附属性的而非独立性的。然而，其实《公司法》第 16 条更主要是扮演一个"引致条款"的角色，发挥着"引致功能"[②]，将公司担保规范引向公司章程，而非笼罩公司章程。其实，《公司法》第 16 条与《合同法》第 52 条第 5 款所扮演的角色具有一致性，《合同法》第 52 条所涉及的内容是合同无效之情形，前四款分别列举了四种不同的无效情形，第 5 款则表述为"违反法律、行政法规的强制性规定"，这就将合同无效的认定规则引致于合同法乃至民法之外的法律，而将民法之外的价值诉求导入民法之中。[③]《公司法》第 16 条则意在将章程自治的公司治理理念引入公司担保规则之中，《公司法》第 16 条与公司章程的相关规定共同构成了公司担保规则，所以司法裁判中对于公司章程的忽视，折射的是法官们对担保规则体系性思维的欠缺。

[①] 参见罗培新：《公司担保法律规则的价值冲突与司法考量》，《中外法学》2012 年第 6 期，第 1234—1235 页。
[②] 梁上上：《公司担保合同的相对人审查义务》，《法学》2013 年第 3 期，第 26 页。
[③] 参见黄忠：《违法合同效力论》，法律出版社 2010 年版，第 124—126 页。

另一种裁判路径是绕开《公司法》第16条及相关章程规定，直接以《合同法》第50条作为认定公司越权担保合同效力的裁判规范。这种裁判路径所遵循的裁判思路是：《公司法》第16条与公司章程中的担保规则皆仅仅属于公司内部的组织与管理规则，不具有对外效力，不能对抗担保债权人。[①] 遵循此种裁判思路产生的裁判结果多是由担保公司一方对债权人之债权承担连带清偿责任或者二分之一清偿责任。其实这种裁判思路背后所隐藏的乃是公司章程的合同思维，合同的效力具有相对性，所以章程也仅能对公司内部主体产生拘束力。公司担保既涉及公司之资本维持，又涉及股东、无担保债权人、担保债权人等多元主体的利益格局，而司法裁判中作为公司最重要的治理规则的公司法与公司章程的裁判规范地位却不被重视，显然不利于各方利益之平衡。

第三类"涉章案件"由于既涉及公司章程本身的效力认定，又牵涉公司章程的约束力，所以在司法裁判中如何尊重公司章程的裁判法源地位是一个非常棘手的问题，法官对这类案件的审理需要对公司自治的实质内涵有着非常精准的理解与把握。对此，笔者以一例"修改公司章程剥夺股东资格案"为例予以说明。

2004年，曹某、郑某、李某与赵某四个自然人共同出资，成立了一个软件开发公司。2006年3月某日，股东曹某向公司申请辞去其在公司担任的管理职务，理由是在公司的长远发展思路上与其他几名股东之间存在分歧。另外，曹某仅要求辞去管理职务，但要求公司保留其依法享有的股东资格以及参与红利分配等股东权利。公司及其他几名股东同意曹某提出的辞职申请，但是对于他继续参与公司红利分配事宜，其他几名股东表示日后针对此事

---

① 参见钱玉林：《公司法第16条的规范意义》，《法学研究》2011年第6期，第131—133页。

再进行专门性讨论。2006年4月某日,公司方以书面形式通知曹某参加以修改公司章程为主题的公司股东大会,但曹某因故未能参加此次股东大会。同年6月某日,公司书面通知曹某,依据修改后的公司章程的规定,公司已经将曹某所持有的本公司股权转让给了其他人,请曹某择日到公司领取股权转让价款。曹某收到该通知后,既未到公司领取股权转让价款,也未将相关股权凭证交付给公司或者股权受让人。2006年底,公司以曹某并非公司股东为由,未向其发放红利。经查:2006年4月的股东会对公司章程进行了修改(已经办理工商变更登记),在公司章程的股权转让条款中增加了一条:"公司任何股东脱离本公司工作岗位(包括但不限于股东辞职、退休、自动离职、协议与公司解除劳动合同、终止劳动合同、开除、除名等)离开公司的,其全部出资必须转让给其他人,如无其他人愿意受让则由其他股东按照出资比例认购。"该公司正是以公司章程的这一条规定为由将曹某开除出公司,并将其股份转让给其他人。[①]

对于该案存在两种观点:一种观点认为,公司章程的修改严格遵循了法定程序,其内容应当有效。另一种观点认为,股权不仅仅包括财产权,还兼具身份性,未经权利人自身的意思表示或法定的强制执行程序不能被剥夺,否则公司章程即可能成为公司大股东打压小股东的制度性工具,持有这种观点的人士占据多数。[②] 这个案例就是一个较为复杂的"涉章案件",在此案件中,如果承认公司章程修改内容的效力,则公司对曹某所作出的除名决定是有效的;如果否认公司章程修改内容的效力,则公司对曹某的除名决定是无效的。公司章程在该

---

① 参见吴越编著:《公司法先例初探》,法律出版社2008年版,第128页。
② 参见吴越编著:《公司法先例初探》,法律出版社2008年版,第128页。

案件中，既充当裁判法源，因为公司开除曹某的行为是依据公司章程的规定；同时章程又充当法律事实，因为公司章程修改的内容是否有效亦是一个需要被认定的问题。换言之，在这类案件中公司章程是否能够满足裁判法源的正当性条件存在疑问。对于此类案件的审理，法官经常容易陷入的一个误区是过分地拔高公司章程所必须满足的作为裁判法源的正当性条件，即对公司章程"横挑鼻子竖挑眼"。如在前述案例及类似案件中，法官经常会出于恻隐之心而下意识地将被除名的股东等同于小股东或者弱势股东，而将公司开除股东的行为视作大股东或强势股东对小股东的压迫行为，这即类似于对强势股东一方的"有罪推定"，并且间接否认公司章程相关条款的效力。尽管在诸多类似案件中，确实存在着大股东压迫小股东的内情，但这都不足以使法官直接将"股东压迫"作为公司开除股东行为的主观性动因来考量。接下来的案例即是一个例证：

在某有限责任公司中，某位股东 A 因为个人原因，致使其他股东无法继续与其合作或者说继续与其和睦相处。如果 A 股东继续留在公司，公司的经营决策将会经常陷入僵局之中，而 A 股东又不会作出妥协。在这种情况下，其他股东所能采取的最有效的措施可能就是将 A 股东开除出公司。如果公司章程中设置了此类规定，则公司即可依照章程将 A 股东开除，如果章程中未作规定，则其他股东可以采取修改公司章程的办法以使其开除 A 股东的行为师出有名。

在上述例子中，A 股东并非弱势股东，而可能是一个极为难以相处共事的人。其与其他股东之间的关系已经不睦且无法挽回，在这种情况下公司依照章程将其开除确属无奈之举。对于有限责任公司而言，人合性基础乃是维持其经营存续至关重要的条件，这决定了涉及有限责任公司股东纠纷的案件裁判应当本着维护其人合性与团结性的司法动机。在上述案例中，认可公司开除 A 股东的行为效力显然是有利于维护该公司的人合性。因此，对于这类"涉章案件"的司法裁判，法官首先应尽可能地对公司章程的裁判法源地位保持一种认可的司法态度，除非有十分确凿的理由予以推翻，否则不得随意否定依照章程规定所做出的行为的效力。

（三）放任公司以"协议治理"替代"章程治理"

股东协议在英语中通常表述为"Shareholders' Agreements"，一般是指部分或全部股东之间就股东投票权行使、公司内部治理事项安排、股份转让限制等事项所达成的公司章程之外的协议。① 股东协议因为具有"建构公司治理的私人秩序、保护少数股东权益的特殊功能"② 而与公司自治理念、股东积极主义等公司法思潮相契合，并成为发达国家公司尤其是非公开公司治理所经常采用的一种治理规则。各国公司法对待非公开公司股东间协议也普遍持比较宽容的态度。我国现行《公司法》第 37 条第 2 款规定："对前款所列事项股东之间以书面形式一致表示同意的，可以不召开股东会会议，直接作出决定，并由全体股东在决议文件上签名、盖章。"这实际上是认可了股东协议作为一种特殊公司治理规则的效力。③

股东协议制度肇始于美国，美国司法界对股东协议的态度经历了一个从放任到限制又到肯定的转变过程。④ 从美国司法界对股东协议的态度变化，我们可以探知股东协议本身是一个具有时空性特质的处

---

① 罗芳：《股东协议制度研究》，中国政法大学出版社 2014 年版，第 18 页。
② 张学文：《股东协议制度初论》，《法商研究》2010 年第 6 期，第 112—113 页。
③ 参见陈群峰：《认真对待公司法：基于股东间协议的司法实践的考察》，《中外法学》2013 年第 4 期，第 833 页。
④ 张学文：《股东协议制度初论》，《法商研究》2010 年第 6 期，第 111 页。

在变动中的制度范畴。如陈群峰先生指出："虽然在国际上和中国都出现了股东间协议在公司治理中作用日益突出的现象，但其背景和语境却有着本质的区别，前者更多是公司法进化的历史轮回和变迁，而后者则更多是公司法治起步初期的迷茫。"[1]他进而认为，在我国当前的公司治理中，存在着以"协议治理"替代"章程治理"，公司章程几乎被股东协议架空的不正常现象。这种公司治理现象背后所折射出的乃是：公司仅作为股东扩展其行为能力的工具是公司自身的主体性、独立性失落的制度弊病。这种公司治理倾向对于我国当前的公司治理而言存在以下几种危害：第一，容易使公司的经营决策陷入无休止的讨论与协商之中，严重掣肘公司的经营决策效率。科斯在《企业、市场与法律》中，将企业作为与市场相对应的资源配置方式来看待，在市场主导资源配置的环境下，企业之所以能够存在，原因在于企业的科层制安排可以减少由市场配置资源时所产生的缔约成本。[2]换言之，企业相对于市场在资源配置中的优势在于企业的科层制安排具有成本优势。而股东协议在公司治理中的大量适用，却是在弱化公司的这种制度优势，使公司与市场无异。股东协议的大量存在使公司经营决策中的诸多事情皆需要经过股东的一致同意而达成，显然会严重减损决策的效率性，使公司极易在稍纵即逝的商机到来之时无法及时把握与应对。第二，增大公司经营过程中所产生的负外部性。尽管股东协议与公司章程的制定主体都是股东，但是董事会作为公司的经营决策机关对公司章程的制定与修改都能起到非常关键的作用，而董事会作为多元权利主体的受托人，经常能够适当平衡股东与其他利益相关者的利益格局。然而股东协议则不同，股东协议是股东间的"关门立法"，其往

---

[1] 陈群峰：《认真对待公司法：基于股东间协议的司法实践的考察》，《中外法学》2013年第4期，第832页。

[2] 参见罗纳德·哈里·科斯：《企业、市场与法律》，盛洪、陈郁等译校，上海三联书店1990年版，第7页。

往仅仅关照股东的利益,容易忽略其他利益相关者比如债权人的利益。如果股东协议在公司的日常治理中被广泛适用,则可能意味着利益相关者的利益经常不能获得关照,公司治理所产生的负外部性无疑会因此而增加。

关于股东协议的法律属性存在两种观点:一种观点认为股东协议在性质上属于共同行为[①];另一种观点认为股东协议在法律属性上属于股东间订立的合同[②]。应当说,将股东协议视为合同的观点乃是当前学界的主流观点,笔者在前文阐述的股东协议大量适用可能产生的危害也是以合同说为解说路径。基于对"协议治理"替代"章程治理"的危害性的充分认识,司法裁判应当做的乃是尽量矫正这种现实趋势,使公司治理恢复到以"章程治理"为主导的正确路径中。然而,我国当前对于股东协议纠纷的司法裁判路径,不仅未能矫正此种趋势,反而在一定程度上纵容了以协议替代章程的现象。具体而言,当前的股东协议纠纷司法裁判中主要存在以下几点问题:

首先,缺少对公司独立利益的关照。[③]我国当前的司法裁判中,法官对于股东协议纠纷的处理经常遵循的是合同纠纷的裁判路径。按照这种裁判思路,股东协议的主体是股东而非公司,公司经常不被作为股东协议纠纷的当事方。然而,股东协议的内容又往往涉及公司治理、利润分配等问题,对于这些问题的司法处理又必将牵扯到公司的利益。换言之,一方面,公司是股东协议纠纷的利益关涉方,另一方面,公司的利益在合同裁判路径下又不能获得充分的关照与考量。下述案例即是如此:

---

① 参见王文宇:《闭锁性公司之立法政策与建议》,《法令月刊》2003 年第 6 期。
② 参见张学文:《股东协议制度初论》,《法商研究》2010 年第 6 期,第 114 页。
③ 参见陈群峰:《认真对待公司法:基于股东间协议的司法实践的考察》,《中外法学》2013 年第 4 期,第 835 页。

青海碱业有限公司的三位股东浙江玻璃、董利华、冯彩珍分别作为甲、乙、丙方与作为丁方的新湖集团订立了一份增资扩股协议书，协议书中约定新湖集团以9亿元人民币认购青海碱业增资后的35%的股份（实际情况是，青海碱业资金链紧张，从新湖集团处引入资金，青海碱业的三名股东向新湖集团转让其所持有的青海碱业的35%的股权）。协议书规定，9亿元中，3亿元用于增加青海碱业公司注册资本，余下6亿元则用于青海碱业公司的资本公积金。该增资扩股协议同时就增资后的公司治理问题作了详尽的约定。协议订立后，新湖集团分期支付了5亿元出资，按照约定的3∶6的比例分别用于增加注册资本与资本公积金，并取得青海碱业有限公司35%的股权。新湖集团向青海碱业有限公司董事会派驻一名董事。并且，该增资扩股协议中关于公司治理的约定事后通过修改章程的方式写入了青海碱业公司章程之中。然而，事后该增资协议中的有关公司治理的事前约定并未得到履行，青海碱业有限公司多次在未对新湖集团派驻董事履行通知义务的情况下自行召开股东大会、董事会会议；青海碱业有限公司在没有征得新湖集团同意的情况下，进行了大量借款活动；青海碱业有限公司与其大股东浙江玻璃及其关联企业发生大量关联交易行为，等等。于是新湖集团向法院提起诉讼，请求法院判令终止其与青海碱业有限公司股东所签订的增资扩股协议的履行，同时请求法院判令青海碱业有限公司原有三名股东连带承担违约责任。法院经审理后认为：首先，该案件中，合同违约纠纷与股东权益纠纷存在竞合，尽管增资扩股协议书中没有加盖青海碱业有限公司的公章，但是该公司全体股东已在协议书上签字，这即代表了公司的意志。其次，青海碱业有限公司违背合同义务，同时也是其全体股东的违约行为。浙江玻璃以公司法人人格为由逃避应负之合同义务，欠缺诚信。最后，尽管合同自由是私法自治的重要表现，但合同自由并非是无限制的自由，其必须以不违反法律、行政法规上的强制性规定，不违反社会的善良风俗、公共道德为前提。而新湖集团终止增资扩股协议的请求，涉及到公司的资本安全这样的根本性的能够产生临近影响的问题，不能任由当事人自己决定。最后法院判决如下：判令浙江玻璃向新湖集团支付违约金 1.5 亿元、新湖集团补足所欠青海碱业有限公司的注册资本金 1.3 亿元。同时，法院驳回了新湖集团的其他诉讼请求和浙江玻璃提出的要求新湖集团补足全部出资的反诉请求。[①]

应当说前述案例是一个典型的公司治理纠纷，然而法院在该案件裁判中所遵循的却完全是合同纠纷的裁判路径。具体而言，法院对该案件的裁判思路存在以下问题：首先，该案件不应被作为合同纠纷来处理。因为，尽管该案件从表面上看涉及的是增资扩股协议，但是该协议中的公司治理约定已经载入青海碱业有限公司章程之中，协议的这部分内容即被章程所吸收。新湖集团提起诉讼的原因也在于青海碱业有限公司章程中被载入的公司治理条款未被遵循，所以这是一个典型的涉及公司章程的公司治理纠纷。其次，履行出资义务属于股东的法定义务，而法院最终却仅判令新湖公司补足注册资本部分出资，而未判令其补足应缴的资本公积金差额。法院之所以作出如此判决显然是因为公司控股股东存在违约行为。也即是说，法院还是遵循的合同纠纷的裁判路径，将新湖集团的出资义务与青海碱业有限公司股东的违约责任进行了"折抵"。然而，结果却是新湖集团获得了 35% 的股权却未向公司支付完全的对价。其中，青海碱业有限公司作为一个独立的主体显然是利益受损的一方，而法院的判决却并未将其利益完全

[①] 陈群峰：《认真对待公司法：基于股东间协议的司法实践的考察》，《中外法学》2013 年第 4 期，第 835—836 页。

考虑进去。而如果法院从受理该案开始，即以章程纠纷的裁判路径予以审理并作出裁判，则应当可以得出判令新湖集团补足所有出资差额而非仅仅是注册资本差额的裁判结论，公司作为独立法人的资本利益即不会被罔视。

其次，缺少对公司机关法定职权的关照。如前所述，实践中"对公司的决策和管理，股东常常以协议而不是公开的章程予以确定"[①]。如实践中经常发生股东通过协议的方式"选出"公司法中的组织规则，改变公司内部的权力结构关系而引起的诉讼纠纷。法官对于此类纠纷的处理，非常容易陷入合同思维的误区，大量认可此类股东协议的效力，而缺少对作为独立主体的公司的法定职权的关照。对此，英国的一个案例可以给予我们很好的启示。

在 Russell v. Northern Bank Development Corporation Ltd. 一案中，全体股东在协议中约定：未经公司全体股东书面一致同意，公司（股东会）不得发行新股或者变更每股股东当前的权益状态。后来，该公司召开股东会，并将增资列为该次股东会的表决事项，原告对此提出异议。英国北爱尔兰上诉法院经审理驳回了原告的诉讼请求。原告于是继续上诉到上议院，上议院在判决中指出：股东订立的该项决议限制了作为公司机关的股东会的法定职权所以无效，但是这不影响该协议其他部分的效力。

在后续的类似案件审理中，英国法院延续了这一裁判思路。[②] 英国上议院作此裁判的依据在于英国 1985 年《公司法》第 121 条以及

[①] 许德风：《组织规则的本质与界限——以成员合同与商事组织的关系为重点》，《法学研究》2011 年第 3 期，第 95 页。

[②] 参见许德风：《组织规则的本质与界限——以成员合同与商事组织的关系为重点》，《法学研究》2011 年第 3 期，第 96 页。

Table A 第 32 条所规定的："公司可以以简单决议决定增资"①。质言之，增资决定权乃是作为独立法人的公司的法定职权，而不能被股东随意剥夺或限制。如果允许股东通过签订协议的方式剥夺公司的法定职权，则公司即有可能沦为股东"手臂"的延伸而失去其独立存在的意义。

如陈醇教授所言："私法社团规范权利结构的建立也遇到了种种障碍。尽管按照私法的价值观要求所有的私法社团建立一定的民主权利结构，但是私法从未出现过任何关于社团内部权利结构方面的理论，更没有具体的权利结构要求"②。公司内部存在着交织的权力或权利结构层次，在股东协议案件的司法裁判中维护股东自治固然重要，但不应为此泛化股东权力的范围而侵蚀公司的法定职权。

总结而言，尽管股东协议作为公司章程的一种补充性机制具有其独特的优势与功能，但不能走向以"协议治理"替代"章程治理"的歧途。司法裁判中，法官应当做的乃是在尊重股东自治的前提下尽量引导公司走向"章程治理"，而非任由披着股东自治外衣的股东协议野蛮生长。

---

① 许德风：《组织规则的本质与界限——以成员合同与商事组织的关系为重点》，《法学研究》2011 年第 3 期，第 96 页。
② 陈醇：《权利结构理论：以商法为例》，法律出版社 2013 年版，第 40 页。

第三章 公司章程司法裁判的外部约束性因素分析

第一节 公司法与公司章程的"规范对接"失洽

"法律是一种独特的社会现象，它首先是作为一个规范体系而存在，并且一经建立，就具有某种自洽的性质和自我指涉的权威。"[1] 按照本书的研究立场，公司章程与公司法同属司法视野中的法律渊源，公司章程与公司法的"规范对接"形构了公司法律规范在单行法层面的自洽性规范体系。"以法律阐释为立场的法律规范，强调以司法者（法官）为中心来认识法律规范，作为立法文件的法律规范只是文本性的法律规范，而不是法律规范本身。"[2] 从司法立场审视，绝大多数情况下只有将公司法与公司章程进行"规范对接"之后才能形成一条完整的"裁判规范"，进而形成体系性的法律推理"大前提"。既往的有关公司法规范研究的著述，多采取"立法中心主义"立场，仅仅注重对公司法规范的结构性分析，而经常忽略公司法与公司章程的"规范对接"问题，公司法与公司章程在"规范对接"中留下的"缝隙"则经常成为引发诉讼纠纷的引子，并且由公司法与公司章程"规范对接"失洽所引发的案件纠纷经常成为司法裁判中的"疑难案件"，这类纠纷

---

[1] 钱锦宇：《法律体系的规范性根基》，山东人民出版社2011年版，第3页。
[2] 李旭东：《法律规范理论之重述》，山东人民出版社2007年版，第12页。

的司法解决需要法官具备更高的裁判技艺与说理能力。

一、强制性规范配置不当限缩了章程自治的制度空间

毋庸置疑,"自由主义"是当今世界公司法发展演进的主导性方向,也是世界各国经济竞争的制度优化理念之所向。然而,即使是极端的自由主义者亦不得不承认,公司法中的强制性规范确有其存在的必要性。应当说,公司法的强制性规范为公司的组织管理与经营自由划定了一条规范性边界,亦为章程自治限定了扩展的空间。正如王保树教授所言:"人们对于公司法规范结构的不同分类,其本质都是在讨论一个问题,即当事人的意思在适用公司法规范中存在多大空间。并且,任何对公司法规范结构的讨论,都试图在解决公司法适用中的自由与强制的协调问题。"[①] 然而,反观我国现行《公司法》中的强制性规范,我们会发现其设置与表述多有失当欠妥之处,这些制度层面的症结往往成为引发诉讼纠纷的"导火索"。

(一)公司法强制性规范应当如何设置的理论性认知阐释

公司法中的哪些内容应当被设置为强制性规范问题,一直是公司法学界最富争议的问题。同时,理论的纷争本身亦说明公司法的强制性规范应如何设置是一个非常棘手的问题,学界对该问题的认知虽各自存在一些可以批判的地方,但是它却为我们检讨我国现行《公司法》中强制性规范的存在状态提供了诸多颇具价值的理论性检验标准。当前学界比较有代表性的观点主要有以下几种:一种以爱森伯格教授为代表。爱森伯格教授依据规范对象的不同,将公司法规范分为:结构性规则(Structural Rules)、分配性规则(Distributional Rules)与信义

[①] 王保树:《从法条的公司法到实践的公司法》,《法学研究》2006年第6期,第21页。

规则（Fiduciary Rules）三类。其中，结构性规则主要涉及公司机关的权力及其运作，分配性规则主要涉及股东间的财产权利分配问题，信义规则则主要规范大股东、董事等主体对公司或股东所负有的忠实义务与勤勉义务。爱森伯格教授认为，结构性规则与分配性规则因为主要涉及公司内部的权力运作及利润分配问题，不会产生外部效应，所以应当允许公司予以自主设计而不适合被设置为强制性规范。对于信义规则，由于其可以起到弥补公司长期性关系合同漏洞的作用，所以应当被设计为强制性规则。[1] 笔者认为，爱森伯格教授的观点已经深入到了公司法规范的内部，体察到了公司法规则在规范对象上的不同功能效用，相对于将公司法规范简单分为强制性规范与任意性规范的二分法而言，有了很大进步。然而，其所提出的强制性规范设置方法也稍显武断。以结构性规则为例，在德国公司法中职工参与公司治理的"共决制"被设置为了强制性规范，这主要是因为德国是一个有着浓郁社会民主主义传统的国家，劳工在国家的政治格局中占据着极其重要的地位，而"为了创造出公共产品的政治和谐，有时候一个组织系统可能会选择技术上次优的产出水平"[2]，这可以说是公司治理的政治影响，尽管不是经济上的最优选择却又是非常必要的选择。所以，德国公司法中的"共决制"应当被设置为强制性规则即具有了合理性。[3] 另一种观点以戈登教授为代表。戈登教授认为在公司法中存在四种强

---

[1] 参见 Melvin Aron Eisenberg, "Contractarianism Without Contracts: A Response to Professor McChesney", *Columbia Law Review*, 1990, vol. 90, pp. 1321-1331。

[2] 马克·罗伊：《公司治理的政治维度：政治环境与公司影响》，陈宇峰、张蕾、陈国营等译，中国人民大学出版社2008年版，第182页。

[3] 尽管有观点认为，德国的"共决制"会弱化德国公司在全球资本市场的竞争力，如"Corton 和 Schmid（2000）对德国'共决制'进行了实证研究，他们发现在'共决制'下，企业内部会为收入分配而展开阶级斗争，导致企业价值的降低"。参见张维迎：《产权、激励与公司治理》，经济科学出版社2005年版，第112页。但是笔者认为公司作为社会组织体的一个细胞，确实会受到很多因素的影响，尽管对效率的追求是其最为核心的价值诉求，但是公司治理的政治考量相对于效率而言有时候更具全局性与系统性。

制性规则:"程序性规则、权力分配规则、经济结构变更规则与诚信规则。这些规则的存在可以按照公共产品假说、创新假说、机会主义修改公司章程假说来理解。"[①] 戈登教授对于为何公司法中的上述四种规则需要被设置为强制性规范分别给出了理由。他认为,对于程序性规则而言,尽管这类规则涉及的问题并非重大且看似无关紧要,但是任何对程序性规则的人为修改都可能具有非常令人怀疑的不良初衷;权力分配性规则如若不被设置为强制性规则,则可能引发大量的投机修改公司章程的情况发生;经济结构变更规则因为往往涉及公司合并、解散、出售等重大事项,公司法将其制定为强制性规范可以减少公司在这些重大问题上的"试错"成本,避免公司因为这些事项遭受不可挽回的损失。[②] 在为何信义规则须被设置为强制性规则的问题上,戈登教授与爱森伯格教授的观点具有一致性,此处不再赘述。笔者认为,戈登教授将公司法中上述四类规则界定为强制性规则,与爱森伯格教授的做法一样,也稍显武断。然而,笔者认为戈登教授对于公司法强制性规则所采用的分类方式颇具启发意义,遗憾的是戈登教授未能阐明这四类规则在被设置为强制性规则时所应分别采用的方法与路径。我国公司法学者贺少锋博士认为,公司法中有两种类型的规范应当被设置为强制性规范:第一种是当事人难以达成私人契约安排的规则,第二种是公司参与方的私人安排可能产生负外部性的规则。并且,他认为如果通过程序性强制性规范的设置可以解决私人安排受阻与负外部性的问题,那么即不应当将其设置为实体性强制性规范。[③] 胡田野先生认为,公司法中市场等外部力量监控较弱的规则、规制信息不对称

---

① 罗伯塔·罗曼诺编著:《公司法基础》(第二版),罗培新译,北京大学出版社 2013 年版,第 172 页。
② 杰弗里·N. 戈登:《公司法的强制性结构》,黄辉译,载王保树主编:《商事法论集》,法律出版社 2007 年第 1 卷,第 306—315 页。
③ 贺少锋:《公司法强制性规范研究》,西南政法大学博士学位论文,2007 年 3 月,第 106—108 页。

的规则、有关诉讼性程序与法律责任的规则、授信义务规则、公示行为规则、外部交易规则与股东固有权规则应该被设置为强制性规则。[①]如前所述，学界对于公司法强制性规则边界的认识虽然远未形成共识，亦存在诸多值得商榷之处，但是这些观点毕竟为我们划定公司法中的强制性规则边界提供了颇有参考价值的方法与标准。同时，再以学界的上述观点反观我国现行《公司法》中的强制性规范设置，其疏漏缺憾之处更是显而易见。

（二）公司法中强制性规范构造问题的具体剖析

1. 强制性规范比重过大加重了章程自治的违法风险

公司法在本质上是自由主义的，公司法中的强制性规范可以说是一种制度调控的无奈之选。然而，审视我国现行《公司法》，我们会发现诸多可以依靠公司自我规范、市场力量约束等自治性手段予以克服的问题在我国《公司法》中却以强制性规范的面目出现。《公司法》中隐藏着一种习惯性强制的立法预设，只要某一条款要求自由的呼声没有高涨到一定程度，我们就会习惯性地把它设置为强制性规范，似乎只有强制性规范才使得公司法更具法律的威严性、更具有"法"的味道。如《公司法》第48条第3款规定："董事会决议的表决，实行一人一票。"同时该条第1款规定："董事会的决议方式和表决程序，除本法有规定的外，由公司章程规定。"将这两款规定结合起来看，有限责任公司的董事会表决规范属于强制性规范（广义强制性规范），公司章程只能对其进行细化而不能予以排除适用。

如果某有限责任公司董事会有六名董事，为了避免董事会决议陷入僵局，该公司在章程中规定："当董事会决议赞成票与反对票持平时，董事长有权在此表决比例的基础上再投一票。"

[①] 胡田野：《公司法任意性与强制性规范研究》，法律出版社2012年版，第199—217页。

尽管从公司的角度看该公司章程的这种规定是合理的，但从公司法角度审视，这种规定则会陷入合法性危机之中。其实对于董事会的表决规则，法律根本无须干涉，因为根据公司法理论，董事会是公司的经营决策机关，其所从事的往往是经营判断上的事务，而发达国家的公司法一般都会避免干预公司的经营判断问题。因为在它们看来，经营判断问题属于经营者所拥有的"地方性知识"，而立法者与法官根本不曾掌握这门"地方性知识"。现行《公司法》中类似的强制性规定还有很多，实践中一旦公司章程的规定与之相左，即会陷于合法性危机之中。因此，尽管违背公司法的强制性规定并不会直接使公司章程无效，但不可避免的是，公司章程经常会因此而面临诉讼纷争。

2. 强制性规范的设置方法不当降低了公司法与公司章程的"规范对接"效率

公司法中的强制性规范本身存在一个强制力设置问题，也即是说并非一切公司法中的强制性规范在约束力上都是一样的。其实理论界之所以将法律的强制性规范区分为效力性强制性规范与管理性强制性规范，其目的也是在于，在某些问题的处理上对强制性规范的约束力予以"缓和"。[①] 然而，我国现行《公司法》在对强制性规范的设置上，并未注意采取一种"缓和主义"的立场，从而导致一些强制性"证因"不足的规范亦呈现出一种"不容商谈"的面貌。如现行《公司法》中关于股东会表决通过比例要求的"资本多数决"条款，"三分之二、半数"这些频频在股东会表决规范中出现的数字化规定，其目的在于保障弱势股东权益，避免大股东专权独断。然而，实际中可能会出现这样的情况：

---

① 应当说司法裁判是对法律中的强制性规范予以效力"缓和"的一条重要途径，如质押合同效力认定中，法官即经常通过"类推适用"的办法来"缓和"物权法定原则的不可变通性。然而，司法裁判毕竟是个体化的而非普遍性的，而唯有立法的改进才能使强制性规范的"缓和主义"立场普遍化、常态化。

某甲有限责任公司的大股东 A 持有公司 70% 的股份，其他三个 B、C、D 小股东合计持有公司 30% 的股份。如此一来，按照现行《公司法》中股东会表决通过比例的规定，无论是"简单多数决"还是"绝对多数决"，A 股东均可以凭一己之力将自己的意思变为公司的意思，实现对股东会的控制。

其结果便是，现行《公司法》中旨在防止大股东专权独断的股东会表决通过规则在适用于案例中的甲公司时，却为 A 股东专权提供了法律依据。对此类问题，笔者认为"单向缺省性"规范设计方法具有很大的适用空间，这种方法允许公司章程对于公司法中的某项强制性规范设置更为严格的标准，以排除该公司法中的强制性规范适用。①将眼光回转到刚才的案例：

甲公司的小股东 B、C、D 三人在公司设立之时，如果已经意识到，若今后的股东会决议采取三分之二多数通过的资本多数决原则，即意味着 A 股东对公司股东会拥有不受限制的控制权。那么三名小股东可能会与 A 股东协商，要求在公司章程中规定："股东会决议必须经全体股东一致同意才可通过。"大股东 A 在公司成立伊始，出于维护股东团结的考虑有可能同意该规定。然而，如果在甲公司的运营过程中，大股东 A 的某项提案未能在股东会决议中获得一致同意，那么 A 股东即有可能为了使自己的提案获得通过而向法院起诉，确认甲公司章程中关于"股东会决议须全体股东一致同意才可通过"的规定因违反了公司法的强制性规定而无效。

---

① 有关公司法中缺省性规范的设计方法，参见伍坚：《论公司法上的缺省性规则——兼评〈公司法〉相关规定之得失》，《法学》2007 年第 5 期，第 91—97 页。

如果将我国现行《公司法》中股东大会的表决通过比例规范设置为可以排除的"单向缺省性"规范，那么就不存在 A 股东起诉确认公司章程条款无效的可能了。实际上，其他国家公司法已有类似设置，如《德国公司法》中规定："有限责任公司章程的修改，需要以表决权票数四分之三以上多数通过，公司合同不能降低该多数要求，但可以将其提高或者提出其他要求。"①

从上文分析可知，我国现行《公司法》中的强制性规范设置缺乏动态调整思维，而仅以一种静态的规制观念来应对瞬息万变的商业实践。公司法中的诸多强制性规范尽管有其存在的充分依据，但未必一定要设置得刻板化。

二、法律规范属性难辨导致公司章程与公司法规范的"错位对接"

因为不同属性的法律规范遵循不同的法律适用规则，所以对法律规范的属性界定是法律适用中对法律推理的"大前提"进行内部证成的必须步骤。具体就公司法规范而言，不同属性的公司法规范与公司章程之间有着迥异的"规范对接"模式，而公司法规范属性的含混不清则容易引发实践中公司章程与公司法的"错位对接"。公司章程与公司法规范"错位对接"的结果便是：第一，公司章程本身的合法性遭受质疑；第二，公司章程的约束力软化。

关于公司法规范属性分类问题，学界有不同的观点。如柴芬斯教授将公司法规范分为三类：许可适用（可以）规范、推定适用（可以放弃）规范和强制适用（必须和必须不）规范。其中，许可适用规范是指只有当事人选择适用这类规则时，其才会对当事人产生效力的规

---

① 格茨·怀克、克里斯蒂娜·温德比西勒：《德国公司法》，殷盛译，法律出版社 2010 年版，第 355 页。类似的规定还有《日本公司法》第 309 条规定："修改章程的股东大会决议，须经出席会议的股东的表决权的三分之二（公司章程的规定高于此比例时，为其比例）以上多数作出。"

则；推定适用规范指只有当事人没有排除这类规范适用时，其才会对当事人具有当然适用效力的规范；强制性规范是指不允许当事人排除或选择适用的，规定当事人必须"为"或必须"不为"一定行为的规范。[1] 我国公司法学者汤欣教授将公司法规范分为普通规范与基本规范两类，其中普通规范主要规范公司组织、权力分配与运作、利润分配问题；基本规范则主要调整管理层与股东、大股东与小股东之间关系。在有限责任公司中，普通规范是任意性的，基本规范则是强制性的；在股份有限责任公司中基本规范是强制性的，关于利润分配的普通规范也具有很大程度的灵活性。[2] 当前我国公司法学界最为主流的观点源自于爱森伯格教授的三分法，即将公司法规范分为：赋权性规范、补充性规范与强制性规范三类。其实，爱森伯格教授的分类方式与柴芬斯教授别无二致，仅在具体称谓上有细致相别。爱森伯格教授提出的赋权性规范即相当于柴芬斯教授提出的许可适用规范，前者提出的补充性规范即相当于后者的推定适用规范。[3] 为了便于理解与识别，本书采纳将公司法规范分为赋权性规范、补充性规范与强制性规范的分类方法。只有严格区分这三种规范类型在法律属性上的不同，司法裁判中法官在处理公司章程与这三类规范的关系时，才会采用不同的法律适用规则。然而，我国现行《公司法》中的部分法律规范在设置上较为混乱，使得司法裁判中对这些规范的定性经常存在争议，这就增加了法官裁判"涉章案件"的司法难度。

（一）倡导性规范与强制性规范边界模糊

根据我国民法学者王轶教授的观点，所谓倡导性规范是指"提倡

---

[1] 参见布莱恩·R.柴芬斯：《公司法：理论、结构和运作》，林华伟、魏旻译，法律出版社2001年版，第233—237页。

[2] 汤欣：《论公司法的性格——强行法抑或任意法》，《中国法学》2001年第1期。

[3] 其实，"补充性规范""推定适用规范"与"缺省性规范"只是公司法中同一类型法律规范的不同称谓而已。

和诱导当事人采用特定行为模式的法律规范"[①]。倡导性规范是一种在我国各部门法中非常常见的法律规范形式,其立法用意重在表明立法者在特定时期内或者就特定问题的某种鼓励性倾向,一般不具有强制性效力。因此,是否具有强制性约束力是倡导性规范与强制性规范的重要区分标准。然而,我国现行《公司法》的规范设置中存在的一大问题即是未能严格区分倡导性规范与强制性规范而作不同设置。以现行《公司法》第5条中的"社会责任条款"为例,在该款中现行《公司法》使用了"必须"这个"情态动词"。根据现代汉语言文学的研究成果,"必须"分别表示两种"情态",分别是"道义情态"与"动力情态"[②],"道义情态"与"动力情态"的区别在于"动力情态"可以产生拘束力,而"道义情态"无直接拘束力。法律意义上的"必须"一般在"动力情态"词义上使用,如"总统必须对选民负责"。所以,法律中的"必须"一般表示一种"强制力",亦经常被用在强制性规范的文句表述中。再反观《公司法》第5条的"社会责任条款",其本身是一个倡导性规范,却使用了强制性规范所惯用的"必须"这个"动力情态动词"。这无疑模糊了倡导性规范与强制性规范的边界,成为诉讼纠纷的"燃点"。对此,笔者以一个假设性例子予以说明。

> 某甲公司在其章程中规定:"公司不得对外为慈善捐赠行为"。然而,在某次教育捐助中,公司董事会决定以公司名义捐助100万元以资助残疾儿童教育事业,并最终完成款项交付事宜。事后甲公司的股东A向法院起诉董事会的行为违背了公司章程的规定,而董事会则辩称该捐赠行为是以公司名义履行《公司法》第5条所规定的公司社会责任。

---

① 王轶:《论倡导性规范——以合同法为背景的分析》,《清华法学》2007年第1期,第66页。

② 朱冠明:《情态动词"必须"的形成和发展》,《语言科学》2005年第3期,第58页。

依照公司社会责任理论，慈善捐赠是公司所承担的"道义性义务"，其承担必须以自愿为前提。① 公司在章程中所作的"公司不得对外为慈善捐赠行为"的规定是有效的。② 也即是说，依照公司法理论法院应当判决作出捐赠决策的董事承担赔偿责任。然而，这种裁判结果又是法官、社会和董事在良心与道义上所难以接受的，那么法官会不会以《公司法》第5条的"公司必须承担社会责任"的条款认定董事会的捐赠行为有效而求取一个"法律效果"与"社会效果"相统一的裁判结果呢？③ 在此问题上，法官陷入了一个两难的境地。现行《公司法》中还有很多类似的倡导性规范与强制性规范含混的地方，如第17条关于职工职业技能培训的规定，第79条关于股份有限公司发起人应当订立发起人协议，明确各自权利义务的规定皆属此类。

综上所述，法律尤其是调整私人生产、生活的法律，应当非常谨慎地使用"必须、应当、不得"等具有"义务性"与"禁止性"色彩的规范性语词。在私法领域，讲究的是"法不禁止则为允许"，因此非到万不得已不应使用这些强制性色调浓厚的词汇，以避免这些词汇成为阻碍私法自治实现的"拦路虎"。④

---

① 参见卢代富：《企业社会责任研究——基于经济学与法学的视野》，法律出版社2014年版，第102页。

② 如美国1984年《示范商业公司法》中规定："除非公司章程另有规定，每个公司都有权为了社会福利或者为了慈善、科学或教育的目的作出捐赠。"参见美国《示范商业公司法》(1984) 第3.02条第13项。

③ 有学者即指出《公司法》中的社会责任条款属于一般条款，它对公司行为的约束力具有强制性，并应得到司法裁判的适用。详细观点参见谭玲、梁展欣：《对司法裁判中适用"公司社会责任"条款的思考》，《法律适用》2010年第2、3期，第48—51页。公司法学者甘培忠教授亦认为："引道人法的合理解释是当公司机关做出慈善决定并加以实施该行为时，如果公司的股东对董事会成员提出诉讼，则被告可以援引《公司法》第5条的规定进行合理保护。由此，公司的慈善举动是道德行为，是受法律保护的道德行为"。参见甘培忠：《论我国公司法语境中的社会责任价值导向》，《清华法学》2009年第6期，第21页。

④ 如有学者指出："立法技术的核心在于表达，围绕表达的问题而形成的一整套立法技术的规则和内容。逻辑构成、行文规范、语言表达方式以及贯穿其中的必须遵守的原则，都是由要把法律的实质内容表述为语言文字的外部物质形态这个核心问题而直接派生的"。参见刘红缨：《法律语言学》，北京大学出版社2003年版，第82页。

（二）同类规范属性设置不一致

在法律文本中，任何一个法律规范都并非是孤立存在的，不同的法律规范之间或者是上位规范与下位规范的关系，或者是同一位阶并列的关系，再或者是同一属性的调整同一类行为的并列性关系，所以立法工作本身是一个法律的体系性构建工作。然而，我国现行《公司法》中存在的一大规范构造问题即是对法律规范的体系一致性关照不足，诸多本是同一类型的法律规范却被作了不同属性的设置，使得这些规范之间呈现出逻辑上的断裂性，影响立法与司法适用的权威性与一致性。

根据我国现行《公司法》第34条的规定，有限责任公司可以经全体股东约定不按出资比例分取红利。按照法律规范属性划分，该规定属于公司法上的补充性规范。[①] 然而，该法第186条关于公司的剩余资产分配规定中，又将有限责任公司的最后剩余资产分配问题设置为强制性规范，即须按照股东的出资比例分配。[②] 根据公司法原理，公司红利与剩余资产在性质上具有同质性，这就决定了二者应当适用同样的分配规则。而现行《公司法》在立法设计时，并未能注意到二者在法律属性上的一致性，既然红利可以由股东约定不按出资比例分配，那么公司最后的剩余资产分配也完全可以由股东通过协议的方式作"另有约定"的安排以排除公司法的规定。对此，笔者举例予以说明：

甲有限责任公司共有四名股东，分别是A、B、C、D。公司

---

① 《公司法》第34条规定："股东按照实缴的出资比例分取红利；公司新增资本时，股东有权优先按照实缴的出资比例认缴出资。但是，全体股东约定不按照出资比例分取红利或者不按照出资比例优先认缴出资的除外。"

② 《公司法》第186条第2款规定："公司财产在分别支付清算费用、职工的工资、社会保险费用和法定补偿金，缴纳所欠税款，清偿公司债务后的剩余财产，有限责任公司按照股东的出资比例分配，股份有限公司按照股东持有的股份比例分配"。

设立时，四人各出资25万，持股比例都为25%。在公司经营过程中，由于A股东在公司的经营管理中发挥了非常重要的作用，所以四名股东一致同意约定今后的红利分配与公司解散后的剩余资产分配按照40%、20%、20%、20%的比例分配，也就是说A所占的分配比例由原来的25%，提高到了40%。再后来，由于四名股东关系失和，都不愿意继续经营该公司，于是四人商议解散公司。在最后的剩余资产分配过程中，A股东要求按照约定的40%的比例分配，而其他三位股东则坚持按照最初公司成立时的出资比例分配，A股东坚决不予采纳。其他三名股东诉至法院，请求法院认定关于公司剩余资产分配比例的股东协议违反《公司法》第186条的强制性规定，因而无效。

对于上述案件，法官可能会有三种不同的反应：第一种反应是依据"禁止反言原则"驳回三位股东的诉讼请求；第二种反应是判决股东协议因违反《公司法》第186条的强制性规定而无效；第三种是对双方进行调解。并且，似乎法官对这一案件的三种司法态度都可以找到论证其合理性的法律依据。然而，我们可以确知的是，由于《公司法》第34条与第186条规范设置的不对称，隐藏着两种潜在的风险：第一，造成不必要的诉讼纠纷；第二，司法裁判结论的不确定性会弱化公司立法文本与司法裁判的权威性、公信力。

再比如，同样是补充性规范的《公司法》第34条与第42、43、50、71、75、166条[①]，法律却作了不同的表述。第34条使用的是"全体股东约定……除外"的表述，第42条使用的是"公司章程另有规定或者全体股东另有约定的除外"的表述，后面5条则使用的是"公

---

① 这六条规定分别对应的是："有限责任公司股东会会议通知程序""有限责任公司股东表决权行使""有限责任公司经理权""有限责任公司股权转让""有限责任公司股权继承""股份有限公司利润分配"。

司章程另有规定除外"或"公司章程另有规定,从其规定"的表述。"约定"意味着"一致同意","章程规定"意味着"多数决定",《公司法》作此区分的意欲何在?着实令人费解。不过,笔者以为有一种可能的解释是:因为《公司法》第166条对股份有限公司利润分配方式规定的是"公司章程另有规定除外",为了在利润分配问题上将有限责任公司与股份有限公司区分开来,以突显法律对有限责任公司的人合性关怀,所以即对有限责任公司股东利润分配问题采取了"约定主义"的做法。然而,同样是针对有限责任公司,为何在股利分配上采"约定主义"规定,在股权转让、继承等问题上却采用"章程规定"的表述呢?这无疑给公司章程的司法适用带来了诸多解释困境。

三、法律要件欠缺引发公司章程条款的效力之争

拉伦茨教授指出:"每个法秩序都包含一些——要求受其调整之人,应依其规定而为行为的——规则……大部分的法律规则都同时是国民的行为规范及法院或机关的裁判规范"[1]。我国台湾学者黄茂荣教授将法条分为行为规范与裁判规范,同时指出,"由于裁判机关进行裁判时,当然必须以行为规范为其裁判的标准,故行为规范在逻辑上当同时为裁判规范。若行为规范不同时为裁判规范,则行为规范所预示之法律效力不能贯彻于裁判中,从而失去命令或引导人们从事其命令或引导之作为或不作为的功能"[2]。公司法作为商行为法与组织法,具有极强的适应性品格,同时又是一个司法化程度非常之高的部门法。公司法的适应性品格要求其规则能够为商主体提供确定化的行为规则,以增强商主体行为的可预见性;公司法的司法化则要求公司法规范具

---

[1] 卡尔·拉伦茨:《法学方法论》,陈爱娥译,商务印书馆2003年版,第132页。
[2] 黄茂荣:《法学方法与现代民法》,法律出版社2007年版,第141—142页。

备尽可能完整的构成要件①，以为司法适用提供更为具体确信的标准。然而，我国现行《公司法》中的一些法律规范即存在法律要件不完备的制度症结，有的规范欠缺行为模式要件，有的则欠缺法律后果要件，这些都为事后的裁判纠纷埋下了制度性的隐患。②

（一）行为模式要件欠缺

根据法理学界的主流观点，"行为模式是指法律规则中规定人们可以作为、应当作为、不得作为的行为方式，它可以是课以义务的，也可以是授权的"③。欠缺了行为模式要件的法律规范就无法给人们提供明确性的行为规则，进而导致法律后果的不确定性。我国现行《公司法》中有些规范就存在着欠缺行为模式要件的问题。如我国现行《公司法》第71条，该条前3款分别对有限责任公司股东股权的可转让性、其他股东同意机制与其他股东的优先购买权作了规定。紧接着，该条第4款规定："公司章程对股权转让另有规定的，从其规定"。该款直接将前3款规定的法律属性由强制性规范转变为补充性规范，即公司可以通过章程排除前3款规定的适用。应当说，现行《公司法》将有限责任公司股权转让规范设置为可推翻的补充性规范的做法，照顾到了有

---

① 此处需要说明的是，我国理论法学界一般是从法律规则的层面探讨其构成要件，也即"法律规则的构成要件"，而笔者此处使用的是"公司法规范的构成要件"。主要有两个原因：第一，为了与前文的表述保持一致性；第二，尽管对于法律规范与法律规则是否为同一个概念，学界尚存争议（如凯尔森教授认为，立法者制定的是规范，法律科学表述的是规则，前者是规定性的，后者是叙述性的）。然而，我国理论法学界一般认为法律规范与法律规则乃是同一概念。相关观点可参见张文显主编：《法理学》，高等教育出版社、北京大学出版社2011年版，第69页。

② 关于法律规则的构成要素，当前学界的主流观点有两种，即"二要素说"与"三要素说"。"三要素说"主张法律规则由"假定""处理""制裁"三部分构成。"二要素说"主张法律规则由"行为模式"与"法律后果"两部分组成。然而，由于"三要素说"将法律的后果限定为制裁，忽视了法律中的奖励性、肯定性后果而遭到学界的诸多批评。并且，就公司法规则而言，由于其私法属性，制裁性的法律后果不应当是其法律后果设置的主导性方式。因此，本书对公司法规则构成要件的阐释亦是以"二要素说"为依据展开的。

③ 张文显主编：《法理学》，高等教育出版社、北京大学出版社2011年版，第69—70页。

限责任公司的人合性特点，是立法的一大进步，充分凸显了公司法所应有的自由主义精神气质。然而遗憾的是，该条并未明确公司到底可以在多大限度上创设自己的股权转让规则。从实践层面而言，绝大多数纠纷出在有限责任公司在章程中的规定比现行《公司法》中所规定的股权转让规则更严的情形上。这就出现了如罗培新教授所说的问题，即"章程限制股权自由转让如何正当，其边界如何设定，是否存在不容悖反的公序良俗，如果有的话，又当如何妥为厘定，凡此种种，均值思量"①。股权自由转让原则导源于财产权的可转让性，长久以来一直是各国公司法上的原则性规定。如刘俊海教授指出："世界主要立法例普遍承认股权自由转让原则，不唯大陆法系（如《日本商法典》第204条之一），英美法系亦如此。"②而《公司法》第71条并未对公司章程限制股权转让作底线性规定，实践中有限责任公司章程作禁止股权向外部人转让、公司可以强制收回股权等的规定是否有效，均成为问题。股权转让本来即是实践中最容易引发诉讼纠纷的"老大难"问题，我国现行《公司法》第71条所设置的"公司章程另有规定"条款因为行为模式要件的欠缺无疑又进一步增大了纠纷发生的可能性，并同时增加了法官的裁判难度。

现行《公司法》中类似的欠缺行为模式要件的规定还有很多，比如第42条规定："股东会会议由股东按照出资比例行使表决权；但是，公司章程另有规定的除外。"股东表决权因为其所具有的减少代理成本的作用而被认为是"公司法上一项富有价值的、重要的约束性机制"③。因为"一股一票"的股东会投票规则在形式上保证了股东对公司的剩余控制权与剩余价值索取权完全匹配，因而长久地被视为股东表决权行使的

---

① 罗培新：《抑制股权转让代理成本的法律构造》，《中国社会科学》2013年第7期，第129页。
② 刘俊海：《股份有限公司股东权的保护》，法律出版社2004年版，第141页。
③ 罗伯塔·罗曼诺编著：《公司法基础》（第二版），罗培新译，北京大学出版社2013年版，第346页。

基础性规则。然而，由于股东之间风险偏好的不同，有的股东可能更看重管理性权利，有的股东则更看重金融性利益。为了满足不同股东的不同风险偏好，现代公司法不得不重新设计其投票规则与利润分配规则，我国现行《公司法》第 42 条所作的"公司章程另有规定除外"规定也就获得了正当性依据。但是，由于表决权毕竟是股东所享有的固有权之一，这决定了在未经股东同意的情况下其不能被随意地剥夺与限制，当作为固有权的表决权与公司章程的资本多数决定机制发生对冲的时候，章程自治的底线在哪里？《公司法》第 42 条并未给出明确性的规定。[①]也许，法官可以通过诉诸法律原则的方式找到裁判依据。然而，由于法律原则的内涵与边界的模糊性决定了法官对它的理解本身又充满了个性化色彩，极端一点即可能落入埃利希所说的，"除了法官的人格以外，没有其他东西可以保证实现正义"[②]的裁判泥沼。

（二）法律后果要件欠缺

法律后果要件，指"法律规则中指示可能的法律结果或法律反应的部分"[③]。法律规则如果缺少法律后果要件或者法律后果要件设置不明，即意味着法官的裁判结果具有不确定性，亦无法提高人们行为的可预见性，人们对于法律的信任即无从建立。其实，以"商鞅变法"为例，我们即可以说明法律后果要件对于法律实施以及法律信任建立所具有的重要意义。"商鞅变法"之初，为了获得民众对于新法的信任，商鞅采取的是"徙木立信"的办法，司马迁《史记》中作了如下记载：

[①] 根据国外立法经验，公司章程可以限制股东的表决权，但是这种限制不能针对单个股东。参见钱玉林：《公司法规范的解释学论纲》，载顾功耘主编：《公司法律评论》2011 年卷，上海人民出版社，第 35—36 页。

[②] 转引自本杰明·卡多佐：《司法过程的性质》，苏力译，商务印书馆 1997 年版，第 6 页。

[③] 张文显主编：《法理学》，高等教育出版社、北京大学出版社 2011 年版，第 70 页。

令既具,未布,恐民之不信,已乃立三丈之木于国都市南门,募民有能徙置于北门者予十金。民怪之,莫敢徙。复曰"能徙者予五十金"。有一人徙之,辄予五十金,以明不欺。卒令下。①

这段话中包含的"十金""五十金"两个关键性的数量型语词,分别表示"十镒② 黄金"与"五十镒黄金"。尽管"徙木立信"的告示并非正式的法律规则,而更像是类似于"练功券"的"演习性法律规则",然而其在规则的要素构成上是与事后所颁行的《田律》《效律》等"秦律"乃至与我们今天所适用的法律规则都是一致的。"徙木"类似于法律规则的行为模式要件,"予十金""予五十金"是法律规则的后果要件。"徙木立信"做得最值得称道的地方即是其后果要件设置的确定性,最终允诺的"五十金"具有极强的可度量性、可感知性与确定性,而极大地发挥了"规则"的激励性功能。应当说,后果要件设置的得当,对"徙木立信"乃至商鞅变法的成功起到了非常关键的作用。

将视线转移到我国现行《公司法》,我们会发现有些规范存在着法律后果要件缺陷的问题而无法为当事人与法官提供可资执行的行为标准与裁判依据。当公司章程与欠缺法律后果要件的公司法规则进行"规范对接"时,章程规范的效力亦会变得不可预期。如我国现行《公司法》第 16 条即存在法律后果要件欠缺的问题。③ 该条规定还有一个特殊之处,即法律属性的双重性,既具有强制性规范的法律属性,又

---

① 司马迁:《史记·卷六十八·商君列传八》,中华书局 2006 年版,第 420 页。
② "镒"(yì)是古代的一种重量单位,二十两为一镒(一说二十四两为一镒)。
③ 《公司法》第 16 条内容为:(1)公司向其他企业转投资或者为他人提供担保,依照公司章程的规定,由董事会或者股东大会决议;公司章程对转投资或者担保的总额及单向投资或担保的数额有限额规定的,不得超过规定的限额。(2)公司为公司股东或者实际控制人提供担保的,必须经股东会或者股东大会决议。(3)前款规定的股东或者受前款规定的实际控制人支配的股东,不得参加前款规定事项的表决。该项表决由出席会议的其他股东所持有表决权的过半数通过。

具有赋权性规范的法律属性。[①] 一言以蔽之，在该条规定中，公司法赋权公司章程执行公司法的强制性规定。司法裁判中，对于违反法律强制性规定的行为本身不难裁判，公司内部人实施违背公司章程执行公司法的强制性规定的行为也并非十分棘手[②]，棘手的是当公司章程执行公司法的强制性规定的时候是否应当具有对外效力。法律的效力是普遍性的，故而"法律一经公布，就意味着每个人都不能借口其不知道某一法律规范而不该受该法律规范的约束"[③]，罗马法古谚亦云："不知法律不免责"[④]。然而，公司章程作为公司内部组织管理规章，其对外效力似乎已经随着"推定知道理论"的失落而弱化。《公司法》第16条将公司担保的数额限度设置权、决议机关选择权赋予了公司章程，却未明确公司超越章程对外订立担保合同时担保合同是否有效的问题。实践中，法官更倾向于认定公司超越章程规定对外订立的担保合同有效，而公司章程不具对外效力成为法官认定越权担保合同有效的主要理论依据。也有法官认定公司超越章程订立的担保合同无效，依据是公司章程在执行公司法的强制性规定时即具备了对世效力，这种对世效力源自于法律而非章程。然而，不可否认的是，《公司法》第16条法律后果要件的欠缺在一定程度上引发了司法实践中的裁判乱象。其实《公司法》第16条的法律后果要件空缺所引发的裁判纠纷又在一定程度上源于《公司法》对于公司章程登记效力的不置可否，这又是另

---

① 我国公司法学界的主流观点认为该条属于公司法上的强制性规范，也有学者认为该条属于赋权性规范。然而，笔者认为《公司法》第16条兼具了强制性规范与赋权性规范的双重特性，从某种程序上讲法律属性的复杂化也是导致该条规定经常成为案件争讼焦点的原因之一。认为其属于强制性规范的观点参见高圣平：《公司担保相关法律问题研究》，《中国法学》2013年第2期，第104页；罗培新：《公司担保法律规则的价值冲突与司法考量》，《中外法学》2012年第6期，第1238页。认为该条属于赋权性规范的观点参见董慧凝：《公司章程自由及其法律限制》，法律出版社2007年版，第158页。

② 现行《公司法》第22条可以提供较为充分的裁判依据。

③ 梁上上：《公司担保合同的相对人审查义务》，《法学》2013年第3期，第25页。

④ 高圣平：《公司担保相关法律问题研究》，《中国法学》2013年第2期，第109页。

一个法律后果要件欠缺的公司法规范。

在司法裁判中，法官主要适用"法条主义"的"演绎推理"推理路径得出裁判结论。而当"演绎推理"路径遭遇法律后果要件欠缺的司法推理"大前提"时，即可能出现裁判结果多元、价值对立的尴尬情形。[①] 如此一来，公司越权担保合同效力认定案件成为公司法上的悬案也就不难理解了。

第二节 "章程治理"还未真正成为实践中公司治理的常态化选择

公司章程纠纷的司法裁判作为"章程治理"的末端救济环节，由它产出的"裁判产品"质量的高低不可避免地会受到处在它"上游"的公司章程自治水平的制约与影响。同时，"章程治理"的司法介入又会通过司法矫正的方式不断形塑着更加完善的"章程治理"格局。尽管从立法层面来看，公司章程作为公司法的一个规范性要素早已在法律文本中出现了数十年时间，然而如陈甦教授所言："如果从改革开放之日起算，经济活动中的合同与公司章程几乎是孪生姐妹，但公司章程仍旧是千人一面、弱不禁风，合同却已经多彩多姿、强如超女了……比起人们对于章程的态度来，合同在当今社会的观念体系中无疑处于相当优越的地位"[②]。笔者以为，我们之所以对于合同纠纷之司法裁量有着丰富的理论成果与裁判经验，而对于公司章程至今连其法律属性都未形成共识，应当说与实践中公司"章程治理"习惯的培育不足有着十分紧密的因果关系。

---

① 参见王彬：《司法裁决中的"顺推法"与"逆推法"》，《法制与社会发展》2014年第1期，第73—88页。
② 董慧凝：《公司章程自由及其法律限制》，法律出版社2007年版，序言，第2页。

一、公司对章程的法律意义认知偏颇

我们讲构建法治社会是用"法治"替代过去的"人治",而法治社会在公司自治中即体现为"章程治理"或"章治"。然而,以批判的眼光来审视我国公司的规则之治,我们会发现章程作为公司自治基础性规则的地位并未得到清晰的认知与足够的重视。

一般而言,"和所有的社团、财团一样,章程构成了公司的'宪法'"①,也即章程是公司自我约束与管理的组织与行为规则,这应该是公司对于章程的正确认知定位。然而,现实情况却远非如此。我国1993年《公司法》第 11 条规定:"设立公司必须依照本法制定公司章程。公司章程对公司、股东、董事、监事、经理具有约束力。"现行《公司法》第 11 条规定:"设立公司必须依法制定公司章程。公司章程对公司、股东、董事、监事、高级管理人员具有约束力。"这两个第 11 条分别是旧法与新法对公司章程的法律定位。② 从上述规定可知,设立公司须制定章程乃是我国公司法一以贯之的立法态度,世界上其他国家也莫不如此。然而,实践中的公司对公司法给予章程的法律定位却另有一番理解,即公司习惯于将章程及其登记仅仅视为设立公司所必须走的"过场",而未能意识到章程对于公司治理所具有的规范性意义。对于公司章程法律作用的这种认知偏差最为直观的表现即是,实

---

① 邓峰:《普通公司法》,中国人民大学出版社 2009 年版,第 117 页。
② 钱玉林教授指出:"(旧法与新法对公司章程的规定)从'依照本法'到'依法',虽然寥寥两字之差,但却是立法者对待公司章程态度上所发生的质的变化"。参见钱玉林:《作为裁判法源的公司章程:立法表达与司法实践》,《法商研究》2011 年第 1 期,第 96 页。2014 年新修订的中国证监会《上市公司章程指引》第 1 条规定:"为维护公司、股东和债权人的合法权益,规范公司的组织和行为,根据《中华人民共和国公司法》(以下简称《公司法》)、《中华人民共和国证券法》(以下简称《证券法》)和其他有关规定,制订本章程。"从该规定可知,新《公司法》中制定章程所"依"之"法"较旧《公司法》在范围上明显扩大了。

践中大量公司章程"照抄"公司法，不仅仅是规模小的有限责任公司章程如此，甚至有些股份有限公司章程亦是如此。更为滑稽的是，有些公司章程甚至将现行《公司法》中的"公司章程另有规定，从其规定"也直接复制过来。① "照抄"《公司法》条文的公司章程就类似于无民事行为能力人所从事的民事行为，而一旦其进入司法裁判环节，法官却需要用对待完全行为能力人所从事的民事行为的司法态度来对待它，司法态度之纠结可见一斑。

具体而言，实践中公司对于章程认知定位偏差主要有以下几种表现：第一种表现，也就是前文所说的，将章程仅仅视为是设立公司的必备性文件，将章程之登记仅仅视为设立公司的程序性要求。在这种认知思维引导下，一方面，投资者或发起人为了尽快建立公司，对章程的拟定最为简洁便利的办法非"照抄"《公司法》莫属；另一方面，投资者或发起人或许也有自己制定章程的主观意向，但是考虑到章程需要登记备案，是一件较为"正式"的法律文本，而自己制定的章程显然没有"照抄"《公司法》更安全、公正，也更有技术性保障。因为，他们看来，公司章程与公司法规则之间的差异可能会给公司未来的经营发展埋下法律风险。第二种表现是认识到公司章程的对外效力却忽视章程的对内效力。由于公司章程必须在工商管理部门登记备案，所以实践中有些公司意识到了公司章程登记所具有的公示效力也即对外效力，却忽略了公司章程对内部人的规范作用。② 实践中有些公司为了保护公司的利益，会在对外效力上作一些个性化的规定。然而，因为公司章程在性质上属于公司内部的组织与行为规则，这决定了章程不应具有普遍意义上的对世效力而是仅在特定的情形下特定的内容可以对抗第三人。所以在司法裁判中，公司在章程中自己设计的对外条

---

① 参见常健：《公司章程论》，中国社会科学出版社 2011 年版，第 134 页。
② 参见董慧凝：《公司章程自由及其法律限制》，法律出版社 2007 年版，第 131 页。

款之效力即有可能遭受到否定。第三种表现是认识不到公司章程的制度创新与制度竞争功能。现代公司之间的竞争已经不再仅仅局限于产品质量、服务质量的竞争，尤其是对于大型公司、公众公司而言，制度创新经常成为公司在商业竞争格局中占据优势地位的关键性"武器"，而公司章程则是公司进行制度创新的重要凭仗。如现代美国公司中所普遍设置的 CEO、CFO 等高管职位，并非是依照公司法的规定而设置的，而是最初由"联合利华"公司仿照古罗马帝国的执政官制度所建立的双董事长制；现在各国公司法普遍认可的公司应对恶意收购的"驱鲨剂"条款也是产生于公司章程的自主设置。① 其中，公司章程"反收购条款"在我国的上市公司中已经存在实践样本，如 1998 年发生的"爱使股份"的"反收购条款"效力之争，2001 年方正科技集团股份有限公司成功对北京裕兴有限公司实施的反收购战。② 随着资本市场的全球化发展与我国上市公司股权分置改革的进行，我国的上市公司遭遇敌意收购的风险大幅提升，是否应当设置公司章程"反收购条款"尽管尚存争议，但无可置疑的是"反收购条款"确实是公司应对敌意收购的一大利器。我国现行《公司法》中的赋权性规范与补充性规范的大量设置，用意即在于扩展公司章程的自治空间，激发公司的制度创新活力，提升我国公司的市场竞争力。从当前的"章程治理"实践来看，立法者的良苦用心显然未被公司设立人充分体察到。

二、公司缺乏"章程治理"的民主传统

陈甦教授指出："最为重要的公司治理结构，就是公司处于'章治'结构，而不是处于'人治'结构；公司自治的本质和突出表现，

---

① 参见常健：《论公司章程的功能及其发展趋势》，《法学家》2011 年第 2 期，第 85 页。
② 参见王建文：《我国公司章程反收购条款：制度空间与适用方法》，《法学评论》2007 年第 2 期，第 136 页。

是公司'章治'而不是'人治'。"[①]"人治"是一种"权威治理"模式，而"章治"则是一种"规则之治""民主之治"。张千帆教授指出："民主（之治）的真义是审慎的'多数决'，也就是通过自由和充分的辩论形成一个知情的多数意见，而在此过程中必须保证少数意见获得充分表达的权利"[②]。章程的决议遵循的即是"多数意思决定、少数权益维护、充分程序保障"的民主议事规则。

然而，我国的公司显然缺乏"民主之治"的传统，"章程治理"在一些公司中仅仅是一种用以宣传的"噱头"而非是一种切实的治理状态。具体而言，我国实践中的公司治理存在两种与"章程治理"相悖的治理模式：

（一）政治依附型的"官僚治理"模式

"官僚治理"模式以我国的国有公司为代表，国家对于国有公司的定位存在着一种不可调和的矛盾，即国有公司既要同普通公司一样作为一个盈利性组织而存在，又要积极配合国家在一定时期内的社会公共政策而具有很强的公共目的性。国有公司价值定位的双重性，意味着其公司治理经常会受到国家政策变动的干预与影响，所以其经常需要采取一种行政化的"官僚治理"模式以保持对来自于国家层面指令的时刻应对状态。这种"官僚治理"模式的突出表现即是，在国有公司中，从管理层的选任到公司章程的制定与执行都带有强烈的行政化色彩，规则、章程经常为行政命令所替代。

应当说，中国公司的"官僚治理"模式有着悠久的历史传统。如果我们将眼光回溯到中国封建社会两千多年的历史长河中，很多人或许会下意识地总结出：中国两千多年的封建历史一直采取的是"重农

[①] 董慧凝：《公司章程自由及其法律限制》，法律出版社2007年版，序言，第2页。
[②] 亨利·罗伯特：《罗伯特议事规则》，袁天鹏、孙涤译，格致出版社、上海人民出版社2008年版，中文版序二，第1页。

抑商"的社会经济政策,其社会结构属于农业社会结构而从未形成过真正的商业社会。然而,真实情况却远非如此简单,从中国的经济史中可以看出,商业经营在中国两千多年的封建社会中一直存在,而缺少的仅仅是真正意义上的独立于官僚体制的商人群体。① 如蒋大兴教授指出:"中国官方向来与经济生活和商事经营有着密切联系。政治权力广泛全面地参与经济生活和商事经营,排除私商才是历史的真实。"② 也即是说,在中国的商业领域,"国家以公权力控制、管理理论上应当属于私人自治领域的商业活动的意识非常强烈"③。

中华人民共和国成立以后到改革开放以前实行的是计划经济体制,不存在现代意义上的公司,也就更无所谓公司治理。改革开放以后,商人的营业自主权真正意义上获得了初始性的存在。改革开放后真正意义上的国企改革,开始于1984年的城市改革,这一年中央政府受到农村"家庭联产承包责任制"改革的启发,决定开启城市改革,国有企业改革亦被作为重点改革任务而提上了日程。④ 伴随着国有企业改革呼声的日渐高涨,我国制定了新中国成立以后的第一部《公司法》也即是1993年《公司法》。可以说,1993年《公司法》从其诞生之初,就肩负着改革国有企业、建立现代企业制度的政治使命。⑤ 尽管我们的

---

① 《史记·吕不韦列传》中所记载的一段话,笔者认为很好地反映了中国人对于官商关系的传统思维认识,即:"吕不韦问其父:'耕田之利几倍?'曰:'十倍。''珠玉之赢几倍?'曰:'百倍。''立国家之主赢几倍?'曰:'无数。'曰:'今力田疾作,不得暖衣余食。今建国立君,泽可以遗世。愿往事之。'"

② 蒋大兴:《公司法的观念与解释.Ⅰ,法律哲学&碎片思想》,法律出版社2009年版,第224页。

③ 姜朋:《官商关系:中国商业法制的一个前置性话题》,法律出版社2008年版,第205页。

④ 姚洋:《作为制度创新过程的经济改革》,格致出版社、上海人民出版社2008年版,第149页。

⑤ 根据学者的观点,我国改革开放后的国有企业改革经历了三个历史阶段:第一个阶段(1978—1984年),主要是放权让利阶段;第二个阶段(1984—1992年)主要是两权分离阶段;第三个阶段(1992年至今),主要是由"政策调整"型改革逐渐转入"制度创新"型改革阶段。参见刘霞辉、张平、张晓晶:《改革年代的经济增长与结构变迁》,格致出版社、上海人民出版社2008年版,第40—41页。

国有企业改革已经取得了诸多可圈可点的成就，但是"国有股'一股独大'甚至是'一股独占'的现象还比较严重；虽然企业设立了股东会、董事会和监事会，但与现代市场经济相适应的公司法人治理结构及其运行机制尚未完全建立起来"[①]。国有企业、公司的管理层普遍来自于中央政府或地方政府的任命，而非来自于职业经理人市场。在这种体制下，"商事主体（国有企业、公司）变成了行政科层序列中的一级，政府像对待下属机构一样地管理企业，政府官员与国企管理人员同属于国家干部序，具有行政级别，可以互相调动"[②]。国有企业管理层的行政化，意味着公司管理层激励的非市场化，如我国主要的几十个央企的负责人人选均是由中组部等国家最高权力机关决定而非遴选于职业经理人市场，从而带有浓厚的行政化色彩。[③] 然而，"章程治理"就其本质而言乃是一种市场导向的自治规则治理模式，这显然与国有公司的行政治理模式相悖。

我国现行《公司法》第 65 条规定："国有独资公司章程由国有资产管理机构制定，或者由董事会制定报国有资产管理机关批准"。从该条规定可知，我国国有独资公司的章程之制定带有浓郁的行政化色彩，而不像普通公司章程那样须要通过严格的决议程序来实施。公司章程的制定充满官僚化色彩，公司章程的执行与实施也就很难做到去行政化。如根据现行《公司法》的规定，在国有独资公司、两个以上的国有企业或者两个以上的其他国有投资主体投资设立的有限责任公司的董事会成员中应当有职工代表。然而，按照现代公司治理理论，董事会属于公司的经营决策部门，董事所从事的活动都与商业判断有关。这意味着董事必须具备一定的经营判断能力，满足一定的任职资格要

---

① 刘霞辉、张平、张晓晶：《改革年代的经济增长与结构变迁》，格致出版社、上海人民出版社 2008 年版，第 42 页。
② 姜朋：《官商关系：中国商业法制的一个前置性话题》，法律出版社 2008 年版，第 196 页。
③ 参见饶育蕾：《告别红顶商人时代》，《董事会》2013 年第 11 期，第 40 页。

求。尽管我们不否认，有些职工可能在经营决策能力上完全可以胜任董事的职位，但是其成为董事的途径应该是经由职业经理人市场而非因为是职工所以可以被选为董事。① 强制性的职工董事制度，应当说是我国公司尤其是国有公司"官僚治理"模式的一种体现。美国耶鲁大学 William Goetzmann 教授的一句话，我想可以为我国公司的政治依附型的"官僚治理"模式作脚注，即"可以用在中国特色资本主义上的一个模型是中国在一个世纪以前自己创造的公司治理法规。那个时候，就像今天一样，中国大多数重要的企业都是公私联合的结构——部分靠权益资本融资，但实质还是由官员监管。中国虽然采用了西方式的公司法规，但是效果有限"②。时至今日，中国公司"官僚治理"的路径依赖依然延续。

武汉大学严若森与史林山二位先生指出："在中国国有企业治理重构实践中，存在两种相互竞争的权威，即作为政治或政策供给权威的政府与作为企业治理权威的经营者。"③ 一言以蔽之，国有企业、公司治理改革的命门在于如何处理好政府权威与市场权威二者之间的关系，而笔者认为国有公司治理的法治化、章程之治的建立无疑是妥善处理二者之间关系的关键性节点。2014 年 7 月 15 日，国务院国有资产监督管理委员会宣布在中央企业启动四项改革试点，分别是："国有资本投资公司试点""董事会授权试点""混合所有制经济试点"与"向央企派驻纪检组试点"。这四项改革试点标志着新一轮国有企业改革大幕的拉开，国有企业改革迈出了实质性的步伐。四项改革试点中的"董事会授权试点"目的在于明确国资委与国企董事会的职责权限范围，扩

---

① 参见吴飞飞：《公司法中的权利倾斜性配置——实质的正义还是错位的公平》，《安徽大学学报》2013 年第 3 期，第 96 页。

② 兰德尔·K. 莫克：《公司治理的历史：从家族企业集团到职业经理人》，许俊哲译，格致出版社、上海人民出版社 2011 年版，第 111 页。

③ 严若森、史林山：《中国国有企业治理重构的战略重点》，《光明日报》2014 年 10 月 5 日，第 6 版。

大董事会的自主决策权范围,进一步完善国有企业的法人治理结构。[①]我们期待"董事会授权试点"[②]改革能为国有企业由"官僚治理"迈向"章程治理"做出实质性贡献。

(二)创始人崇拜式的"权威治理"模式

如果说行政依附型的"官僚治理"模式主要存在于我国的国有公司或国有控股公司之中,那么创始人崇拜式的"权威治理"模式则广泛地存在于我国的私营公司之中。我国现在的私营公司一般是在改革开放以后,随着国家推行允许、鼓励私营经济发展的政策改革而建立发展起来的。私营公司的创立、发展与壮大普遍与其创始人的个人能力有着密不可分的关系,所以在我国的私营公司中普遍存在着对创始人的个人崇拜风气。我国的私营公司主要是以家族企业的形式存在,而所谓家族企业也就是钱德勒所言的企业家的企业。家族企业这个概念最早由哈佛大学唐纳利教授于1964年开创性地提出[③],在20世纪80

[①] 参见白天亮:《新一轮国企改革拉开大幕》,《人民日报》2014年7月16日,第3版。

[②] 董事会授权试点,"主要是探索完善国有企业公司法人治理结构的工作机制。试点将明确国资委与董事会的职责权限,将国资委依法履行出资人职责和董事会自主决策有机结合起来,试点企业董事会将在国资委的指导下,完善各项制度,开展董事会行使高级管理人员选聘、业绩考核和薪酬管理权试点工作。其中,在董事会行使高级管理人员选聘权方面,试点初期首先落实董事会行使副总经理、总会计师、董事会秘书的选聘权,增加董事会及专门委员会在总经理选聘中的参与度。在董事会行使业绩考核权方面,试点企业董事会将自主构建符合本企业特点的业绩考核指标体系。在董事会行使薪酬管理方面,试点企业董事会根据企业经营状况和在国内、国际市场中的竞争地位,明确薪酬策略,建立与经营业绩、风险和责任相匹配的差异化薪酬管理制度,真正实现业绩升、薪酬升,业绩降、薪酬降"。白天亮:《新一轮国企改革拉开大幕》,《人民日报》,2014年7月16日,第3版。

[③] 唐纳利教授指出,满足以下七个条件中的某一个或者数个条件的企业即可称之为家族企业,这七个条件分别是:(1)家族成员借助与公司的关系,决定个人一生的事业;(2)家族成员在公司的职务影响他在家族中的地位;(3)家族成员以超乎财务的理由,认为其有责任持有这家公司的股票;(4)家族成员正式参与公司的管理,但他的个人行为代表着这个家族的声誉;(5)公司与家族的整体价值合二为一;(6)现任或前任董事长或总经理的妻子或儿子位居董事地位;(7)家族关系为决定继承经营管理权的关系。参见王学文:《家族财富》,四川科学技术出版社1999年版,第64页。转引自庄培章:《华人家族企业的制度变迁》,社会科学文献出版社2007年版,第3页。

年代之前，西方学术界对于家族企业的关注与研究一直处于一种零星化状态。直至1988年《家族企业商业评论》(*Family Bussiness Review*)创刊，家族企业研究方才真正成为西方学术界倾注精力的热点问题。在我国，20世纪80年代至90年代之间即有少数学者关注家族企业问题。储小平教授在《中国社会科学》2000年第5期上发表的《家族企业研究：一个具有现代意义的话题》掀起了我国家族企业研究的热潮。[1] 然而，就当前我国学界而言，关注与研究家族企业问题的学者主要集中在管理学与经济学领域，法学尤其是商法学界对于家族企业治理问题的特殊性鲜有关注与回应，这不能不说是一种遗憾。

在家族企业之中，企业家个人或其家族（家庭）对企业拥有占支配地位的所有权，并且可以以合法的方式将其所有权在家族内部传承。[2] 私营公司的家族企业存在形态与企业家的个人崇拜相结合，相对于普通公司而言具有其特有的经营优势。家族企业的经营优势主要体现在：第一，家族企业借助企业家的才能保障了企业的所有权与控制权的高度集中，减少了企业的代理成本。[3] 家族企业一般由企业家一手创办，在发展壮大过程中积聚了大量的资本，企业家的才能与其所拥有的资本保障了企业物质资本供给主体与人力资本供给主体的同一性，企业的控制权与所有权主体的集中化也就避免了二者分离所产生的代理成本。第二，家族企业可以节约缔约成本。按照公司契约理论，公司或企业是建立在股东、管理者、员工、债权人等所订立的一系列契约之上，这直接意味着大量的缔约与沟通成本的存在。然而，"作为关系契约与要素契约的结合体，家族企业主要借助家长权威、

---

[1] 参见庄培章：《华人家族企业的制度变迁》，社会科学文献出版社2007年版，第1页。
[2] 朱卫平：《论企业家与家族企业》，《管理世界》2004年第7期，第100页。
[3] 另外，家族企业主与家族经理人之间的委托代理关系最大的特点是嵌入了利他因素，在家族企业发展的初期这种嵌入的利他因素可以减少家族企业治理的代理成本。参见王明琳、徐萌娜、王河森：《利他行为能够降低代理成本吗？——基于家族企业中亲缘利他行为的实证研究》，《经济研究》2014年第3期，第144—157页。

差序格局、尊卑有序等家族伦理协调关系，并完成各种资源配置活动"①，这无疑大大减少了依靠市场或者科层制配置资源所需耗费的成本。第三，家族企业中企业家普遍拥有的个人权威，极大提高了企业的战略决策速率。按照现代公司企业治理理论，公司经营战略决策的作出须经过特定决策机关的严格决策程序。然而，家族企业中企业家个人拥有绝对的权威，集创业者、经营者与战略决策者三种身份于一身，形成企业的"权威治理"模式，而"权威治理"可以使企业在复杂多变的市场环境中及时作出迅速而有执行力的战略决策，从而获得先发优势。②

尽管家族企业的"权威治理"模式具有多种经营优势，然而为了保障这种经营优势其必须建立由一揽子亲缘关系交织而成的复杂的非正式治理结构，形成依靠权威、人际信任、所有权集中与非正式控制的混合治理格局。对于家族企业的"权威治理"模式而言，独裁甚至是"神话"企业家的精神领袖地位成为节约决策与治理成本的必要性手段。③ 这在另一个层面意味着家族企业的"权威治理"模式有着自身难以克服的治理困境。第一，家族企业的"权威治理"模式过分倚重企业家的个人才能与魄力，企业家个人因素的微小变化即会引发企业的连锁反应，企业家死亡或者发生其他变故即可能会导致一个企业的破产与终结。第二，"权威治理"模式从本质上而言属于前文所提到的公司治理的"人治"模式，企业家的个人意志以及其家族利益是左右企业管理与决策的直接标准，而规则抑或章程在家族企业治理中经常

---

① 徐细雄、刘星：《创始人权威、控制权配置与家族企业治理转型——基于国美电器"控制权之争"的案例研究》，《中国工业经济》2012年第2期，第139页。
② 参见徐细雄、刘星：《创始人权威、控制权配置与家族企业治理转型——基于国美电器"控制权之争"的案例研究》，《中国工业经济》2012年第2期，第143页。
③ 参见李新春、苏琦、董文卓：《公司治理与企业家精神》，《经济研究》2006年第2期，第58—59页。

处于被架空状态。① 如有学者的研究数据显示，在我国的家族企业中，企业主单独作出的经营决策占据企业经营决策总数的 58.8%，由企业主与企业的主要管理者共同作出的决策比例为 30%，董事会所作出的经营决策虽然占据一定比例，但是董事会的决议对企业主而言一般仅具有参考性意义而无决定性意义。② 另外，尽管我国众多家族企业在现阶段亦都尝试引入外部职业经理人，以实现企业治理的转型③，但家族企业主及其亲属成员对外部职业经理人所抱有的不信任态度，以及我国职业经理人个人职业操守不高等因素，都使得家族企业治理结构的转型之路充满了曲折与回环。如马云曾多次在公开场合表示出对职业经理人的不信任，这种对职业经理人的不信任心理也为阿里巴巴集团日后所推出的"合伙人制度"埋下了伏笔；汇源集团则以苏盈福的辞职、朱新礼女儿朱圣琴的上位传递出其"去家族化"努力失败的信号。④

从笔者前文的分析可知，家族企业的"权威治理"模式是一个优势与弊端的集合体。尽管我们可以找到赞美这种治理模式的诸多可检验的实证性理由，但毫无疑问的是"权威治理"模式乃是家族企业进一步转型与发展所必须予以突破的瓶颈。未来的家族企业若想在全球

---

① 美国学者艾米·舒曼等人指出，家族企业的治理中普遍存在着一个家族与企业孰轻孰重的两难选择悖论，而这个悖论则普遍性地构成了家族企业进一步发展壮大的情感性障碍。参见艾米·舒曼、斯泰西·斯图茨、约翰·L. 沃德：《家族企业治理：矛盾中繁荣》，杨晶译，东方出版社 2013 年版，第 1—20 页。另外我国学者缪因知博士亦指出，在我国的家族企业中普遍存在着家族企业成员把企业视作家族的扩展的现象，在正常的企业治理结构体系外，时常存在着基于亲缘而形成的另一套结构体系。参见缪因知：《家族企业治理中的控制股东、职业经理人与独立董事》，载《北大法律评论》2013 年第 1 辑，第 182 页。

② 参见朱卫平：《论企业家与家族企业》，《管理世界》2004 年第 7 期，第 102 页。

③ 据有关学者问卷调查显示，我国超过 90% 的家族企业主认为从家族内部选拔经理人员不利于企业自身的健康成长，而且超过半数的家族企业主明确反对由子女继承企业的经营管理。这说明我国大部分家族企业主已经认识到外部经理人对企业的价值是多么巨大。引自丁建南：《家族企业董事会治理、信息透明度与企业价值——基于中国上市公司的实证研究》，中国经济出版社 2011 年版，第 22 页。笔者认为，认识到职业经理人的重要性与真正引进外部职业经理人并委以重任实际上是两回事。前者是一个理性认识命题，后者则更多地涉及企业主个人及其家族情感因素。

④ 参见齐琳、阿茹汗：《汇源回头路》，《北京工商报》2014 年 9 月 9 日，第 B01 版。

资本市场中继续占有竞争优势，必须建立以"章程治理"为核心的现代企业治理模式。具体到本书的论题来看，家族企业的"权威治理"模式无疑又构成了我们研究与解构公司章程司法裁判问题的一个宏大的约束性背景，我们可以批判它却无法回避它。

三、公司章程的登记、管理机制不到位

公司章程是设立公司的必备文件，公司章程登记是设立公司的必经程序，这是当今世界各国公司法对于成立公司所设置的普遍性要求。依照国务院颁布的《中华人民共和国公司登记管理条例》的规定[①]，国家工商行政管理机关乃是公司章程的登记审查机关。工商行政管理机关对公司章程的审查包括形式审查与实质审查。形式审查主要审查公司章程的记载事项是否齐备、规范等；实质审查主要是审查公司章程的内容是否违背国家法律、行政法规的强制性规定等。应当说，工商行政管理部门对于公司章程登记所具有的管理性权力本身的设置并无不当，问题出在工商行政管理部门行使其权力的方式存在偏差。

根据梁上上教授的研究，商事登记制度肇始于古罗马时代，但彼时仅仅是一种自律性制度，对商人起昭示意义与规范意义的登记制度尚不明显，法律仅规定开设商店的人须在店堂里挂一块牌子，如"看板""帖礼"等。十六、十七世纪之后，随着欧洲封建主义及教会势力的衰微与资本主义的兴起，具有公示意义的现代登记制度逐渐萌芽。效率、安全与秩序构成了现代商事登记制度的三个主导性功能价值。[②]由于长期受计划经济思维的影响，我国的行政管理机关普遍存在干预意识过强而服务意识不足的问题，工商行政管理机关亦是如此。如赵

---

① 该条例最初颁布于1994年6月，于2005年12月进行了第一次修订，后又根据2014年2月颁布的《国务院关于废止和修改部分行政法规的决定》进行了第二次修订。
② 参见梁上上主编：《公司登记疑难案例解析》，中国政法大学出版社2012年版，第1—6页。

万一教授所言："由于工商管理部门是典型的国家公权部门，其依托职权所进行的工商登记管理，事实上已经被异化成为一种准入资格的赋权功能。与其说这种赋权功能是出于维护社会经济制度的需要，毋宁说是因为政府机关基于惯性思维继续利用行政手段处理经济问题的结果。"① 具体到公司设立登记问题上，实践中部分工商登记管理机关为了减少审查章程的工作量，经常直接为申请登记方提供有限责任公司或者股份有限公司的章程范本，申请人必须依照其所提供的范本以"填空"式的方法拟定或者修改章程，否则将不予登记。② 公司法学者常健先生在部分地区走访调查发现，河南、湖北等多个地方的工商行政管理机关直接要求申请人必须使用由其提供的公司章程范本，否则拒绝予以登记。上海等发达地区的工商行政管理机关虽不禁止申请人使用自己拟定的公司章程进行登记，但是申请人使用自己拟定的章程进行登记的情况亦非常少见。③ 工商行政管理机关对于公司章程的认知态度，亦在一定程度上影响了法官在司法裁判中对于公司章程法律地位、法源属性的认知态度。笔者在写作本书时曾专门采访了十名笔者认为比较有责任心的民庭法官，其中有六人认为公司章程主要是设立公司的登记必备文件，司法意义不大。换言之，这六位法官对于公司章程的功能认知还停留在工商行政管理这个层面。由此，公司章程在司法裁判中出现法源地位失落的现象也就不难想见。

工商行政管理机关在公司章程登记问题上，本来应该扮演一个服务者的角色。一方面对章程进行形式与实质的审查，另一方面应该提醒申请人公司章程的作用与章程登记的意义。而实际上工商行政管理机关的做法与其所本应承担的职责相去甚远。第一，工商行政管理机关要求申请人必须使用其所提供的章程样本的做法，实际上是代替公

---

① 赵万一主编：《商事登记制度法律问题研究》，法律出版社2013年版，代序言，第2页。
② 参见董慧凝：《公司章程自由及其法律限制》，法律出版社2007年版，第133页。
③ 常健：《公司章程论》，中国社会科学出版社2011年版，第132页。

司股东或者发起人制定公司章程，而这显然不属于工商行政管理部门的职责和权限。我国《公司法》苦心孤诣地扩大商事主体的自主空间，推崇公司自治，而一旦遭遇"削足适履"式的章程登记管理方式，立法者的精细筹划都将被千篇一律的公司章程予以抹杀。章程自治的前提是章程制定自主，当章程的制定不能自主的时候我们如何来保障章程自治呢？第二，在前文笔者曾提到，实践中部分投资者对于公司章程的认知定位存在偏差，即仅仅将章程视为是设立公司的必备文件，将章程的登记视为是成立公司的必经程序，而与法律对于章程的定位与期许相去甚远。客观地说，工商行政管理机关对此负有一定的责任，因为其所采取的章程样本强制适用手段，使得投资人为了尽快设立公司不得不抛弃自己拟定的章程而采用登记机关提供的章程样本。股东或发起人为了明确彼此之间的权利义务关系，不得不在章程之外再行订立股东协议。而当股东协议内容与公司章程的规定不一致，争执双方各有主张的时候，法官应当如何裁判又是一个新的问题。并且，股东协议的大量存在无疑具有架空公司章程的风险，属于公司的团体性管理与决策方式将更加难以建立。①

对于我国目前的商事登记管理制度，赵万一教授指出："理想的选择应当是逐步弱化商事登记的管理色彩而强化其信息传递功能，并最终过渡到由商会主导的民间登记模式，唯有如此才能真正发挥商事登记所承载的信息公开而非管控功能"②，笔者对此观点十分认同。另外，有学者主张可以采用英美国家的公司章程两分法，即将公司章程分为章程大纲与章程细则。章程大纲主要对公司的外部关系进行规范，在公司设立时需要进行登记；章程细则主要规范公司的内部事务，不需

---

① 陈群峰教授指出，由于股东协议所具有的负外部效应，其不应当被鼓励使用，更不能以"协议替代治理"。参见陈群峰：《认真对待公司法：基于股东间协议的司法实践的考察》，《中外法学》2013年第4期，第831—846页。

② 赵万一主编：《商事登记制度法律问题研究》，法律出版社2013年版，代序言，第2页。

要进行登记注册。①

　　相对于工商行政管理机关"生搬硬套"的章程登记管理方式而言，我国证监会对于上市公司章程的管理显然进步了许多。为了优化我国上市公司治理结构，强化上市公司的"章程治理"意识，中国证券监督管理委员会于 1997 年 12 月颁布了《上市公司章程指引》（以下简称《章程指引》），对上市公司章程的制定与修改予以引导与规范。②《章程指引》颁行之后又分别于 2006 年、2014 年配合《公司法》《中华人民共和国证券法》的修改作出了修正，现已日臻完善。客观地说，《章程指引》对于改变我国现实中公司章程"千人一面"的诡异现象、培养上市公司的章程意识、完善上市公司法人治理结构乃至提升我国上市公司在资本市场中的竞争力都起到了非常关键的作用。然而，《章程指引》的规范效力却是一个存在争议的问题。1997 年发布的《关于发布〈上市公司章程指引〉的通知》中规定："无正当理由擅自修改或删除《章程指引》所规定的必备内容的，中国证监会将不受理该上市公司有关报批事项的申请"。该规定使用了"遵守反之解释"③的规范设置方法，上市公司需要以"具备正当理由"为前提方能排除《章程指引》的适用，而《章程指引》本身又未明确何为"正当理由"，这就使得《章程指引》具备了一定程度上的强制性效力。④然而，在 2006 年发布的《关于印发〈上市公司章程指引（2006 年修订）〉的通知》

---

① 参见朱慈蕴：《公司章程两分法论——公司章程自治与他治理念的融合》，《当代法学》2006 年第 9 期，第 9—10 页。

② 参见吕红兵：《引导公司走向规范大道——上市公司章程指引特点分析》，《上海证券报》，1997 年 12 月 27 日，第 2 版。

③ "遵守反之解释"的方法最早适用于英国的《公司治理联合准则》，《公司治理联合准则》分为"原则"与"条款"两个部分。"原则"部分公司必须遵守，不得排除；对于"条款"部分，公司可以不遵守，但是必须对不遵守的条款内容、时间以及正当理由等情况作出解释与说明。参见吴飞飞：《公司章程"排除"公司法：立法表达与司法检视》，《北方法学》2014 年第 4 期，第 157 页。

④ 参见常健：《公司章程论》，中国社会科学出版社 2011 年版，第 129 页；董慧凝：《公司章程自由及其法律限制》，法律出版社 2007 年版，第 133 页。

中，上述规定内容变为："在不违反法律、法规的前提下，上市公司可以根据具体情况，在其章程中增加《章程指引》包含内容以外的、适合本公司实际需要的其他内容，也可以对《章程指引》规定的内容做文字和顺序的调整或变动。上市公司根据需要，增加或修改《章程指引》规定的必备内容的，应当在董事会公告章程修改议案时进行特别提示"[①]。我们可以看出，证监会对《章程指引》的态度发生了转变，已经明确了其不具有强制性约束力，且证监会负责人在就《上市公司章程指引（2006年修订）》召开的新闻发布会上对记者的答复中也已表明此态度。[②] 证监会颁布的《章程指引》约束力的柔化，一方面给予了上市公司更大的章程自治空间，另一方面也意味着未来针对上市公司章程的裁判纠纷亦会呈现递增之趋势。这也从另一个侧面反映出，自治与管制始终是公司法律规则设置上的永恒的矛盾体。

[①] 参见《关于印发〈上市公司章程指引（2006年修订）〉的通知》。
[②] 参见侯捷宁：《中国证监会有关负责人就〈上市公司章程指引（2006年修订）〉答记者问》，《证券日报》2006年3月21日，第A02版。

第四章　公司章程司法裁判的功能阐释
——治理优化与法律续造

论及公司章程司法裁判的功能，依照公司合同主义的观点，公司章程乃是一个"不完备的开放式合同"[①]，公司章程司法裁判的功能在于填补该"不完备开放式合同"的疏漏之处。然而，笔者认为无论是将章程视为股东间订立的合同抑或是包括股东、董事等多元主体之间订立的系列合同，都存在一个共同的问题——公司的主体性地位虚化。章程，首先是公司的章程，其次才是股东的甚或是股东与其他主体共同的章程。因此笔者认为，公司章程的功能、公司章程司法裁判的功能都应以公司作为解释与认知的轴心，唯此才能关照公司作为独立民商事主体的独立利益，也才能彰显公司作为一种区别于市场的资源配置方式的独特价值。对于公司章程的功能，笔者认为常健先生的阐释十分具有启发意义。他指出公司章程具有三种功能，分别是："第一，安全阀功能，即保障公司参与人的权益和预期的安全；第二，连通器功能，即促进公司内部人员以及国家与公司的衔接；第三，润滑剂功能，即保障公司组织与公司法律的和谐并促进公司创新。"[②] 常健先生对于公司章程的功能定位，一方面突出强调了章程涉及主体的多元性，另一方面又突显了公

[①] 罗培新：《公司法的合同解释》，北京大学出版社 2004 年版，第 142 页。
[②] 常健：《论公司章程的功能及其发展趋势》，《法学家》2011 年第 2 期，第 82—86 页。

司的法人独立性，对于本书对公司章程司法裁判的功能定位具有极强的参考意义。如前所述，公司合同理论对于公司章程司法裁判功能的解读与定位过分偏重股东的利益之维，对公司的独立价值、利益相关者的利益诉求、国家的政治信号缺乏足够的关照。本书认为，公司章程法律问题，主要包含三个内循环结构，即公司之"章程治理"实践、"涉章纠纷"之司法介入与公司法相关法律规范的立法跟进，三个结构之间循环往复，彼此制约又互为依赖。而公司章程司法裁判的功能也即应当指向公司"章程治理"实践与公司法相关法律规范立法跟进这两个循环结构。具体而言，公司章程司法裁判的功能包含两个面向：一是司法介入公司"章程治理"所具有的优化公司治理结构的功能，这个功能又包含效率优化与公平优化两个子面向；二是通过"涉章纠纷"的司法裁判所形成的裁判规则以及裁判经验总结对公司法律规范所具有的法律续造功能，这个功能又包含个案的解释性续造、规范性司法解释的一般性续造与指导性案例的补充性续造三个子面向。前一个功能体现的是司法裁判对于公司治理实践的回应性，后一个功能体现的则是司法裁判对于公司法相关立法文本的塑构力。

第一节 公司章程司法裁判的治理优化功能

公司治理问题可以说是公司法上的永恒性命题，一切公司法的问题归根结底亦都可以说是有关公司治理的问题，公司法律制度的存在、发展与完善的主要目的也在于不断优化实践中的公司治理结构。根据崔勤之教授的观点，"公司治理结构就是组织机构现代化、法治化的问题"[①]。而"章程治理"或者说"章程之治"则是公司治理现代化、法治

[①] 崔勤之：《对我国公司治理结构的法理分析》，《法制与社会发展》1999年第2期，第13页。

化的重要机制性体现。何为完善的公司治理结构,或者说检验公司治理结构优劣的标准为何,则是一个必须予以澄清的前提性问题。对此,邓峰教授对于公司目的的论述可以给予我们启发,邓峰教授指出:"公司在传统上被认为是一个营利组织,但是公司也是一个分配组织,这两个不同的认识造就了公司法对公司特性的摇摆。"[①] 其实营利与分配乃是公司与生俱来的两大功能,公司经营优劣亦主要体现在公司的营利水平与分配合理性上。营利与分配是一体两面的关系,效率与公平也是一体两面的关系。其实,公司内部治理关系,也分为效率性关系与分配性关系两个层面,遗憾的是学界少有人关注此关系结构,关涉公司治理的既有研究似乎总是习惯于将上述两种治理关系杂糅在一起讨论而不得其要领。营利或者说效率指向的是公司日常的经营判断问题,其代表机构是董事会;分配或者说公平指向的是公司相关主体的权益分配问题,其代表机构是股东大会。两条主线基本明晰但又时有交叉。评价公司治理结构优劣的标准也就有两个:一是效率性标准;二是公平性标准。效率是公司存在的原因与目的,公平则是公司存续的正当性基础。一套完善的公司治理结构应当能够确保公司高效而公平地经营存续;公司治理结构优化的目标亦在于创造更高效、更公平的公司治理生态。我们倡导公司治理的"章程之治",是希望将有效的、公平的公司治理结构予以规则化,并以规则的执行力、约束力来进一步完善既有的公司治理结构。然而,"章程之治"的实现并非是一蹴而就的,它需要公司在不断的"试错"过程中不断地总结与完善。公司章程司法裁判的过程即是通过司法的力量执行合法的、正当的章程规则的拘束力,纠正违法的、不合理的章程规则的"章程治理"的司法优化过程。对于公司治理而言,公司章程司法裁判的功能亦在于促成更加有效、公正的公司治理格局。

[①] 邓峰:《普通公司法》,中国人民大学出版社 2009 年版,第 51 页。

一、提升公司治理效率

"几乎毋庸置疑的是，在当代公司法理论中，效率是一个主导性的理论范式，公司法的法理学也正是以效率分析为基础。"[①] 这导源于，公司在本质上是一种营利性组织，公司的营利性特质决定了其对效率有着天然性的制度诉求。这种制度诉求在立法上体现为对自由主义的公司法律制度的向往与追求，在司法上则倡导一种克制、便捷的司法裁判方式以保障并增进公司之经营效率。所以有学者指出："可以肯定的是，公司法和商法领域内的学术争议，更多地不是集中于法院是否应当追求效率，而是法院应当如何促进这个目标。"[②] 具体就公司章程纠纷而言，司法裁判的效率导向功能主要体现为两点：第一，司法裁判对合法的公司章程规则创新的确认与保障功能；第二，司法裁判对公司章程治理下的公司内团结型关系的维护功能。

（一）对合法的公司章程规则创新的确认与保障功能

从公司法的历史嬗变来看，是先有公司章程而后才有公司法，是"章程行为的法律化——产生了公司法"[③]。正如伯尔曼教授所说："商法最初的发展在很大程度上——虽然不是全部——是由商人自身完成的。"[④] 也即是说，公司法律规则最初都是由商人自己创设的，而章程

[①] 罗培新等：《公司法的法律经济学研究》，北京大学出版社2008年版，序言，第6页。
[②] Lewis A. Kornhauser, "Constrained Optimization: Corporate Law and the Maximization of Social Welfare", *The Jurisprudential Foundations of Corporate and Commercial Law*, Cambridge University Press, 2000, p.87.
[③] 蒋大兴：《公司法的展开与评判——方法·判例·制度》，法律出版社2001年版，第286页。
[④] 哈罗德·J.伯尔曼：《法律与革命——西方法律传统的形成》，贺卫方等译，中国大百科全书出版社1993年版，第141页。

就是商人自我创设规则的机制性体现。只是到了近代民族国家兴起以后，国家从统一市场等目的出发，才将商事行为的立法权收归国家立法部门所有。然而，因为商事经营具有极强的专业性、技术性，商事环境的复杂多变性，国家实际上根本无法完全地将商事立法权笼归自己所有，因此商人的规则制定权实际上从未真正泯灭过，并且这种规则的自我创设权还具有向商人群体回归的发展趋向。商人创设自己的规则需要借助一定的载体，而章程即是其载体之一。当前世界各国公司法都逐渐完成由强制型公司法向自治型、赋权型公司法的转变，而自由型、赋权型公司法的一大表现即是赋予公司章程更大的自主权限。

由于"公司治理的核心问题在于：什么样的体制才能支持创新，就是说，导致创新持续涌流的组织学习是如何发生的"[1]。所以当今世界公司之间的竞争亦是制度的竞争，从宏观层面而言是公司法治环境的竞争，在微观层面则是各个公司之间的制度创新竞争，而微观层面的制度竞争主要依赖于公司章程的规则创新予以实现。然而，由于公司章程属于公司内部的"宪章"，由规则创新所导致的公司内部秩序结构的变动经常会牵扯到特定主体的既得利益与预期利益。因此，公司章程中的自主性、创造性规则经常成为引发诉讼冲突的"燃点"。而在这类纠纷的司法裁判中，诉讼的功能除了"解决这些冲突，并为抑制后续冲突的发生提供一种常规性手段"[2]之外，还承载着保障合法的公司章程规则创新不被诉讼扼杀的功能。

如实践中存在的"公司章程反收购条款"即是公司通过章程进行的制度创新的一种表现，而法院对这类纠纷的裁判则经常会牵涉到公司的制度创新能否得到司法尊重的问题。随着我国"股权分置改革的逐渐推进，证券市场全球流通环境的到来，通过敌意收购获取上市公

---

[1] 黄一义语，引自玛丽·奥沙利文：《公司治理百年——美国和德国公司治理演变》，黄一义等译，人民邮电出版社 2007 年版，译者序，第 1 页。

[2] 顾培东：《社会冲突与诉讼机制》，法律出版社 2004 年版，第 17 页。

司控制权的可能性大为提高"①。而通过在公司章程中设置反收购条款以应对敌意收购的方法也越来越多地为我国上市公司所广泛采用。公司章程反收购条款也称之为"驱鲨剂条款",具体是指目标公司为了防止公司被恶意收购,通过在公司章程中设置障碍,增大收购方的收购成本或使其即使收购成功也不能控制公司董事会的一种反收购措施。客观说来,针对"敌意收购的防御措施向来备受争议,因为他们为目标公司的管理层带来了利益冲突。毕竟,收购可能会使管理层被解聘,损失了公司专属性人力资本,从而面临着巨大的福利损失。这些冲突可能会诱使某些管理者对敌意收购施加障碍,从而以牺牲股东利益及经济效率为代价,使自身免受外部控制权市场的约束。然而,目标公司的管理层抵制恶意收购要约,也有助于在公司控制权的争夺过程中帮助目标公司的股东。如在某些情况下,目标公司的管理层可以击退某些报价不充分的要约"②。因此,目标公司采取的反收购措施经常是一把双刃剑,既有可能沦为管理层谋取私人利益的工具,又有可能使股东获得高于市场价格的溢价。各国尤其是发达国家,在司法裁判中,一方面原则上允许公司采取"公司章程反收购条款"等反收购措施;另一方面又通常会对这些措施采取一系列的严格审查措施。在我国上市公司采取的反收购措施中,"公司章程反收购条款"是最为常用的手段。对此,笔者以"爱使股份反收购条款"效力之争为例予以阐述。③

1998年5月,爱使股份召开股东大会对公司章程进行修订,修订后的公司章程第67条规定:董事会以股东意见为基础,拟定

---

① 王建文:《我国公司章程反收购条款:制度空间与适用方法》,《法学评论》2007年第2期,第135页。
② 罗伯特·罗曼诺:《公司法基础》,罗培新译,北京大学出版社2013年版,第585页。
③ 参见王建文:《我国公司章程反收购条款:制度空间与适用方法》,《法学评论》2007年第2期,第136页。

公司董事、监事候选人名单；董事会拟定的董事、监事候选人名单以股东大会提案的方式提请股东大会决议通过；单独或者合并（不包括委托投票权）持有公司有表决权股份10%，且持有时间半年以上的股东，若想派驻代表进入公司董事会、监事会，须在股东大会召开前20日内以书面形式向公司董事会提出申请；公司董事会、监事会期限届满需要换届时，新聘任的董事、监事候选人人数不得超过董事会、监事会成员人数的二分之一，等等。1998年7月大港油田对外发布公告称，其关联企业已经合并持有爱使股份5.0001%的股份，并成为爱使股份新的最大股东。此后，大港油田继续对爱使股份采取收购措施，并最终持有了爱使股份10%的股份，获得了提议召开临时股东大会的权利。然而，大港油田进驻爱使股份的计划遭到了爱使股份管理层的集体抵制，而爱使股份管理层抵制大港油田的依据则是修改后的公司章程第67条的规定。对于爱使股份公司章程第67条的规定是否有效，各方争执不下，最后中国证监会以"函件"的形式进行了协调处理，认定爱使股份的反收购措施不当。最后的结果是，爱使股份董事会决定召开临时股东会对公司章程中的反收购条款进行修改，大港油田同意入驻爱使股份以后仅增补公司董事而不是重新选举董事。

尽管，爱使股份的"公司章程反收购条款"效力之争最终并未进入司法环节，而是由证监会作出了类似于调解的处理。但是可以预见，随着资本市场全球化的发展，敌意收购风险终将成为我国上市公司亟需应对的问题。并且，"公司章程反收购条款"作为一种常用的反收购措施，最终也会以案件纠纷的形式进入法院的裁判环节。而法官的司法裁判结论又会反向对类似于"公司章程反收购条款"的制度创新产生直接的影响。换言之，法院对于如"公司章程反收购条款"效力认定纠纷的裁判，其裁判功能不仅仅在于特定案件中具体矛盾纠纷的化解，还对公司治理的商业实践具有一种信息导向功能。如果法官轻易地否认一项公司章程创新性条款的效力，极有可能扼杀一项正在萌芽中的新的制度，这就不仅仅是个案裁判是否公平的问题。笔者认为，公司作为一种效率性组织，创新包括制度创新乃是其在市场竞争中得以胜出的关键。然而，"由于公司法上的事情一般与一国之政治无涉，在当政者眼里公司法上的问题通常并不是需要被优先予以解决的问题"[①]。这就决定了公司法规则相对于风云变幻的商业实践而言经常是滞后的，而商事主体通过章程进行的制度的自我创新却能有效地缓解公司法的滞后性与商业事件的复杂多变性之间的二元矛盾。但是公司通过章程进行的制度创新并非天然地具有效力性，诸多的制度创新最终会进入司法环节以寻求权威性确认。因此，笔者说公司章程司法裁判具有确认公司章程制度创新规则效力的功能，这也同时意味着法官在这类案件的裁判中应尽可能秉持一种尊重公司"章程自治"的"司法克制主义"立场，避免将具有效率优化作用的创新性章程规则扼杀在裁判环节中。

（二）对公司内部团结型关系的维护功能

在本书第一章笔者曾阐述到，公司内部关系应当是一种团结型关系，公司之经营运作效率亦是一种团结型效率。一旦公司内部主体间的团结型关系遭到破坏，公司的人合性就难以维系，进而减损公司的经营效率，甚至最终会导致一个公司的"死亡"。尽管从通常意义上而言，有限责任公司与未公开发行股票的股份有限公司的人合性特质更明显一些，其内部主体间的团结型关系亦更强一些。上市公司由于股东相对分散，人合性特点不如资合性特点明显，但上市公司内部主

[①] 布莱恩·R. 柴芬斯：《公司法：理论、结构和运作》，林华伟、魏旻译，法律出版社2001年版，第251页。

体间的团结型关系却也是不容忽视的客观存在，因为一旦忽视这种团结型关系，我们就难以辨认上市公司与市场这两种资源配置方式之间的实质性差别，也就难以找到完善上市公司治理结构的门径。科斯说："市场的运作是有成本的，通过形成一个组织，并允许某个权威（一个'企业家'）来支配资源，就能节约某些市场运行成本。"[①] 笔者认为，科斯意义上的公司内部的"权威型关系"其实就是一种科层化的团结型关系。尽管诸多公司内部主体间的团结型关系是以企业家的个人魅力、企业家家族成员的血亲纽带等因素予以维系，但不可否认的是这种团结型关系的制度化、规则化需要通过公司章程予以实现。然而，由于公司内部主体的多元化、利益诉求的差异化，这种团结型关系并非总是处在一种非常稳定的状态，会因为上述原因而经常出现波动与扭曲，这种波动与扭曲又经常会牵涉到作为公司内部主体行为规则的公司章程，而法院对于这类"涉章案件"的裁判又有着巩固或维护公司内部团结型关系的价值功用。具体而言，公司章程司法裁判所具有的维护公司内部团结型关系的功能通过两种方式得以实现。

第一种方式，是通过确认并执行有效的公司章程的约束力以维护规则化的团结型关系。正当而合法的公司章程以制度化、规则化的形式对公司内部的团结型关系进行了"塑形"，并使得这种关系得以长效化。而公司章程的所有这些作用所赖以发挥的前提乃是公司章程必须具有效力性与执行力，公司章程的效力性与执行力又经常需要借助于司法裁判予以确认与执行。如对于有限责任公司股权继承问题，我国现行《公司法》第75条规定："自然人股东死亡后，其合法继承人可以继承股东资格；但是，公司章程另有规定的除外"。从该条规定可知，现行《公司法》将有限责任公司股权继承条款设计为补充性规定，

[①] 罗纳德·哈里·科斯：《企业、市场与法律》，盛洪、陈郁等译校，上海三联书店1990年版，第7页。

即原则上有限责任公司股东资格可以被其合法继承人直接依法继承，但是公司章程可以禁止或者限制继承人继承股东资格。[①] 而现行《公司法》之所以作此规定，目的即在于维护有限责任公司的人合性，保持公司内部主体间的团结型关系。实践中，有限责任公司章程在股权继承问题上的"另有规定"主要有两种情形：第一种是排除股权继承；第二种是限定某一特定继承人继承股权。[②] 而在司法裁判中，法院对于公司章程中这类条款法律效力的确认，即可以避免不受欢迎的继承人强行闯入公司成为股东而影响股东之间的和睦关系。

第二种方式，则是以否定公司章程具体内容效力的方式来实现。对此，笔者以一个例子予以说明。

> 甲有限责任公司有A、B、C、D、E五名自然人股东，A、B各占公司股份的30%，其他三名股东共占公司股份的40%，其中A股东为创始股东。A股东的30岁的独子F长期在公司从事管理工作，且能力突出。某日A股东因心脏病突发去世，F要求按照《公司法》第75条的规定继承其父亲A的股东资格。然而，由于B股东一直想成为大股东，以操纵公司事务，所以B诱导C、D、E召开股东会，并对公司章程进行了修改，增加了一条内容即"股东死亡后，其股东资格不能继承，股权须转让给其他股东"。在这种情况下F向法院请求确认其有权继承其父亲的股东资格，并请求法院确认公司章程中增加的禁止股权继承条款无效。

在上述案例中，A股东是公司的创始股东，其子F又长期在公司从事管理工作，而且表现突出。应当说，抛开公司法与公司章程而言，

[①] 参见王跃龙：《有限责任公司股权继承之析》，《政治与法律》2007年第6期，第84页。
[②] 参见张澎：《论公司章程在有限责任公司股权继承中的作用》，《法律适用》2007年第1期，第49—50页。

A 股东死亡后由 F 继承其股权亦不存在影响公司人合性的问题。而公司事后修改公司章程并增加股权不得继承的规定，此举的目的亦并非是维护公司的人合性与股东间关系的团结性，而更多的是隐藏着 B 股东意图控制公司的个人私利。如若 B 股东的个人目的得以实现，其结局便是 B 股东牢牢地控制公司，小股东 C、D、E 难免会经常遭受 B 股东的压迫。所以，在司法裁判中，即使公司章程的此次修改严格遵守了决议程序要求，且达到了决议的通过比例要求，法院亦不能认定公司章程的该禁制股权继承条款有效。一言以蔽之，之所以不能认定公司章程该增加条款的效力，根本原因在于该增加条款的目的并非为了维护公司内部的团结型关系，也非出于增进公司股东整体福利之目的。法院若确认 F 具有继承其父 A 股东资格的权利，且认定公司章程的增加条款无效，则 F 可以顺利进入公司并能够形成与 B 股东相对峙的力量，使公司股东间的权力分布更趋均衡，形成一种更具民主氛围的公司治理生态。

家和才能万事兴，对于公司而言，内部主体间的关系团结、和睦才能使公司在一个具有凝聚力的氛围内持续运营，公司的种种决策也才能被积极而有力地执行。我们甚至可以说，公司内部的团结型关系乃是确保公司有效运行的基础与前提。无规矩不成方圆，公司内部团结型关系的维护不仅仅需要借助内部人之间的情感、信任，还需要依靠"规矩"或规则，也即章程。

二、保障公司治理公平

效率与公平是衡量一个公司之治理结构优劣的两个重要指标，效率重在解决的是"做蛋糕"的问题，而公平指向的是"分蛋糕"的问题。一个公司就如同一个国家，不仅要把蛋糕做大，赢获更多的经营利润，还要将公司经营中的管理利益与金融利益在各参与方之间进行公平而适当地分配。公司章程作为公司内部的组织与管理规则，其规范结构、具体条文的规定与设置，既应考虑公司之经营效率，又须关照各方主体之权益平衡。同理，公司章程纠纷的司法裁判既要维护建立在公司自治基础之上的经营效率，亦要保障纠纷各方之利益与权益平衡。就公司治理的公平问题而言，主要涉及两种利益在多元主体间的分配问题。一种为管理利益的分配，如股东参与权分配等；另一种是金融利益的分配，如股东的利润分配请求权实现等。[①] 而保障公司治理公平，实际上就是在合理的限度内将公司经营中所固有的与创造的管理利益与金融利益，更加公平地在大股东与小股东之间、股东与管理者之间、股东与其他利益相关者之间进行配置。按照公司法学理论，公司内部的分配性问题亦属于公司自治范畴之列，司法等外部力量一般不会介入其中。然而，由于人的自利本性与有限理性、各主体之间实力对比的差异性、利益偏好的异质化这些多种制约性因素的存在，决定了公司自己制定的自我约束规则——章程亦存在着诸多不尽完善之处，涉及公司章程的纠纷亦不可避免，而公司章程案件的司法裁判则以司法介入的形式矫正公司内部失衡的权益分配天平。

所谓管理利益分配，即是公司治理参与权的分配。需要澄清的一点是，既往的公司法学理论研究，主要是在股东权的层面上探讨参与权的问题，即将参与权当然地视为股东享有甚至独有的权利类型。然而，正如蒋大兴教授所言："在一个日趋复杂、多元、模糊、混乱的社会，有关公司法的基础性观点越来越难以获得统一。"[②] 随着公司治理问题的日趋复杂化，公司法学界已经裂变为两个阵营：一个阵营继续主张股东中心主义；另一个阵营主张利益相关者共同治理。尽管笔者

---

① 参见吴飞飞：《公司法中的权利倾斜性配置——实质的正义还是错位的公平》，《安徽大学学报》2013 年第 3 期，第 95—96 页。
② 蒋大兴、谢飘：《公司法的回应力——一个政策性的边缘解释》，《法制与社会发展》2012 年第 3 期，第 3 页。

并不赞同利益相关者共同治理模式，但不可否认的现实是部分利益相关者群体由于其自身利益与公司治理的紧密关联性，已经或正在获得越来越多的对公司治理的参与权。即使我们抛开利益相关者理论兴起这个新的时代背景，将镜头转向德国、日本[①]，我们也会发现公司治理的参与权或者说公司内部的管理利益也并非是当然地、初始地为股东所独享。因此，本书所说的管理利益的分配，不是指管理利益在股东间的分配，而是在股东、管理者与利益相关者等多元主体之间的分配。所谓金融利益，即公司内部的资本性利益，如股东的应分配红利、管理层与员工的薪酬、债权人的债权等。其实，金融利益的分配与管理利益的分配往往有着紧密的连带性关系，掌握更多管理利益的主体往往亦能够在金融利益分配中获利更丰，而管理利益匮乏的主体亦往往容易被侵夺金融利益。

（一）平衡股东间权益的功能

按照古典经济学理论，"公司治理的核心问题是如何在不同的企业参与人之间分配企业的剩余索取权和剩余控制权。而剩余索取权和控制权应当尽可能对应，即拥有剩余索取权和承担风险的人应当拥有剩余控制权"[②]。在公司内部，按照传统公司法理论，股东乃是公司经营风险的最终承担者，应当拥有对公司的剩余控制权，而且大股东与小股东相比其个人利益更与公司经营状况休戚相关，所以大股东比小股东更具有经营管理好公司的激励性动机。因此，公司的管理利益分配具有向股东尤其是大股东倾斜的正当性与合理性。同时，大股东尤其是控制股东亦因此而对公司、小股东甚至是其他利益相关者承担着一定程度的信义义务。而公司章程则是股东之间权益分配的规则性约束

[①] 德国公司采取的是强制性的员工参与公司管理的"共决制"，日本公司则采用的是债权人相机治理模式。因此，德、日两国公司内部的管理性权利主体是多元的而非由股东一方所持有。

[②] 张维迎：《产权、激励与公司治理》，经济科学出版社2005年版，前言，第2页。

机制。然而，由于股东之间实力对比的非均衡性和股东的自利性动机，一方面，公司章程中的权益分配规则并非总是能够得到严格地执行，甚至经常被架空，如公司章程中规定的股东权不被公司承认；另一方面，公司章程中的权益分配规则亦并非总是正当、合法的，甚至有时还会沦为大股东谋求控制利益制度化的手段，如大股东尤其是控制股东通过修改公司章程的方式打压、排挤小股东。前一个问题是公司章程的规定不被公司执行的问题，后一个问题是公司章程规定本身是否正当的问题，两个问题最终都可能以诉讼纠纷的形式进入法官的裁判视野中。司法裁判的作用则是，一方面确认股东依照章程所提出的权益诉求得到保障与执行；另一方面则是否认公司章程中的非法条款之效力，以防止弱势股东的弱势地位通过公司章程被固定化。前面提到的主要是管理利益的分配问题，就金融利益分配问题而言，在股东之间主要表现为股东的利润分配请求权实现问题。我国现行《公司法》第35条与第166条将有限责任公司与股份有限公司的利润分配条款设置为可以由公司予以排除适用的补充性规范，把利润分配问题定性为一个经营判断问题，即公司法并不强制公司在有盈余的情况下必须分配利润，公司可以在章程中规定不同于公司法的利润分配规则。然而，尽管利润分配问题属于公司自治的问题，但股东的利润分配请求权亦是股东的法定权利，当公司章程中的利润分配条款剥夺或者严重限制股东的利润分配请求权时，也就有了司法介入的必要性与正当性。

（二）平衡股东与管理者间权益的功能

现代资本市场的兴起、股权的分散化，使得公司内部所有权与经营权已经不再如过去那样一体地掌握于股东手中，对于现代公司尤其是公众公司而言，以董事会为代表的公司管理层日渐成为公司的实际控制者。传统公司法理论认为，"选择和解除公司管理人员是股东所享有的一项重要权利，这一权利的享有与行使不仅是公司股东法律地位的重要表现，而且是保障管理层忠实地、勤勉地服务于公司和股东的根本性保障"①。然而，现代大型公司的兴起，使得董事会等管理层几乎拥有了不受股东控制的权力，股东选择与解聘董事等管理者的终极权利也经常会被架空。如此一来，如何在保障董事会经营决策权的同时，确保股东的利益不被侵占，成为公司法上亟待解决的关键性问题。

  尽管，从法律层面而言，公司章程的制定与修改权限只有公司发起人或股东才享有，但对于大型公司尤其是公众公司的股东而言，其行使修改章程的权利必须以股东提案的形式实施，而股东提案一般又须经过董事会的筛选才能进入股东大会决议程序，所以实际上董事会等高管人员经常可以操控公司章程的修改。实践中，董事等高管人员经常通过操控修改公司章程的手段，限制股东的权利、减轻甚至免除自己的责任与义务。应当承认，现代公司尤其是大型公司、公众公司的经营管理对董事等高管人员提出了愈来愈高的执业能力要求，公司的高管人员亦面临越来越高的从业风险。为了避免董事畏惧风险而在商业机会面前变得畏首畏尾，现代各国公司法普遍地采取了一系列激励性措施，如提高董事薪酬、引入经营判断规则、允许公司自主决定减轻或免除董事所承担之信义义务、建立责任保险制度等。其中，商业判断规则的引入实际上为董事行为的司法介入设置了一道屏障，极大地保障了董事的经营决策自主权，因为，"市场机制对管理层的制约，以及司法机制运用于管理层的种种弊端，使得人们选择了经营判断规则，以实现市场和司法机制的平衡"②。然而，实践中的商业判断规则也容易沦为董事逃脱对公司、股东所负之信义义务的制度性途径，如 John Coffee 指出，"近年来，董事与高管多次被指控刑事法犯罪的行为，甚至最终都没有构成对民事责任的违背"③。发生在美国的安然事

---

① 张民安：《公司法上的利益平衡》，北京大学出版社 2003 年版，第 11 页。
② 罗培新：《公司法的合同解释》，北京大学出版社 2004 年版，第 279 页。
③ 罗伯塔·罗曼诺：《公司法基础》，罗培新译，北京大学出版社 2013 年版，第 228 页。

件、世通事件，以及刚刚过去的次贷危机，都折射出董事等高管责任机制的缺位，以及股东与管理者之间的权益失衡问题。

笔者认为，在公司章程司法裁判功能的视角下探讨股东与管理者权益平衡的问题，重心在于公司章程中由高管所主导制订的创新性规则效力的司法认定。如实践中一些公司在章程中对股东大会改选董事的数量进行限制，"很多人认为这种做法属于交错董事会制度，主张应允许管理层采取这种较为温和的反收购措施"[1]。根据伍坚博士的研究，公司章程中限制董事改选数量的做法在实践中主要存在三种情形：第一，限制换届选举时董事的改选数量；第二，限制非换届选举时董事的改选数量；第三，不区分换届与非换届，对董事的改选数量一律加以限制。[2] 对于此类公司章程反收购条款是否有效，各方观点不一。但不可否认的是，这类反收购条款在一定程度上限制了股东选任与辞退董事的权力，维护了现任董事会成员职位的稳定性。一言以蔽之，公司章程中限制董事改选数量的反收购条款极易引发股东与管理层的利益冲突。对此笔者认为，尽管我们不应随意否认此种反收购条款的法律效力，但是在司法裁判中，法官应对此类章程条款采取更为严格的审查标准，即使在信奉自由主义的美国，此类反收购条款是否有效也须接受商业判断规则的审查。[3] 原因在于：首先，选任与辞退董事的权利是股东享有的法定权利，对于股东此项权利的限制无疑具有损害股东利益的潜在风险。其次，并没有足够的证据表明，董事任期的稳定性与公司的业绩提升有关联性关系，限制董事改选数量的做法实际上充斥着现任董事惧怕失去职位的个人自利性动机。最后，即使反收购措施对股东有利，也未必就必须或只能采取限制改选董事的做法，采

---

[1] 伍坚：《限制董事改选数量：交错董事会的中国模式》，《证券市场导报》2007年第6期，第13页。

[2] 参见伍坚：《限制董事改选数量：交错董事会的中国模式》，《证券市场导报》2007年第6期，第13页。

[3] 参见罗培新：《公司法的合同解释》，北京大学出版社2004年版，第186页。

取股东大会决议的绝对多数决等办法同样可以起到反收购的实际效果。

公司章程中另一种涉及股东与管理层利益平衡的条款是减轻或免除董事责任的条款。"在传统上,董事被认为是公司财产的管家,就这一角色,他们承担了类似于受托人的职责"①。董事对作为委托方的公司或股东须承担信义之义务,一方面,董事必须向管理自己的事务一样勤勉地管理公司事务,在我国《公司法》上体现为董事的勤勉义务;另一方面,董事必须忠实地管理公司的财产,不得实施侵占或损害公司与股东利益的行为,这在我国《公司法》上体现为董事的忠实义务。然而,董事从事的乃是一种充满风险与机遇的创造性工作,这需要董事具备优秀的决策能力与执行能力,过分严苛的董事责任无疑会使董事产生一种"不犯错误就是好董事"的保守心态,这显然与作为营利性组织的公司存在的根本目的相左。所以现实中有的公司即通过公司章程减轻或者免除董事须承担的信义义务,以激励董事大胆决策行事,这种做法在美国公司中比较具有普遍性。然而,在实践中,此类条款往往是在董事会的主导下添入公司章程的,它们经常并不反映股东的真实意志,甚至有时会成为纵容董事违背信义义务的合法性依据。尽管有学者认为,股东摒弃对董事违反信义义务之责的追究,会增加股东之整体福利,因为在他们看来,市场机制足以对公司管理层形成有效的外部制约。②然而,"立法者与富有经验的法官对此并不认同。他们认为,一个理性的、掌握充分信息的投资者绝不会轻易同意在公司章程中作出这些修改,特别是作出限制甚至免除董事信义义务的决定"③。因此,在司法裁判环节,法官对于公司章程减轻或者免除董事信义义务的做法,具有直接介入的正当性。因为,尽管如前文所述,法

---

① 艾利斯·费伦:《公司金融法律原理》,罗培新译,北京大学出版社2012年版,第254页。
② 参见 Daniel R. Fischel & Michael Bradley, "The Role of Liability Rules and the Derivative Suit in Corporate Law: A Theoretical and Empirical Analysis", *Cornell Law Review*, vol. 71, 1986, pp. 278-280.
③ 罗培新:《公司法强制性与任意性边界之厘定:一个法理分析框架》,《中国法学》2007年第4期,第73页。

官对于公司章程纠纷应当秉持一种司法克制的立场，以程序性干预为主，只有当程序性手段无法解决纠纷的时候方可适用实体性干预手段。然而，这种司法介入态度却不适用于公司章程减轻或免除董事信义义务的纠纷。因为，信义义务规则乃是公司法上的强制性规则，在信托责任理念严重缺失的我国当前的商业经营领域，其无疑对于保障股东权益具有至关重要的作用。也许在司法裁判中适用信义义务规则以追究董事责任的情形极其少见，但其对董事的行为却始终发挥着一种潜在的或隐性的约束作用。

（三）平衡股东与利益相关者之间权益的功能

依照传统公司法理论，股东是公司经营风险的最终承担者，相应的公司治理模式亦应当是股东中心主义治理模式。然而，随着公司越来越巨型化，股东越来越分散化，一个股东可能同时持有多个公司的股票，股权分散化下的股东尤其是小股东的个人利益与其所投资的某一上市公司的经营状况的关联度变得非常微弱，甚至弱于公司的职工、债权人等利益相关者。而传统的公司法规则基本都是以股东中心主义为假设性前提而制定的，利益相关者的利益诉求未能被足够地关照与重视。具体就公司章程而言，公司法将发起人与股东定位为章程的制定与修改主体，一个将个人人力资本与情感寄托全部投入到公司中的员工没有参与制定与修改公司章程的权利，而一个对公司事务十分冷漠、凡事"搭便车"的小股东却天然地拥有这项权利。"公司法试图为公司权利设立一个分权制约的结构，但它却未能考虑公司内部之间的权利超循环问题。"[①] "公司权利内部诸要素只有形成循环结构，才能通过协调行为产生新的功能（进化），公司才能成为竞争中的胜者出。"[②] 我国《公司法》的权利结构是一种股东中心主义的静态权利结构，尽

[①] 陈醇：《权利结构理论：以商法为例》，法律出版社 2013 年版，第 95 页。
[②] 陈醇：《权利结构理论：以商法为例》，法律出版社 2013 年版，第 95 页。

管它为司法裁判设置了一个既定的裁判背景,但是司法裁判却不应局限于股东中心主义的静态权利结构,而是应当从更广泛的动态层面平衡多元主体的权利与利益格局。

在公司章程层面,股东与其他利益相关者的权益平衡主要集中于两个方面。第一个方面是公司章程能否排除公司法上的利益相关者权益条款的问题。笔者认为,我们可以以股东为中心,将公司法规范分为"涉他性规范"与"束己性规范"。而所谓的公司法的自由主义发展趋势,主要是针对公司法上的"束己性规范"而言,也即关涉股东问题的公司法规范越来越自由与宽松。公司法上的大量的赋权性规范与补充性规范亦主要是针对股东之间的权益平衡问题。然而,对于公司法上的"涉他性规范"而言却有着愈来愈严格的趋势,如我国《公司法》在2005年修订时将"社会责任条款"写入公司法,引入了旨在保护债权人利益的法人格否认制度等。公司法之所以作此改变,其目的亦是平衡股东与债权人、员工等利益相关者之间的利益。然而在实践中,公司法的此种立法目的并不一定能被理解与认知,其中一大表现即是公司通过章程排除公司法上的"涉他性规范"。如我国现行《公司法》第67条规定国有独资公司董事会成员中应当有职工代表,且董事会成员中的职工代表应由职工代表大会选举产生。① 应当说该条规定的产生具有深刻的社会现实基础,因为长久以来我国国有企业都肩负着"企业办社会"的职能作用,国有企业的职工对企业有着严重的依赖性,尽管国有企业改革已经进行了很多年,但是这种权益依赖及情感依赖并未得到彻底地改变,所以对国有独资公司实行强制性的职工董事制度在目前的现实情况下确属必要。因此,国有独资公司不能通过章程"排除"公司法上的强制性职工董事制度。② 其一,是因为该条

---

① 具体规定参见2013年《公司法》第67条。
② 尽管对于公司治理中的职工董事制度能否真正起到保障股东权益的功能尚存疑问,但其仍旧具有不能被排除适用的合理性,因为职工董事制度不仅是保护职工利益的一种制度性手段,还具有稳定社会秩序的功能,即具有一定的政治功能属性,所以公司法上的强制性职工董事制度应当属于"效力性强制性规范",违背该规定的做法皆属无效。

职工董事规定在效力上属于强制性规定；其二，是因为职工董事条款对于公司章程而言属于"涉他性条款"，"涉他性条款"即使在性质上不属于强制性规范，也不能被公司以自治的名义随意排除适用。而在司法裁判环节，法官对于公司章程排除公司法上的"涉他性规定"的规定在效力认定中所作的否定性司法评价，无疑具有平衡股东与其他利益相关者权益的功能。

另一方面是公司通过章程对利益相关者所作的承诺能否被司法强制执行的问题。如实践中公司在章程中规定，每年的税后利润在提取了法定公积金及分红以后，须拿出一定比例的资金用于奖励一线员工。而如果公司在实际的操作中没有执行公司章程的该规定，员工是否可以向法院起诉要求公司执行公司章程呢？对此，笔者认为既然公司在章程中作了明确的承诺性规定，这种承诺在一线员工那里形成了一种期待性利益，他们可能为了获得这种期待性利益而付出了更多的劳动，进而为提升公司的经营绩效做出了贡献，因此职工的这种期待性利益就应得到法院的认可。

第二节 公司章程司法裁判的法律续造功能

瑞典法学家亚历山大·佩岑尼克教授指出："立法者为正常的案件制定规则，但是由于社会的变化，以及立法者自身的原因，他必须在疑难案件中允许与成文法相对的解释存在。"[①] 公司法规则尤其如此，因为公司法规则所适用的对象一般为经营判断问题，而经营判断问题又直接受瞬息万变的商业环境影响，这决定了公司法与其他法律制度相

---

① 亚历山大·佩岑尼克：《法律科学：作为法律知识和法律渊源的法律学说》，桂晓伟译，武汉大学出版社 2009 年版，第 233 页。

比较在颁行之后更容易滞后于社会现实。换言之，公司法规范与其所调整的对象之间，始终存在着"规范效力与生活接纳的紧张状态"[①]，"从公司法制度到公司法秩序的过程，可能顺畅，也可能异化"[②]。公司法本身具有极强的实践性品格，只有从法条的公司法转换到实践的公司法，公司法的价值功能才能真正得以发挥与彰显。

如前文所述，我国现行《公司法》相对于1993年《公司法》而言，有关公司章程的条款数量大幅增加，且通过大量赋权性规范与补充性规范的设置极大地提高了公司章程的法律地位，使公司章程在一定程度上具有裁判法源的意义。随着公司章程法律地位的提升、个性化色彩的彰显，实践中由公司章程引发的纠纷亦愈来愈多。公司章程纠纷的司法裁判过程，其实也是法官对公司法规范的解释与适用过程。并且，实践中的公司章程是五花八门、千变万化的，而公司法规范则是单一而固定的，所以当公司法规范适用于公司章程纠纷时，可以直接得出裁判结论的情况并不多见，绝大多数案件需要法官利用解释的技艺对公司法规范进行司法续造，以实现公司章程与公司法规范的"无缝对接"，同时亦只有经过司法裁判续造的公司法才是真正意义上的实践的公司法。

一、"涉章纠纷"个案裁判对公司法规范的解释性续造

法律只有经过解释才能被适用，公司法亦是如此。在本书的第二章中，笔者提出公司法与公司章程"规范对接"失洽的问题是公司章程司法裁判的关键性制约因素之一。而公司法与公司章程的"规范对接"失洽又主要表现为：公司法中的强制性规范配置不当限缩了章

[①] 陈甦：《体系前研究到体系后研究的范式转型》，《法学研究》2011年第5期，第13页。
[②] 胡旭东：《公司法的司法发展机制研究》，中国社会科学院博士学位论文，2012年5月，第26页。

程自治的空间、公司法规范属性难辨引发公司章程与公司法的错位对接、法律要件欠缺引发公司章程效力之争三个方面。一言以蔽之，我国现行《公司法》规范并不是十分完善的，公司法与公司章程的二元关系也并非总是清晰可辨的。所以当法官面对"涉章纠纷"时，需要对公司法实行解释性续造。拉伦茨在《法学方法论》中将法官对法律的解释性续造概括为五个方面，分别是：(1)单纯的法律解释；(2)法律内的续造；(3)超越法律的续造；(4)司法裁判的变更解释；(5)司法裁判针对具体案件的具体情况需补充的标准。[1]德国法学家魏德士教授将个案司法判决的功能分为三个领域：(1)解释与适用关于待决案件的现行法律规定，在这种情境下法官是在有思考地服从法律；(2)法官对法律漏洞进行填补；(3)法官"拒绝服从"现行法律，法官用自己的评价来排斥或替代现行法律。[2]在公司章程纠纷司法裁判过程中，法官亦主要是在上述三个领域对公司法规则进行解释性续造。

(一)普通"涉章纠纷"司法裁判的解释性续造

格雷教授在《法律的性质和渊源》一书中指出："法律就是法官所宣示的东西；制定法、先例、博学专家的意见和道德都只是法律的渊源。"[3]因此，"制定法只是表面的法律，真正的法律除了在一个法官的判决中，不可能在任何其他地方发现"[4]。对于案件的裁判而言，即使是最为普通的案件，法律适用也并非能够像自动售货机那样，一边输入案件事实与法律规定，另一边即会直接产生裁判结果。每一个案件的裁判都需要有法官对于现行法的解释，而"每一项解释都是企图理解

---

[1] 卡尔·拉伦茨：《法学方法论》，陈爱娥译，商务印书馆2003年版，第246—247页。
[2] 魏德士：《法理学》，吴越、丁晓春译，法律出版社2003年版，第360页。
[3] 转引自本杰明·卡多佐：《司法过程的性质》，苏力译，商务印书馆1997年版，第75页。
[4] 本杰明·卡多佐：《司法过程的性质》，苏力译，商务印书馆1997年版，第75页。

文字的解释者有创造的活动"①。因此，在普通案件审理中，法官其实也是在以自己的主观能动性创造性地进行着解释性的法律续造。

"涉章纠纷"的司法裁判有个特殊性，即法官实际上是在用规则来认定规则或者是用规则来证成规则，其中用来证成的规则是公司法及相关法律，被证成的是公司章程。用规则来认定规则的案件要比用规则认定事实的案件更加复杂。以我国现行《公司法》与公司章程的关系为例，如前文所述，现行《公司法》设置了大量赋权性规范与补充性规范，公司章程自主性获得了极大的解放。但是存在一个问题是，现行《公司法》说明了公司章程"可以做"，但是没有明确也不可能明确章程具体"能够怎么做"。如此一来，对于公司章程而言，"可以做"主要是一个立法赋权问题，"能够怎么做"则主要是一个司法认定问题。现行《公司法》中的"公司章程另有规定，从其规定"条款即是如此，这类规定在性质上属于补充性规范，即公司章程可以作出与公司法不同的、相左的规定，但《公司法》的上述"另有规定"条款本身并未明确章程自由的规则底线在哪里，且从法的体系性层面来讲，章程自由的规则底线往往也不是公司法可以直接明确的，如章程不能规定可以剥夺股东的生命，它的规则底线是宪法与刑法而非公司法。而到底公司章程自由的规则底线在哪里，则是一个司法判断的问题。在司法裁判环节中，即使对于最为简单的"涉章案件"，法官所适用与发现的法律也远远超出了公司法的范围，每一个案件的裁判结构都涉及对公司法及相关法律立法目的的澄清与阐释，经过司法适用的公司法规则的确实含义亦被法官所言说清楚。

因此，在普通、简单的公司章程纠纷裁判中，法官实际上是对公司法进行了一种解释性续造。首先，法官需要对具体公司法条文的法

---

① 官冬冬：《司法过程中的法律续造》，载陈金钊主编：《法律方法》第四卷，山东人民出版社 2005 年版，第 185 页。

律意义进行诠释，因为任何一个"法律规范命题都是借助法律规范性语词而得以构成和表述"①，即使是对于最为简单的规范性语词，不同的人也可能会读出不同的含义，法官对于法律条文的阐释本身也是对法律的解释性续造行为，经此行为以明确法律条文的确切含义。其次，对于确实存在多种可能性解释的具体公司法条文，法官还需要借助于上位规则或其他相关规则，甚至需要借助于法律原则、法律价值明确其在具体语境下所具有的规定性意义。这正如 D. 康奈尔教授所言："正是解释给了我们规则，而不是相反。"②"既然对于要尽力遵行一条规则的人而言，该规则确实似乎是做出了一个规范性要求，很自然的问题是，它是如何获得生命力的——（如果不是通过该条规则本身）其实例是如何得到主张的、其适用又是如何得以规定的。"③司法裁判正是赋予规则生命力的对于规则的解释性续造过程。

（二）公司法规范漏洞填补的"法律内的法的续造"

拉伦茨教授说："大家日益承认，无论如何审慎从事的法律，其仍旧不能对所有属于该法调整范围，并且需要规整的——事件提供答案，换言之，法律必然有'漏洞'。"④ 如前文所述，法官在应对普通案件时，所进行的直接性的法律解释是一种法律续造。同时，法官在适用法律时，对法律漏洞的填补也是一种法律续造，拉伦茨教授将其称为"法律内的法的续造"⑤。根据我国台湾学者黄茂荣教授的观点，法律漏洞系指"法律体系上之违反计划的不圆满状态"⑥。简而言之，

---

① 钱锦宇：《法体系的规范性根基》，山东人民出版社 2011 年版，第 61 页。
② D. 康奈尔：《不受限制的解释》，载安德雷·马默主编：《法律与解释：法哲学论文集》，张卓明、徐宗立等译，法律出版社 2006 年版，第 48 页。
③ D. 康奈尔：《不受限制的解释》，载安德雷·马默主编：《法律与解释：法哲学论文集》，张卓明、徐宗立等译，法律出版社 2006 年版，第 51 页。
④ 卡尔·拉伦茨：《法学方法论》，陈爱娥译，商务印书馆 2003 年版，第 246 页。
⑤ 卡尔·拉伦茨：《法学方法论》，陈爱娥译，商务印书馆 2003 年版，第 246 页。
⑥ 黄茂荣：《法学方法与现代民法》，法律出版社 2007 年版，第 377 页。

法律漏洞即是法律应当规定或说明而没有规定或说明的一种法律规则状态。

我国现行《公司法》于 1993 年制定，经历了 2005 年与 2013 年两次修订，其中 2005 年进行的修订最为彻底，亦是这次修订真正开启了我国公司法的自由主义之路。而 2005 年《公司法》修订时最为出彩的地方之一，即是有关公司章程的法律规则数量大增，公司章程被赋予了极高的法律地位。然而，由于当时的公司法立法经验并不充足，2005 年《公司法》的修改亦主要是一种"借鉴式的完善"而非制度的"自发式变迁"。这种公司法的制度变迁方式，也决定了我国现行《公司法》的诸多不尽完善之处，法律漏洞的大量存在即是其一。具体就公司章程而言，现行《公司法》第 11 条可以算作是有关公司章程的"统领性规定"，该条规定内容为："设立公司必须依法制定公司章程。公司章程对公司、股东、董事、监事、高级管理人员具有约束力"。该条关于公司章程的"统领性规定"仅仅说明了公司章程的法律地位：一，公司成立的必备文件；二，对公司内部全体成员具有拘束力。然而，该条规定却未明确公司章程的法律属性，公司章程的法律属性不明也就意味着法官裁判章程纠纷时的裁判标准不明。因此，可以说现行《公司法》中有关公司章程的法律规则群的最大的漏洞在于未能澄清章程的法律属性这个章程问题的"元命题"。其他法律漏洞如《公司法》第 16 条中的公司担保规范。首先，该条规定在法律属性上属于强制性规范；其次，公司法将细化担保规则的权利赋予了公司章程，所以总体而言第 16 条应当是一个"强制性赋权规范"。遗憾的是，第 16 条将细化担保规则的权利赋予了公司章程，却没有规定公司违反章程所订立的担保合同效力如何。正是因为《公司法》第 16 条法律后果要件的空缺，导致了实践中法官对于公司越权担保合同效力的认定观点不一，有人甚至主张《公司法》第 16 条仅仅是关于公司担保的内部组织规范，而不是认定担保合同效力的裁判规范。[1] 另外的法律漏洞如《公司法》上的"公司章程另有规定，从其规定"条款，《公司法》将有限责任公司股权转让、股权继承、表决权行使、利润分配等涉及股东固有权的规范设定权赋予了公司章程，即公司章程可以作与公司法不同的规定，并可以排除公司法规则的适用。然而，是否公司章程所作的"另有规定"都是有效的？那到底什么情况下的"另有规定"有效，什么情况下的"另有规定"无效，公司章程中的"另有规定"条款效力认定的一般性规则应当如何确立？对于这些问题，现行《公司法》均未给出明确的答案甚至根本没有作出任何说明。

法律不允许法官以不存在针对特定事件的法律规定或者针对特定事件的法律规定不明确为由拒绝裁判，而且法律还要求法官对案件的裁判必须"依据法律"。[2] 所以法官为了裁判案件，为了使案件的裁判结果有法律依据，即必须对所适用的法律规范的漏洞进行填补，以将所适用之规范续造为一个完全的裁判规范。法官对法律漏洞的填补需要区分不同的漏洞形态采取不同的漏洞填补方式。根据拉伦茨教授的研究，法律漏洞可以分为"开放的"漏洞与"隐藏的"漏洞。所谓"开放的"漏洞，指就特定类型事件，法律欠缺——依其目的本应包含之——适用规则时，即有"开放的"漏洞存在。所谓"隐藏的"漏洞，拉伦茨教授将其解释为：法定规则——违反其字义——依据法律的目的应予以限制，而法律文本并未包含此项限制。[3] 对于"开放的"漏洞适合采用法律类推的方法予以填补，对于"隐藏的"漏洞则适合使用目的论限缩的办法予以填补。[4] 按照拉伦茨教授的法律漏洞分类，《公司法》第 16 条的公司担保规则漏洞因为缺乏法律后果要件，

---

[1] 钱玉林：《寻找公司担保的裁判规范》，《法学》2013 年第 3 期，第 36 页。
[2] 参见川岛武宜：《现代化与法》，申郑武等译，中国政法大学出版社 2004 年版，第 286 页。
[3] 参见卡尔·拉伦茨：《法学方法论》，陈爱娥译，商务印书馆 2003 年版，第 254—255 页。
[4] 参见卡尔·拉伦茨：《法学方法论》，陈爱娥译，商务印书馆 2003 年版，第 258—272 页。

故可以被归属于"开放的"漏洞，司法裁判中可以通过类推适用的办法予以填补。笔者认为对于公司越权担保即可以类推适用法律关于无权代理的规定，以无权代理的后果要件填补担保规则的后果要件。《公司法》中的"公司章程另有规定，从其规定"条款所存在的法律漏洞则可以纳入拉伦茨教授所说的"隐藏的"漏洞之列。因为，按照立法目的，并非所有的"另有规定"均是合法的，所以按照立法目的应对"公司章程另有规定，从其规定"条款所适用的范围予以限缩，也即使用目的论限缩的办法予以填补。

（三）超越法律计划之外的公司法续造

如前所述，法律漏洞是指，违反法律计划的不圆满状态。然而，有时候立法并未有所谓"计划"，此时法官仍旧要对案件进行裁判，而法官的裁判行为在此种情境下可以被视为一种"超越法律计划之外的法的续造"[1]。拉伦茨教授认为存在三种"超越法律计划之外的法的续造"的情形，分别是：（1）鉴于法律交易上的需要从事的法的续造；（2）鉴于"事物的本质"从事的法的续造；（3）鉴于法伦理性原则从事的法的续造。[2] 公司章程纠纷司法裁判中，法官对于完全不在公司法立法计划之外的纠纷，亦是在上述三个层面上实施对公司法的续造。

1. 鉴于法律交易上的需要所从事的公司法续造

这种公司法的司法发展机制主要适用于公司章程的创新性条款的司法认定。现代商业社会，公司之间的竞争不仅仅是产品、服务的竞争，同时也是制度的竞争，而公司章程则是公司之间展开制度竞争的主要场所之一。制度的竞争即意味着制度的创新，就公司章程而言就意味着公司章程规则的创新。只要公司法允许公司章程在制度上有所

---

[1] 卡尔·拉伦茨：《法学方法论》，陈爱娥译，商务印书馆2003年版，第286页。
[2] 参见卡尔·拉伦茨：《法学方法论》，陈爱娥译，商务印书馆2003年版，第287—298页。

创新，就有可能出现公司章程的创新完全超出公司法立法者预料之外的情况。而对于超越公司法立法计划的公司章程创新条款所引发的纠纷的司法裁判就是一种"超越法律计划之外的公司法续造"。最简单的一个例子即是公司章程中的反收购条款，它完全是由公司自己创造的章程规则，亦是超出立法者预料之外的制度性创新。在公司并购中，公司章程反收购条款经常可以使收购方的目的落空，所以收购方亦会向法官起诉请求确认目标公司章程中的反收购条款无效。法官对此类案件的裁判，除了要考量董事在利用公司章程反收购条款抵制收购方时是否违背对股东所负有的信义义务之外，最为主要的考量因素则是公司章程反收购条款是否真正为了目标公司股东之交易利益，即股东能否因为该反收购条款而拥有获得股权转让溢价或者其他利益盈余的可能性。此外，股东对于公司的管理性权利，如选择与辞退董事的权利是否被严重地限制或剥夺，也是法官的考量因素之一。一言以蔽之，法官在认定公司章程反收购条款效力时所适用的主要考量因素，其实就是司法对于公司法规则的一种超越计划之外的法律续造。

2. 鉴于"事物的本质"所从事的公司法续造

在法律解释与法律续造中，法官与学者们一般都偏好于援引"事物的本质"（Natur der Sache）为自己的论点提供正当性依据。[①] 尽管讨论"事物的本质"概念的文章非常之多，然而，时至今日仍无对其一致的简介，亦尚无清晰的界限。[②] 不过，"事物的本质"也并非是一个模糊的不可被认知与适用的概念，因为"社会生活本身不是一大堆杂乱无章的事物，而是蕴含了一种普遍的存在秩序，并可以由人的理性所探知，法秩序必须与这种存在秩序相联结，法官与学者们可以从这

---

① 参见 Franz Bydlinski, *Juristische Methodenlehre und Rechtsbegriff*, Springer-Verlag Wien New York, 2 Aufl., 1991, S. 51ff。

② 参见卡尔·拉伦茨：《法学方法论》，陈爱娥译，商务印书馆 2003 年版，第 290 页。

种存在秩序中导出当为规范，填补法律中的漏洞"①。德国法学家齐佩利乌斯教授在《法学方法论》中指出："在法律字面含义所留下的意义空间之内，应尽可能按照公认的解释规则为该法律语词选择适当的意义；也即是说，在方法上应根据普遍承认的解释规则，也即合法地发现法律的规则。"②笔者认为，"事物的本质"从根本上而言乃是可以被人类理性所认知的、并可以形成共识的事物的内在规律性，其构成了齐佩利乌斯教授所说的"公认的解释规则"之一。在司法裁判环节，"事物的本质"并不是经常可以被法官所诉诸的一个解释性规则。一般只有在法律完全没有对特定情形作出规定，或者法律的规定若被适用则会出现严重背离其立法目的的情况下，法官才能援引"事物的本质"对案件作出裁决或者为所作出之裁判结果提供正当性论据。如拉伦茨教授指出："假使法律规定严重悖反事物的本质，司法裁判有时就借着超越法律的法的续造来更正法律。"③"事物的本质"即属于"超越法律的法"的范畴。

公司章程纠纷司法裁判中，法官通常具有诉诸"事物的本质"——章程的本质的必要。笔者在前文曾提及，我国现行《公司法》中关于公司章程的规则群存在的最大的法律漏洞是没有对公司章程的法律属性予以界定。而公司章程的法律属性作为一个根本性范畴，直接决定着公司章程的约束力如何产生以及章程内容本身如何有效的问题。客观说来，我国当前的司法裁判中，"涉章案件"之所以会成为"疑难案件"、"悬案"，皆与公司章程的法律属性不明有着密不可分的因果关系。在公司章程法律属性未明的情况下，法官在"涉章案件"的裁判中，经常需要先援引公司章程的法律属性这一"事物的本质"作为

---

① 周维明：《"事物的本质"、类型思维与类推适用的关系之探析》，载陈金钊主编：《法律方法》第十五卷，山东人民出版社2014年版，第132—133页。
② 齐佩利乌斯：《法学方法论》，金振豹译，法律出版社2009年版，第122页。
③ 卡尔·拉伦茨：《法学方法论》，陈爱娥译，商务印书馆2003年版，第292页。

裁判解释的认识论前提。然而，当前的公司法理论与实务界对于公司章程法律属性即"章程的本质"的几种解读——章程合同说、自治法规说等，其实更多地是提供了认知公司章程的视角，而没有澄清"章程的本质"。如章程合同说，其实是对公司章程的一种"比喻性描述"，而任何对事物的比喻都注定不是事物的本身，更不是"事物的本质"。阿列克西在《法律论证理论——作为法律证立理论的理性论辩理论》中说："提出主张的人，不仅想表达其本人所相信的东西，而且还要超过此点宣称：其所讲的也是可以证立的，也就是说，主张的内容是真实的或正确的。这同样适用于规范性命题与非规范性命题。"[①] 而揭示"事物的本质"则是证立一种观点的最为有效的方法之一。在本书的第一章中，笔者对"章程的本质"进行了重点的解读与诠释。笔者认为，认知公司章程的法律属性必须从法律行为的角度切入，公司章程的制定与修改行为都属于共同法律行为中的决议行为，所以章程在法律属性上是一种决议，换言之，决议就是"章程的本质"。在"涉章案件"的司法裁判中，如果法官认可并提出"章程的本质"乃属于决议、章程行为属于决议行为，然后再依据决议的拘束力规则或者决议的效力认定规则来裁决案件，则司法裁判的功能除了解决纠纷之外，还肩负了续造公司法规则的功能。因为，法官对公司章程法律属性的界定，即填补了现行《公司法》中关于公司章程法律属性界定的漏洞。

3. 鉴于法伦理性原则所从事的公司法的续造

拉伦茨教授指出："在从事法律调整时，法伦理性原则是指示方向的标准，依其固有的说服力，其足以'正当化'法律性决定。"[②] 一个法伦理性原则最初往往是法官头脑中的一个对于法律适用的朴素的个

[①] 罗伯特·阿列克西：《法律论证理论——作为法律证立理论的理性论辩理论》，舒国滢译，中国法制出版社 2002 年版，第 238 页。

[②] 卡尔·拉伦茨：《法学方法论》，陈爱娥译，商务印书馆 2003 年版，第 293 页。

人感悟或理解,法官通过案件裁判将其隐约所意识到的"正确的原则"借助有说服力的方式表达出来,并通过后续案件裁判的援引逐渐形成一条具有效力性的法律原则,并最终将其扩充为稳定的"法理"。[①] 民法上的权利滥用理论、情势变更理论、缔约过失理论等都是法官经由此程序完成的法律续造。

在公司法上,商业判断规则即是由法官鉴于法伦理性原则所从事的法的续造的产物。商业判断规则产生于美国,它长期以来一直作为一项司法介入原则而存在,这也透露了它产生于司法裁判而非立法文本的制度来源。商业经营领域本身是一个充满风险与不确定性的领域,如果董事的行为遭受过于严格的限制与责难,无疑会使董事成为一个令人恐惧的职位,也不利于美国经济的发展。为了平衡公司利益与董事的利益,也为了维护公司自治,亦是出于对自身知识局限性的理性认知,法官往往不太乐于过多地介入公司治理纠纷。后来经由裁判经验的积累与司法判例的传承,法官逐渐发展出了一条司法裁判原则,即商业判断原则,而商业判断原则其实也就是"法官能否介入公司,以及在多大程度上介入公司的一个基本标准"[②]。时至今日,商业判断原则业已成为公司法上的一条重要原则,亦是法官造法在公司法上的重要体现。具体就公司章程纠纷或者说公司治理纠纷的司法裁判而言,亦存在着鉴于法伦理性原则所从事的法的续造情形。如公司法上的股东平等原则、股东民主原则最初或者主要都是作为一项司法原则产生或存在的。当法官在现行的公司法律体系之内找寻不到据以裁决案件的具体标准时,法官即可以通过股东平等原则、股东民主原则这些公司法上的法伦理性原则为所作的裁判结果提供正当性支撑。

---

① 参见卡尔·拉伦茨:《法学方法论》,陈爱娥译,商务印书馆2003年版,第293—294页。
② 容缨:《论美国公司法上的商业判断规则》,《比较法研究》2008年第2期,第47页。

二、规范性司法解释对公司法规则的一般性续造

由最高人民法院出台的司法解释,可以说是中国特色的对于立法文本的司法发展机制之一。[①] 我国由最高人民法院大幅度地、系统地、集中地发布司法解释已经有近 30 年历史。由于最高人民法院发布的司法解释"具有法律效力,可以被裁判所引用,在一定程度上构成了我国的'法律渊源',对社会经济的发展和社会权利的得失具有深刻的影响"[②]。在 1978 年之前,我国基本处于无法可依的状态,当时的司法解释主要职能在于解释政策或者解释政策与创新法律并存。[③] 在 20 世纪 80 年代以后,随着中国特色社会主义法律体系的形成与确立,由最高人民法院颁布的司法解释亦随之丰富与完善起来,最高人民法院因此拥有世界上最为广泛的法律解释权。[④] 如前所述,在我国,由于司法解释具有同立法文本同样的法律效力,所以司法解释构成了司法裁判中的法律渊源,并且具体的司法解释与其相对应的立法文本所采取的编排结构亦是几乎相同,所以最高人民法院的司法解释在一定程度上而言是对立法的一种普遍性、一般性续造。"'准立法权'已经成为最高人民法院规范性司法解释最为显著的特征。"[⑤]

就公司法而言,自 1993 年《公司法》制定以来,最高人民法院已经先后出台了四部司法解释,对公司法的立法原意及其适用进行解读

[①] 胡旭东:《我国公司法的司法发展机制研究》,中国社会科学院研究生院博士学位论文,2012 年 5 月,第 53 页。

[②] 曹士兵:《最高人民法院裁判、司法解释的法律地位》,《中国法学》2006 年第 3 期,第 175 页。

[③] 参见董皞:《司法解释论》,中国政法大学出版社 1999 年版,第 140 页。

[④] 参见方流芳:《罗伊判例中的法律解释问题》,载梁治平主编:《法律解释问题》,法律出版社 1998 年版,第 269—314 页。

[⑤] 胡旭东:《我国公司法的司法发展机制研究》,中国社会科学院研究生院博士学位论文,2012 年 5 月,第 54 页。

与说明。当前的五部《公司法》司法解释构成了我国广义上的公司法的重要内容。然而,我国当前的司法解释,包括《公司法》司法解释,普遍存在一个问题——它们多基于推理启动的司法解释,缺少基于裁判经验启动的司法解释。根据方流芳教授的观点,所谓基于推理启动的司法解释,即在某一立法文本出台并生效之后,通过对该法律文本的分析与解构,找寻其中存有漏洞、欠缺操作性、文义模糊不确定与不周延等不完善之处,并对这些立法不足之处进行司法评估,如果认为这些立法缺陷足以严重制约该法律在将来的司法适用,则决定启动司法解释程序。所谓基于经验启动的司法解释,是指当立法文本已经生效并实施之后,通过对实践中的大量的纠纷及裁判经验的总结,发现由立法文本不完善所引发的纠纷与裁判问题,在总结经验的基础之上对立法文本的内容所作的解释。基于推理启动的司法解释侧重于假设性推理方法的运用和立法前经验的归纳与总结,而基于经验启动的司法解释则偏重于立法后实践经验的总结与归纳。当然,两种司法解释的启动方式在实践中并不是截然对立存在的,任何一部司法解释通常都是综合运用上述两种方式共同启动的结果,只不过对上述两种方式的偏重不同而已。就我国当前的司法解释启动方式而言,如前所述,存在着"过分偏重推理启动模式,缺乏经验启动模式的运用"[1]。相对于司法解释的经验启动模式而言,推理启动模式具有较强的政府导向性,偏重对于政治导向的回应而缺少实践回应性,且解释方式较为抽象,缺乏对个案裁判经验的关注。所以,笔者认为未来我国司法解释的走向应当是逐渐建立以裁判经验为主导的司法解释启动模式,增强法律的实践品性,淡化其政治导向性。具体就公司法而言,公司法本身是一个实践性非常强的法律部门,并且公司法所规范的对象主要是

---

[1] 郑智航:《论最高人民法院的裁判规则形成功能——以最高法院民事司法解释为分析对象》,《法学》2013 年第 11 期,第 51 页。

公司内部治理问题，这些问题普遍与国家的政治导向不存在直接的关联性。所以，对于公司法的司法解释而言，最为适宜采取基于经验启动的司法解释启动模式。最高人民法院先后出台的五部《公司法》司法解释，第一部《公司法》司法解释出台于 2006 年 3 月，此时我国的《公司法》已经实施了 13 年，并历经了一次大幅度修改。但是第一部《公司法》司法解释却仅有 6 条规定，且主要是关于法院审理案件的程序性问题的规定[①]，根本没有在总结裁判经验的基础上对公司法规则予以修补与说明。第二部《公司法》司法解释于 2008 年 5 月出台，应当说第二部司法解释相对于第一部而言有了很大进步，主要体现即是开始注重裁判经验的归纳与总结。如第二部司法解释的引言部分即开宗明义地指出该司法解释是在"结合审判实践"的基础上制定的。[②] 在具体内容上也直接涉及公司解散与清算的司法实践。但遗憾的是，该部司法解释所关注的内容过窄，一些司法裁判中的难点、疑点未能得到解释与澄清。之后分别出台的司法解释（三）与司法解释（四）则进一步从裁判实践入手，着重对实践中的疑难案件裁判进行了规范性解释。总体而言，《公司法》司法解释相对于其他部门法尤其是公法领域的部门法而言更具有实践品性、更注重强化法律的回应性特质。但是就本书的论题公司章程司法裁判问题而言，已经出台的五部司法解释显然对此缺乏应有的关注。第一，《公司法》司法解释未能认知到公司章程的裁判法源地位。具体表现即是出台的五部司法解释均未就公司章程的法律属性及其在司法适用中的一般性法律适用规则作专门性解释。第二，对于现行《公司法》上的"公司章程另有规定，从其规定"条款缺乏针对性解释。《公司法》中"公司章程另有规定，从其规定"条款涉及公司章程可以在多大程度上排除公司法这样的公司法上的基

[①] 参见《最高人民法院关于适用〈中华人民共和国公司法〉若干问题的规定（一）》。
[②] 参见《最高人民法院关于适用〈中华人民共和国公司法〉若干问题的规定（二）》。

础性命题。并且，在实践中由这类规定引发的纠纷非常之多，这类纠纷的解决在方法上又具有一定程度的通用性。所以，《公司法》司法解释应当针对《公司法》上的"公司章程另有规定，从其规定"条款的法律适用出台一个一般性的法律适用规则以为司法裁判所援用。第三，对于公司章程的对外效力这样在公司法上极具争议性的问题未有提及。在前文笔者已经提到，近年来由公司越权提供担保所引发的纠纷越来越多，公司越权所订立之担保合同效力认定案件亦成为司法裁判中的"疑难案件"，而制约这类案件裁判的一个关键性问题即是：公司章程是否具有对外效力。换言之，公司章程对外效力问题乃是解决公司越权担保合同司法认定问题的一把钥匙。然而，五部司法解释均未能给出相应的解释。笔者以为，或许是因为最高人民法院认为该问题还有待进一步研究，所以暂未表态。

应当认识到，由于现行《公司法》对公司章程与公司法关系的重构，实践中由公司章程引发的纠纷越来越多，公司章程的司法裁判与适用问题将逐渐引起立法者与司法解释制定机关的关注。在积累了较为丰富的裁判经验的基础上，最高人民法院应当就公司章程这个规范性文本的法律适用作针对性解释，以完善整个公司法体系。

三、司法判例对公司法规则的补充性续造

司法判例制度是世界各国尤其是英美法系国家普遍采用的一种法律续造机制。由于在英美法系国家，判决先例对后续案件的裁判具有约束性效力，所以我国学术界多是在英美法系的视域下阐释与理解司法判例制度。其实在司法判例制度上，英美法系国家与大陆法系国家的区别仅是英美法系国家有判例法，而大陆法系国家有判例制度无判例法。[1]

---

[1] 参见何然：《司法判例制度论要》，《清华法学》2014年第1期，第235—236页。

就公司法而言，司法判例制度最为发达的国家当属美国，美国并无联邦层面的统一公司法典，整个美国公司法的发展史就是公司法的司法判例史，几乎所有美国公司法上的重要制度转向都起源于具有里程碑意义的司法判例。如1819年的"达特茅斯学院案"中，美国联邦最高法院认为，公司作为法律上的"拟制人"，其获得的特许状受美国宪法中的契约条款保护，享有不被随意剥夺甚至可以对抗公司创设者的权利。[1] 因为判决先例的拘束力与影响力，该案的判决开启了美国公司法的自由主义之路，成为美国公司法发展史上具有里程碑意义的转折点。具体到公司法上的具体制度，美国公司法上的商业判断规则、高管及控股股东的信义义务规则、揭开公司面纱制度、反收购制度等这些公司法上的具体制度架构都主要经由一系列的司法判例得以建立、丰富和完善。对于司法判例对美国公司法发展的深刻影响，有美国学者指出："公司法研究的唯一正确路径在于认许法官在美国公司生活中的核心的、决定性的地位。"[2] 美国法院的公司法司法续造机制最为突出的特点是："在复合型的司法权力体系框架内，美国联邦法院尤其是联邦最高法院与美国各州法院系统各有侧重地续造公司法规则，其中尤以州际竞争的公司法司法发展机制最为典型。"[3]

严格意义上而言，我国与大陆法系国家都不是一般意义上的判例法国家。但是，我国也建立了具有中国特色的司法判例制度——案例指导制度。2010年我国的最高人民法院与最高人民检察院分别通过了《关于案例指导工作的规定》，标志着司法案例指导制度在我国的正式确立。而所谓指导性案例制度，即"根据一定的条件，并经过一定的

---

[1] 参见任东来等著：《美国宪政历史——影响美国的25个司法大案》，中国法制出版社2004年版，第45—56页。

[2] J. R. Macey, "Courts and Corporations: A Comment on Coffee", *Columbia Law Review*, 1989, vol. 89, pp. 1692-1702.

[3] 胡旭东：《我国公司法的司法发展机制研究》，中国社会科学院研究生院博士学位论文，2012年5月，第62—63页。

遴选程序，将已经发生法律效力的案例确定为指导性案例"①的制度。根据指导性案例遴选的标准，陈兴良教授将"两高"发布的指导性案例分为五种类型，分别是：影响性案例、细则性案例、典型性案例、疑难性案例与新类型案例。②指导性案例制度是我国实行判例制度的有益尝试，对于维护司法的统一性与权威性具有十分关键的作用。指导性案例制度中最为关键的问题在于由"两高"发布的指导性案例的法律效力问题。一般而言，判例在英美法系国家具有当然的法律效力，属于正式的法律渊源。而在大陆法系国家，判例一般并不具备当然的拘束力，对于司法裁判仅具有辅助性功能。就我国"两高"发布的指导性案例的法律效力问题而言，《关于案例指导工作的规定》中使用了"参照"一词。若仅从该词的词义分析，"参照"这个词汇并不具备强制适用的效力，而更具有指导性意味。然而，根据最高人民法院研究室胡云腾主任的解释，法官在审理类似案件时，应当参照最高人民法院所公布的指导性案例，而实际没有参照的，必须给出可以令人信服的理由。如果应当参照没有参照，又未能给出令人信服的理由，并由此导致案件的裁判结果与类似指导性案例的裁判结果大相径庭、显失公正的，即可能是一个不公正的判决，当事人有权提出上诉或申诉。③胡云腾主任的措辞非常严谨，初读之下给人的感觉是，对于最高人民法院发布的指导性案例，在未有令人信服的理由的情况下必须参照适用。但是其对于未能给出令人信服的理由，未参照指导性案例，裁判结果又与类似的指导性案例大异其趣的判决，他给出的定位是："可能是一个不公正的判决，当事人有权提出上诉或申诉"。"可能"本身即意味着不确定性，而上诉权与申诉权又是当事人在民事诉讼中所普遍具有的诉讼权利。不过，即使《关于案例指导工作的规定》中的"参

---

① 陈兴良：《案例指导制度的规范考察》，《法学评论》2012年第3期，第117页。
② 参见陈兴良：《案例指导制度的规范考察》，《法学评论》2012年第3期，第120—121页。
③ 参见陈兴良：《案例指导制度的规范考察》，《法学评论》2012年第3期，第122—123页。

照"一词不能确切地解读出指导性案例的强制性适用效力。从实践层面而言,"两高"发布的指导性案例也具有事实上的拘束力。因为,下级法院的法官在裁判与指导性案例相类似的案件纠纷时,存在着一种普遍性的心理,即如果作出与类似指导性案例的裁判结论相左的判决结果,判决即有可能被上级法院推翻,尽管在理论上法官可以通过提出令人信服的理由的方式避免判决被推翻,但是"令人信服的理由"本身又是一个值得论辩的问题,自己认为可以令人信服,上级法院未必就如此认为。所以下级法院的法官出于避免出错的心理,亦具有足够的动力在裁判中向类似的指导性案例靠拢,而这种靠拢性司法裁判趋向无疑会侵蚀法官的裁判智慧、弱化法官的自由裁量权、削弱司法裁判的现实回应力。[①] 指导性案例制度的维护司法统一的制度预期与司法创新、法官的自由裁量权之间存在着一定的冲突。对此,笔者认为在当前尚不适合采取一种刚性的约束力立场,而应当对指导性案例的拘束力采取一定的柔化措施,如可以对在类似案件裁判中,给出了足以令人信服的理由而未参照类似的指导性案例,并且判决结果对于类似指导性案例的完善具有很强的启发性意义的判决的主审法官,采取一定的激励性措施,这样就可以在一定程度上将司法统一、司法创新与法官自由裁判协调起来。另外,改革现行的指导性案例遴选机制,也是完善案例指导制度的重要路径之一。

在当前由最高人民法院公布的 8 批 37 个指导性案例中,有 4 个指导性案例直接涉及《公司法》的司法适用问题。分别是第 8、9、10、15 号指导性案例。这四个指导性案例中,与公司章程的司法适用直接相关的案例为第 10 号指导性案例,即李建军诉上海佳动力环保科技有限公司公司决议撤销纠纷一案。该案经历了一审、二审两次审理,二

---

① 同类观点参见秦宗文:《案例指导制度的特色、难题与前景》,《法制与社会发展》2012 年第 1 期,第 101—106 页。

审法院推翻了一审法院的判决结果,一审与二审法院对于公司章程司法适用的不同态度正好为我们分析司法介入公司"章程治理"问题提供了实践样本。该案件的案情如下:①

> 原告李建军是作为被告的上海佳动力环保科技有限公司(以下简称佳动力公司)的股东,他持有公司46%的股份,公司的另外两名股东葛永乐与王泰盛分别持股40%与14%。佳动力公司的三名股东共同组成公司董事会,并由葛永乐担任董事长,李建军与王泰盛担任董事,李建军同时担任公司总经理。佳动力公司的章程规定:由董事会行使选任与解聘经理等职权,须有公司三分之二以上的董事出席会议,董事会所作出的决议,须经占全体股东三分之二以上的董事表决通过才有效力。2009年7月董事长葛永乐召集并主持公司董事会会议,包括李建军在内的三名股东悉数出席。该次董事会的召开形成了一项决议:即由于总经理李建军在未经公司董事会同意的情况下,违规动用公司资金在二级市场炒股,给公司财产造成重大损失,董事会决定免去其公司总经理职务,即日生效。该项解聘总经理的决议经葛永乐、王泰盛与佳动力公司的监事签名,原告李建军未签名。事后,原告李建军以佳动力公司董事会解聘其总经理职位的事实与理由不成立,董事会的召集程序、表决方式与决议内容违反法律规定为由向法院起诉,请求法院依法撤销佳动力公司董事会所作出的该项决议。

上海市黄浦区人民法院一审受理该案,并作出判决:撤销本案被告佳动力公司于2009年7月18日达成的关于解聘李建军总经理职位的董事会决议。② 被告佳动力公司不服一审判决,向上海市第二中级

---

① 参见《最高人民法院关于发布第三批指导性案例的通知》。
② 参见(2009)黄民二(商)初字第4569号民事判决。

人民法院提起上诉。上海市第二中级人民法院经审理后作出二审判决：第一，撤销上海市黄浦区人民法院对该案作出的一审判决；第二，驳回李建军的诉讼请求。[1]

该案件后被最高人民法院遴选为指导性案例，很显然最高人民法院与上海市第二中级人民法院在此问题上的态度是一致的。这从最高人民法院对该案件的"裁判要点"的阐释中可以窥知。该案的"裁判要点"如下：法院在审理有关公司决议撤销纠纷之时，应当重在审查股东大会或者董事会的会议召集程序、表决方式是否违反法律、行政法规或者公司章程，以及相关决议的内容是否违反章程。在未违反法律、行政法规以及公司章程的情况下，公司解聘总经理职务的决议所依据的事实是否存在、理由是否成立，并不属于法院对公司治理进行司法审查的范围。该"裁判要点"的前半部分可以被视作是对《公司法》第 22 条的转述。关键性的裁判思维与理念则主要体现在"裁判要点"的后半部分，该部分内容体现的裁判思维即是：法官不应介入属于公司自治范围之内的事务。如在美国的"Folkes Group Plc v. Alexander and Anpther"一案中，里默（Rimmer）法官指出，在对公司章程进行解释的时候，法院不能揣测公司章程细则起草或修改的背景，也没有权力考察公司章程签订人先前的谈判内容及他们所声明的主观目的。其实最高人民法院第 10 号指导性判例的作用之一，也即在于重述公司法的精神理念，引导法官对公司治理问题由实质性介入为主转为以程序性干预为主。公司法的条文是僵硬的，对其的理解也可能因人而异，所以需要由一个权威的机构对公司法条文之理念及其适用作出权威性的解释与澄清，司法解释具有这种功能，指导性案例亦具有此种功能。

---

[1] 参见（2010）沪二中民四（商）终字第 436 号民事判决。

第五章　公司章程效力的司法认定标准

在本书的第一章中，笔者指出引发"涉章案件"的司法裁判"同案不同判"问题的根源在于，当前公司法学界与司法实务界对于公司章程的法律属性未能形成一个共识性的认知。既有的有关公司章程法律属性的几种学说，从根本上而言仅仅提供了关于公司章程的某种认知视角，而未能澄清公司章程的本质属性。笔者在批驳公司章程合同说、自治法规说与折中说这三种当前较为主流的学说的基础之上，提出了自己的观点——公司章程决议说。公司章程的制定与修改均需要通过一定的法律行为得以实施，所以理解公司章程的法律属性也必须透过法律行为理论这个面向。在本质上而言，章程行为，包括制定章程与修改章程的行为，在法律属性上都属于团体法上的决议行为，它与合同行为并存而非就是合同行为。公司章程在本质上一种决议而非一种合同或者自治法规。在现代法学理论尤其是民商法学理论中，决议是一种非常重要而又经常被忽视的制度。陈醇教授指出："人们通过合同实现权益的交换，通过决议实现团体权益的分配……决议可以说是现代社会分配权益的最重要的制度。"[①]孙中山先生即曾指出："夫议事之学，西人童儿习之，至中学程度，则已成为第二之天性矣，所以

---

① 陈醇：《商法原理重述》，法律出版社2010年版，第128页。

西人合群团体之力常超吾人之上也。"[1] 然而，在当前的民法理论中，决议几乎被合同淹没不见。以至于"任何人只要对合同和决议在私法中的位置予以简单比较，就能发现决议被冷落的现状"[2]。然而，公司作为当今社会最为重要的经济主体、商事主体，其行为一般都需要以决议的形式作出，这意味着决议制度对于公司以及公司法都是一项至关重要的制度。因此，公司法理论应当研究决议，公司纠纷的司法裁判应当注重对决议行为标准的理解与适用。

在本书的第一章中，笔者阐述了共同法律行为中的决议行为相对于合同行为所具有的四个特点：（1）目标指向的一致性；（2）意思表示的集合性；（3）严格的程序性；（4）约束力的扩展性。决议行为或者说章程行为具有的上述四个特点直接决定了其所特有的司法适用标准或规则。第一，目标指向的一致性，意味着在决议行为或章程行为中一定存在着一个共益性目标，决议行为与章程行为的实施皆是为了实现这个目标。这意味着决议行为与章程行为的实施必须是为了实现全体成员的共同意志或理想，而不能是以某个人或者某个内部群体的利益目标为其行为指向。如针对公司章程的某项修改决议必须是为了公司成员尤其是全体股东的整体利益，而不能沦为控制股东或者董事谋求个人利益制度化的手段。所以这就衍生了一条公司章程的司法适用标准，即"目的性标准"。第二，意思表示的集合性，即决议行为与章程行为最终形成的意思表示乃是其成员意思表示的集合体，并独立于单个成员的个人意思表示。换言之，决议行为与章程行为适用的是意思民主规则而非合意规则[3]，民主一般意味着成员意思表示的多数决

---

[1] 孙中山：《孙中山选集》，人民出版社1956年版，第385页。
[2] 陈醇：《商法原理重述》，法律出版社2010年版，第129页。
[3] 尽管公司之初始章程是在股东或发起人一致同意的基础上制定的，但是笔者认为相对于初始章程而言，后续章程更具有代表性意义，我们甚至可以说初始章程的一致同意机制仅仅是一种例外情形而已。

定，少数成员的意思表示为多数成员的意思表示所吸收。在民主规则的意思表决机制下，"团体的制度根据多数派的意思设定，团体的行为体现多数派的利益"[①]。这就容易引发两个问题，一个是多数派的暴政，解决这个问题需要设置严格的程序性标准；另一个是即便遵循了严格的程序性要求，意思表示的多数决也经常意味着对少数派利益的不公，所以即需要存在一个"公平性标准"。第三，严格的程序性，如前所述，严格的程序性要求在很大程度上是由决议行为与章程行为意思表示的集合性所决定的。意思表示的多数决机制，容易沦为多数派暴政的制度手段，为了克服这种机制性弊端就必须设置严格的程序性要求，以保障少数派成员的利益诉求能够在团体的意思表示中被公正地对待。所以，严格的程序性要求本身意味着需要设置严格的"程序性标准"。第四，约束力的扩展性，它意味着决议行为或章程行为的效力不仅仅涉及直接参与者，还会对其他主体产生不同程度的拘束力。就公司章程而言，制定与修改章程的主体在严格意义上说来仅限于发起人与股东。但是，公司章程却对公司的所有成员包括股东、董事、监事与员工等都产生约束力，甚至在特定情况下还会对特定的第三人产生对抗效力。对于公司成员之外的主体而言，其权益会受到章程行为的影响，但是却不存在一个表达其诉求的制度性渠道，这就可能引发不同主体间权益失衡的问题。尽管法官可以直接从既有的立法框架之内，找到诸多的平衡不同主体间权益的法律规则，不可否认的是，仍旧存在着诸多空白地带，在没有规则或规则规定不明等存在法律适用障碍的情况下，法官即应采取利益衡量方法，对纠纷主体之间涉及的"当事人具体利益、群体利益、制度利益与社会公共利益"[②]进行估量，并在此基础之上作出一个更加公正的裁判结果。并且，即使是对于决议行为

---

① 蔡立东：《公司自治论》，北京大学出版社 2006 年版，第 168 页。
② 参见梁上上：《利益衡量论》，法律出版社 2013 年版，第 78—79 页。

或章程行为的实施成员而言，他们彼此之间的权益分配亦并非总是处在一种非常明晰的状态，亦不是总能在既有的法律规则中轻松地找到裁判规范，所以"利益衡量标准"对决议行为或章程行为成员之间的权益平衡仍旧具有很大的适用空间。

最后，需要说明的一点是，任何法律行为包括章程行为都不能违反国家法律、行政法规的强制性规定，亦都不能触犯善良风俗与社会公德。因此，笔者在下文中所构建的公司章程效力认定的四个标准其实是法律、行政法规的强制性规定、善良风俗、社会公德这些裁量标准之外的针对章程行为效力认定的具体性标准，二者之间是一种互为补充的存在关系。如若某公司章程严重违反法律的强制性规定，则法官可直接依据该强制性规定否定其效力，而无须借助笔者所提出的四个裁量标准。比如：

> 某有限责任公司有六名股东，某日六名股东召开股东大会，对公司章程进行修改，增加一条内容：公司每个月向每位股东发放1000元生活补贴。该章程修改决议获得全体股东一致同意通过。

此案例中的章程条款是否有效，即没有必要采用笔者所提出的四个效力认定标准。因为，尽管该决议形式上、程序上都合法，但是生活补贴并不属于股东应当获得的红利，该公司章程中的生活补贴发放条款实际上是股东以合法形式掩盖其非法目的，即以生活补贴之名行侵蚀公司资产之实，违反的是公司法上的强制性规定，当属无效。

第一节　公司章程效力认定的"目的性标准"

所谓目的性标准，即在"涉章案件"的司法裁判中，当涉及公司章程具体条款是否有效的问题时，法官所适用的考察该章程条款之形成是否具有提升公司之整体福利的目的动机的一种司法裁判标准。如前文所述，章程行为作为一种决议行为，具有成员目标指向的一致性特点，这意味着章程行为即公司章程的制定与修改，均应体现公司的目标或者说发起人、股东的共同目标，换言之，章程行为必须具有共益性动机。

一、适用"目的性标准"之因由

奥尔森教授指出："在一个组织中个人利益与共同利益相结合的情况与竞争市场类似。"[1] 然而，正如完全充分竞争的市场在现实中从未真正存在过一样，公司中成员的个人利益与共同利益也经常处在一种需要被调和的状态。奥尔森教授继续指出："如果一个集团中的所有个人在实现了集团目标后都能获利，由此也不能推出他们会采取行动以实现那一目标，即使他们都是有理性的和寻求自我利益的。实际上，除非一个集团中人数很少，或者除非存在强制或其他某些特殊手段以使个人按照他们的共同利益行事，有理性的、寻求自我利益的个人不会采取行动以实现他们共同的或集团的利益。"[2] 奥尔森教授的观点尽管可能会令集体主义者感到悲观，却真真切切地道出了集体行动的利益调和困境。

张维迎教授在《产权、激励与公司治理》一书中，用"囚徒困境"与"智猪博弈"的经济学分析工具分析了公司中大股东、小股东在促成公司整体利益上的不同激励动机。他得出的结论是，大股东相对于

---

[1] 曼瑟尔·奥尔森：《集体行动的逻辑》，陈郁、郭宇峰、李崇新译，格致出版社、上海三联书店、上海人民出版社2011年版，第8页。

[2] 曼瑟尔·奥尔森：《集体行动的逻辑》，陈郁、郭宇峰、李崇新译，格致出版社、上海三联书店、上海人民出版社2011年版，第2页。

小股东而言更具有经营好公司的激励性动机,小股东比大股东更具有选择"搭便车"的激励性动机,公司之剩余控制权与剩余索取权相当匹配。[1] 单纯从公司经营效率的角度而言,笔者十分赞同张维迎教授的观点。然而,公司本身还是一个利益分配组织,这意味着公平与效率一样是公司治理不可回避的根本性命题。就公司章程而言,其中一部分规则是主要指向效率性目标的,另一部分规则则主要指向分配性目标,但是从最终层面、股东权益平衡层面而言,所有的公司章程条款都最终指向一个目标——公司整体利益。公司资本多数决制度,其实即是张维迎教授所指的剩余索取权与剩余控制权相匹配的公司内部的权利配置模式。奥尔森教授所说的集体行动的难题在这种权利配置模式中依旧不能被克服。

(一)"目的性标准"可以限制多数派的"暴政"

公司章程修改决议中适用的资本多数决原则尽管从形式上实现了剩余索取权与剩余控制权的匹配,但是实际上大股东经常享有比其剩余索取权更多的剩余控制权,即大股东尤其是控制股东往往可以获得溢出性权利。比如,公司章程的修改需要以股东提案的形式向股东大会提出申请,再经董事会审查之后才可进入股东大会决议程序。各国公司法对于提案权的实施都设置了最低的持股比例要求。如根据美国《证券交易法》第14A-8之规定,提案股东的持股比例必须达到公司发行在外的不低于1%或者市值不低于2000美元的具有表决权的股票,两种标准中以其中较低者为准。[2] 我国台湾地区公司相关规定第172条规定:"持有已发行股份总数1%以上股份之股东,得以书面形式向公

---

[1] 张维迎:《产权、激励与公司治理》,经济科学出版社2005年版,第35—37页。
[2] 参见肖和保:《股东提案权制度:美国法的经验与中国法的完善》,《比较法研究》2009年第3期,第101页。

司提出股东常会提案。"① 根据我国现行《公司法》第102条的规定，股东必须单独或者合并持有公司股份3%以上才可行使提案权。大股东或者控制股东经常可以轻松地达到这个持股比例要求。尽管从理论上讲，小股东可以通过合并行使股权的方式达到上述比例要求，但是小股东的分散化以及其天生具有的对公司事务的"理性冷漠"，使提案权对其而言常常是一个"鸡肋"的角色。所以在提出议案阶段，大股东相对于小股东而言具有权利行使的成本优势。当股东提案进入董事会审查阶段，大股东的提案与小股东的提案也并非总能受到平等的对待。因为，为了保障公司的经营决策效率，防止股东提出"垃圾提案"，各国公司法一般都赋予董事会对股东提案的审查权，也即设置了股东提案排除制度。② 实践中，大股东或控制股东经常身兼董事职位或者本身是董事会的幕后控制者，所以大股东的提案更容易获得通过，小股东的提案尤其是对大股东不利的提案则可能在董事会审查阶段被淘汰出局。即使提案最终进入股东大会的表决环节，大股东或控制股东本身持股比例高，又具有征集投票权的成本优势，大股东的提案最终被股东大会通过的可能性也比小股东的提案大得多。并且，在实践中公司章程的制定尤其是修改，经常是被大股东或控制股东所主导或控制的，最终形成的章程条款也因此而经常隐藏着他们的个人目的，而非是真正为了提升公司全体股东的利益。大股东或控制股东具有小股东所不具备的信息优势、地位优势与财力优势，他们可以利用这些优势通过诱骗、胁迫、捆绑提案的方式使小股东同意在公司章程中加入某些对其有利或者对小股东不利的条款。因此，我们说在章程行为的实施中，尽管理论上股东享有的剩余控制权与其出资比例是相匹配的，但是实际上大股东或控制股东可以享有超出其出资比例的剩余控制权，这导

---

① 伍坚：《股东提案权制度若干问题研究》，《证券市场导报》2008年第5期，第16页。
② 我国2013年《公司法》并未规定股东提案排除制度，但是实践中存在董事会排除股东提案的情况。

致章程行为经常会出现偏离股东共益目标，而仅体现大股东或控制股东意志的潜在风险与现实风险。

（二）"目的性标准"可以制约少数股东的"敲竹杠"行为

上一点我们指出的是大股东或控制股东在章程行为实施中经常可以获得超出其剩余索取权的剩余控制权，以使章程更多地反映其私人利益而非股东之共同利益。然而，在公司章程的修改决议中，大股东或控制股东并非总是扮演着利益侵占者的角色，小股东亦并非总是处在值得同情的位置。相对于大股东而言，小股东更没有关心公司整体利益、服从股东共益目标的激励动机。对于小股东而言，在公司之共益性事务中保持理性的冷漠，随时做出"搭便车"的准备是经济上最优的选择；对于涉及自己切身利益的问题，小股东甚至有足够的动力置股东之共同利益于不顾。所以张维迎教授指出："为了解决投资者的搭便车问题，应当让所有权适当集中于大股东手中。"[①] 小股东在共益性问题上的理性冷漠容易导致大股东的独断专权，在自益性问题上的锱铢必较则容易对公司之整体规划与运作形成掣肘。后一个问题是本段所要分析的主要论题。应当说，在大型公司中，小股东在涉及自身利益问题上的掣肘行为往往表现得不够明显，但是在封闭公司或人数较少的有限责任公司中，此种行为经常会成为公司经营运作的人为性障碍。如将大兴教授指出："近年来的公司法改革，着重凸显了'个人的自由与权利'，无论是从公司法的制度设置上抑或是规范运作上看，股东的个体权利都受到了前所未有的重视，公司法律体系中少数股东权利急剧膨胀……原本一些作为权利救济性手段的消极诉权，被一些当事人巧妙地设计为可资利用的谈判筹码。"[②] 公司章程的制定与修改并非

---

① 张维迎：《产权、激励与公司治理》，经济科学出版社 2005 年版，前言第 3 页。
② 蒋大兴：《团结感情、私人裁决与法院行动——公司内解决纠纷之规范结构》，《法制与社会发展》2010 年第 3 期，第 55 页。

股东"举手表决"的"统计式民主"[①]如此简单，其本身包含了一个协商民主程序[②]，在这个过程中，股东之间通过彼此提议、协商、妥协再到表决，共同构成章程行为。最终形成的某项公司章程条款并非直接就是多数派的原初意思表示，而经常是股东彼此之间妥协后的意思表示。在有限责任公司中，股东人数本身不多，小股东虽然不代表多数派，但是小股东的否决权可以对大股东形成掣肘，也就是所谓"成事不足，败事有余"。并且，小股东对公司章程中共益条款的制约不仅体现在章程形成阶段，还体现在事后的诉讼纠纷阶段。如司法实践中经常发生的小股东请求法院确认公司章程的特定条款无效案件即是如此。所以，公司章程司法裁判所适用的"目的性标准"，不仅仅是为了制约大股东为私人利益操纵公司章程的制定与修改，侵害其他股东的权益的行为，还在于防止小股东为了个体利益，掣肘公司的整体利益实现。

（三）"目的性标准"可以防控公司管理层"鸠占鹊巢"

制约章程行为指向股东共益性目标的主体不只有股东，还包括董事等公司高管，对于大型的公众公司而言更是如此。大型公众公司的股权集中度非常低、股权高度分散，股东尤其是分散的小股东，在公司享有的权益实际上往往仅表现为金融性利益的分配权，而难以从实质意义上参与公司治理及公司治理规则的制定与修改。所以有学者指出："在现代巨型公司里，股东民主已经成为一个神话。"[③]"公司的发展趋势，显然已经由强调资本提供者的权益，转变为强调控制者的权力。"[④]而对于大型公众公司而言，其董事等管理层往往是公司控制权的

[①] 赵金龙：《股东民主论》，人民出版社2013年版，第11页。
[②] "统计式民主"仅仅注重的是民主的结果，而协商民主则更注重民主的过程与程序。参见赵金龙：《股东民主论》，人民出版社2013年版，第11页。
[③] 梅慎实：《现代公司治理结构规范运作论》，中国法制出版社2002年版，第321页。
[④] 阿道夫·A.伯利、加德纳·C.米恩斯：《现代公司与私有财产》，甘华鸣、罗锐韧、蔡如海译，商务印书馆2005年版，第163页。

实际掌控者。在大型公众公司的章程制定尤其是修改中，董事会扮演着重要的甚至是主导性角色，由此形成的公司章程条款因此可能反映的是管理层的利益而非是股东的共同利益。这种情况在公司章程反收购条款的设计中表现得尤为突出。众所周知，来自公司外部资本市场的并购风险是危及公司管理层职业稳定性的最大潜在因素之一，同时也是促使管理层善尽忠实义务与勤勉义务的外部制约性力量。并购风险始终如达摩克利斯之剑一样悬在管理层的头顶，经常让他们寝食难安。为了维护自己对公司的控制权和自身的职业稳定性，在公司章程中加入反收购条款成为以董事会为代表的管理层十分热衷的事情。比如在公司章程中对每次可以改选的董事数量进行限制，以使新入主公司的股东无法通过改选董事的方法夺得公司控制权。然而，此类限制股东改选董事的公司章程反收购条款无疑在一定程度上限制了股东享有的选任管理者的固有权，违背了董事对股东所负之信义义务。[①] 因此，此类公司章程条款之形成显然偏离了提升公司全体股东福利的目的动机，而沦为管理层维持其控制利益的制度化工具。

因此，从正当性角度而言，公司章程必须反映公司尤其是股东的整体利益，公司章程的修订亦必须具有提升公司之整体福利的目的动机。然而，由于人性所本来具有的自利性因素影响，实践中的公司章程并非总能反映股东的共益目标，甚至还经常沦为特定人员或群体谋求个人利益制度化的手段与工具。为了矫正公司章程与共益目标之间的偏差，法官有时候需要在司法裁判中对特定章程条款的制定与修改动机进行考察，对明显不具有共益性目的特定条款在效力上给出否定性评价。

---

① 参见伍坚：《限制董事该选数量：交错董事会的中国模式》，《证券市场导报》2007年第6期，第16—17页。

二、"目的性标准"的司法适用

伯利与米恩斯教授在《现代公司与私有财产》中指出:"行使公司修正其章程的保留权利,必须有利于公司的整体利益,并在公司各个集团之间按照他们所显示的权益,将当时情况下的利益或损失进行公平地分配。"[1] 美国《示范公司法》中亦规定:"公司章程细则之修改,还必须在总体上遵循真正为了公司利益的原则。"目的性标准不仅仅是美国公司法上的一种宣示性条款,美国各州的法院在审理公司章程纠纷,尤其是公司章程修改纠纷时,几乎都会对章程中特定条款的目的进行考量。即使是在审查标准最为宽松的特拉华州司法系统内,法官亦指出:"只要有证据表明多数股东采取的对抗少数股东的行动,主要是为了自身利益而损害少数股东利益,并且他们又未能通过公司商业实利或其他能够考虑的方式给予少数股东相应的补偿,那么这种行动就应当予以禁止。"[2] 在英国法中,法官通常以"善意为公司全体利益"为标准对公司章程进行审查。如在"Allen v. GoldReefs of West Africa Limited."一案中,英国上诉法院法官阐述到:"修改章程之权力(power)一如多数股东行使其他权力一般,必须受法律与衡平原则之拘束,盖法律准许多数股东修改之结果拘束少数股东。此一权力之行使,必须依法律所规定之方式并出自于为公司全体利益之善意(bona fide for the benefit of the company as a whole)。"[3]

客观说来,"目的性标准"本身并非是一个十分确定化的司法裁量

---

[1] 阿道夫·A. 伯利、加德纳·C. 米恩斯:《现代公司与私有财产》,甘华鸣、罗锐韧、蔡如海译,商务印书馆2005年版,第274页。

[2] 阿道夫·A. 伯利、加德纳·C. 米恩斯:《现代公司与私有财产》,甘华鸣、罗锐韧、蔡如海译,商务印书馆2005年版,第276页。

[3] 参见曾宛如:《多数股东权行使之界限——以多数股东于股东会行使表决权为观察》,载陈聪富主编:《民商法发展新议题》,清华大学出版社2012年版,第172—173页。

标准，因为大股东或管理层等公司章程行为中的主导性力量，掌握着公司内部的信息优势，他们似乎总能为某项章程条款的制定找到正当的借口。并且，公司的"章程治理"从本质上而言属于公司自治的范畴，而公司自治领域之内的问题法官显然并不适合直接介入。所以司法裁判中对公司章程适用"目的性标准"时存在两个关键点：

第一，"目的性标准"的适用具有"谦抑性"。这意味着在案件裁判中，法官不能直接以公司章程特定条款不具有共益性目的为由推翻其效力，因为法官若采取如此做法，就是不当入侵公司自治的领地。如美国威尔博佛斯大法官在"Howard Ltd. v. Ampol Petroleum Ltd."一案中指出："法院用自己的选择替代管理层真诚达成的选择，或事实上质疑管理层决定的正确性可能是错位的。将管理层决定诉至法院的价值是没有吸引力的，法官不会监视在管理层权力内真诚地达成的决定。"① 因此，在"涉章纠纷"中法官不应直接主动适用"目的性标准"对公司章程特定条款制定的目的动机进行审查，公司章程条款被假设为是为了公司整体福利之提升而制定或修改的。只有当原告股东或其他人向法院提出公司章程特定条款缺乏共益动机，是为了控制股东或者管理层的私人利益实现而制定的时候，法官才可以适用"目的性标准"进行司法介入。并且只要章程制定与修改在程序上合法、形式上平等地对待了所有股东，证明公司章程特定条款缺乏共益动机的证明责任就由原告承担。当原告提出的证据足以证明公司章程的特定条款是基于明显的私利动机而制定的时候，法官方可以依据"目的性标准"否认该公司章程条款的效力。

然而，证明责任并不是固定不变地由原告承担，中间也会发生证明责任的转换。但是证明责任的转换需要以公司章程特定条款对股东

---

① 布莱恩·R. 柴芬斯：《公司法：理论、结构和运作》，林华伟、魏旻译，法律出版社2001年版，第338页。

权利造成了不利性影响为前提,即在形式上违背了股东平等原则。也就是说,当前的公司章程特定条款已经对股东或特定股东结构的权益造成了不利影响,被告方需要证明这种不利性影响是出于增进公司整体福利的必要的成本。换言之,当公司章程特定条款对股东的权益造成不利影响时,如果被告主张这是出于促进公司整体福利的目的,则其需要证明具有必须牺牲特定股东权益的必要性。如果被告不能对这种必要性作出证明,则其需要承担不利的诉讼结果。我国台湾学者黄铭杰教授对此有经典的论述,他针对公司为整体福利之目的而差别对待不同股东的问题指出:"股东平等原则之适用,不能妨碍公司利益的达成,故而当有实现公司利益之正当事由或目的存在,且其实现必须对于特定股东予以一定的差别待遇时,倘若该差别待遇手段与目的具有合理关联,且无其他手段可资运用或该差别待遇已属最低限度之差别,而符合相当性或比例性原则时,则系争差别待遇情事可被正当化。"[①] 黄铭杰教授强调的"目的与手段之间必须具有合理的关联性",其实就是"目的性标准"的一种检验方法,也是一种证明责任的分配方法。即当公司以共益目的之名义修改公司章程以对股东差别对待时,公司须对此"差别对待"之目的及其与章程中差别条款设定之间的关联性承担证明责任。如对于公司章程中的限制董事改选数量的反收购条款的效力认定问题,其证明责任即应由被告承担。原因是公司章程中限制董事改选数量的条款影响了股东选任与解聘董事的固有权,而对股东固有权的侵犯需要由被告作出解释,证明该条款的设置是出于维护股东的整体利益而非仅仅是为了保障管理层自身的职位稳定性。这也就是美国公司法上所谓的"布拉乌斯检验标准"(The Blasius Test),即"若董事采取的行为未经股东批准同意,且该行为唯一或主

[①] 黄铭杰:《"股东"平等原则 VS "股份"平等原则——初探股东平等原则复权之必要性及可行性》,载陈聪富主编:《民商法发展新议题》,清华大学出版社 2012 年版,第 160 页。

要目的是阻碍股东表决或剥夺股东权益,则只有董事能压倒性地充分证明该行为正当,该行为才能得到支持。在布拉乌斯公司诉阿特拉斯公司(Blasius Industries, Inc. v. Atlas Corp)一案中,美国特拉华州衡平法院认为,如果董事行为是'纯粹或主要为了阻碍股东的表决',那么董事会就无权受商业判断规则的保护,除非能承担起'强制证明该行为合法的重担'"[①]。这种董事所负担的"强制证明责任"其实就将证明责任从作为原告的股东转移给了作为被告的董事。将"布拉乌斯检验标准"适用于公司章程条款效力认定的典型案件是美国特拉华州衡平法院所审理的"Chesapeake Corp. v. Shore"一案,在该案中法院推翻了目标公司为阻止敌意收购对公司章程进行的修改。在该案审理中,次席大法官认为,修改章程干预了股东的权利,法院发现该案中缺乏证据表明强制证明合法,所以在这种情况下,根据"布拉乌斯检验标准"宣布章程中的限制董事改选的条款无效。[②] 另外,会引起证明责任转移的情况还包括公司章程对特定股东的"既得权利"造成损害的情形。美国几乎所有的州法院都认为公司章程的修正案不能妨碍某些特殊的权利,但是"当有证据表明公司的商业利益(包括优先股受到影响的股票在内)需要这种变更时,大多数司法判决会批准这种修正案"[③]。

第二,"目的性标准"在通常情况下需要有其他三个标准的辅助才能成为一个具有确定性的、可操作性的标准。如前所述,由于控制股东或董事等管理层主导着公司章程的制定尤其是修改,他们相对于力量弱小的原告小股东而言,具有充分的信息优势,这使他们似乎总是可以罗织出大量的理由以证明公司章程中被诉条款的正当性。又由于

[①] 杨勤法:《公司治理的司法介入——以司法介入的限度和程序设计为中心》,北京大学出版社2008年版,第123页。

[②] 参见杨勤法:《公司治理的司法介入——以司法介入的限度和程序设计为中心》,北京大学出版社2008年版,第125—126页。

[③] 阿道夫·A.伯利、加德纳·C.米恩斯:《现代公司与私有财产》,甘华鸣、罗锐韧、蔡如海译,商务印书馆2005年版,第276页。

"目的性标准"多涉及公司的商业判断问题，法官显然难以驾驭这种专属于商人群体的"地方性知识"。所以从严格意义上而言，"目的性标准"并非一个十分确定性的司法适用标准，其更主要是发挥一种裁判原则的功能效用。因此，法官在适用"目的性标准"的时候，往往需要借助其他几个标准的辅助性适用。如当公司章程某项条款侵犯了特定股东的权益时，被告不仅需要证明这么做是基于特定的实现公司商业目的的需要，还需要公司对利益受侵害股东进行公平的利益补偿，这一般体现在异议股东评估权的保障方面。戈登教授指出："理论上讲，一个允许股东在公司进行章程修改时退出公司的规则是非常具有吸引力的，因为它实际上是为公司内部人作出的不提出减少股东财富的章程修改的承诺进行了担保。"[1] 股东评估权若可以在公司章程的修订中得到轻松实现，则异议股东会对大股东形成一种"合作压力"，倒逼他们遵循股东整体福利行事。这也就是后面将要论及的"公平性标准"的适用。再比如，如果公司章程特定条款的加入没有遵循修改章程所必需遵守的"程序性标准"，尽管其可能具有增进公司整体福利的主观动机与目的，但是这种行事方式对于公司内部民主氛围的形成与维护将会产生十分负面的影响，并且这种影响往往比具体的经济利益获得或者损失还要深远得多。另外，如戈登教授所说："对于这些规则（公司法中的程序性规则）的实质性修改都具有令人非常怀疑的动机。"[2] 不仅仅是对于章程中的程序性规则的实质性修改的主观动机值得怀疑，即使对于程序性规则的实质性违背通常也难以具有充分且正当的理由，因为民主的程序性规则对于公司治理而言是根本性的问题。另外，当公司章程中特定条款的出现切实损害了特定股东的利益，但是利益损

---

[1] 杰弗里·N.戈登：《公司法的强制性结构》，黄辉译，载王保树主编：《商事法论集》第十二卷，法律出版社 2007 年版，第 301 页。
[2] 杰弗里·N.戈登：《公司法的强制性结构》，黄辉译，载王保树主编《商事法论集》第十二卷，法律出版社 2007 年版，第 307 页。

害情况又难以找到一个公平的利益计量方法时,"利益衡量标准"也就有了适用的机会。

第二节 公司章程效力认定的"公平性标准"

公司章程效力认定的"公平性标准"是股东平等原则在公司章程问题上的具体化。具体指公司章程的制定与修改必须公平地对待全体股东,尤其是少数派股东或异议股东。章程是公司的章程或者说是全体股东共同的章程,这就暗含了章程必须公平对待每一个股东这条认知逻辑。如笔者前文所述,章程尤其是章程之修订案体现的是公司股东集合的意思表示,其中少数股东之意志为多数股东意志所吸收而不能得以体现,因此集合的意思表示结果能否公平地对待少数派股东尤其是异议股东,也就显得至关重要。

一、适用"公平性标准"之因由

(一)公司与投资者之间的合同关系隐含着对价性要求

如果说合同行为代表了一种个人主义的自由主义哲学观[①],章程行为则代表了团体主义的自由主义哲学观,股东其实需要同时拥有这两种哲学观。当一个投资者加入某一公司时,其实他与公司之间类似于订立了一份投资合同,所以投资者与公司之间的关系是一种合同关系。当投资者进入公司成为股东以后,他与公司及其他股东间的关系就成为共同法律关系。投资者与公司订立投资合同时,投资者负有履行出

---

① 参见詹姆斯·戈德雷:《现代合同理论的哲学起源》,张家勇译,法律出版社 2006 年版,第 265—284 页。

资责任的义务,而公司则负有保障投资者享有各种股东权,并公平地对待的义务,所以被公平地对待从合同关系上而言就是与投资者的出资相对的公司方的支付性对价之一,其实这也是公司法上股东所享有的各项固有权能的权利来源。所以有学者指出,股东违反出资义务应当对公司承担违约责任而非对公司之其他股东承担违约责任,因为股东彼此之间并不存在合同关系。[①]当投资者由出资人变为股东以后,如前所述,其与公司及其他股东间的关系就不再是合同关系。这个法律关系转变的关键之处在于,由合同关系变换为共同法律关系之后,单个股东的意思表示不再对公司产生直接性的约束力,甚至一般不再具有独立的法律意义,因为公司的意思表示是全体股东意思表示集合后的意思表示,而不是任何一个股东单独的意思表示。

然而,即使当投资者成为股东以后,其与公司之间的合同关系也并未消失,而是处于一种潜在的、隐性的状态。并且在特定情况下,这种合同关系会从法律层面显现出来。这种特定情形主要有两种:第一种是股东选择"用脚投票",出售自己的股票。在这种情况下股东的单个意思表示具有独立的法律意义,并且股东的意思是自治的。这就是为什么世界各国的公司法都普遍性地承认股权可以自由流动。尽管对于闭锁公司或者有限责任公司的股权流转会作出特定的限制,如其他股东享有优先购买权,但这种限制可以被视作是选择"用脚投票"的股东对公司所负担的一种契约附随义务。第二种是股东请求公司购买自己的股票以实现其评估权,而股东评估权的实现也即意味着投资者与公司之间所缔结的投资合同的解除。上述两种情形,第一种类似于投资合同的意定解除,第二种则类似于投资合同的法定解除。

对于公众公司或者上市公司而言,其股票可以在市场上自由的

---

① 参见朱慈蕴:《股东违反出资义务应向谁承担违约责任》,《北方法学》2014年第1期,第31—38页。

流通。当股东不愿意继续与公司保持合同关系时，其可以通过股票交易市场轻松地将所持有的股份转让出去，自由地解除与公司间的投资合同关系。而对于封闭公司等未公开发行股份的公司而言，股东选择"用脚投票"退出公司远不如上市公司的股东便利，因此评估权的实现对于这类公司的股东而言显得尤为重要，所以发达国家都非常重视对股东评估权实现的保障。在公司的资本多数决定机制之下，当少数股东的个人意志无法为公司所采纳、其加入公司的目的无法得到实现时，"维护股东平等的公司法必须保障少数股东的否决权——合同解除权。与单纯的'用脚投票'不同，通过行使权利退出公司，法律必须保障少数股东的利益不因此而受损失，使少数股东能够公平地解开'法锁'，摆脱其不满意的公司（团体）"[①]。就公司章程而言，它的制定须经全体发起人一致同意，也就不存在异议股东评估权的问题。但是公司章程的修订采取的是资本多数决定制，即使异议股东投了否决票，只要否决票没有构成多数，则章程中特定条款的修订一样可以通过。在这种情况下，异议股东无法决定或者改变公司行为，但是至少可以通过行使评估权的方式与公司解除合同关系。[②] 股东评估权的实现之关键点有二：一是评估权适用的范围是否广泛；二是股价支付是否公平。因此，在公司章程司法裁判中，异议股东是否能够行使评估权、获得的股票支付对价是否合理，通常可以成为影响案件裁判的重要考量因素。

另外，对于某些章程条款严重限制了股东权益，但是又未违反法律上的强制性规定时，也并非就可以直接依照"法不禁止，即为允许"的私法原则认可其效力。因为，如果这种对股东权的限制已经严重制

---

① 蔡立东：《公司自治论》，法律出版社2006年版，第181页。
② 有学者用"剩余财产分配理论"来解释股东评估权的发生机制，笔者认为该种理论与笔者的合同解除观点在学理上是殊途同归的。参见江平、方流芳主编：《新编公司法教程》，法律出版社2003年版，第89页。

约公司对作为投资者的股东的权利对价的支付,法官亦可依据公平性标准否定其效力。

(二)公司章程的集合性意思表示易引发制度性不公

从最为本质的层面上而言,公司乃是一个效率性组织,所以公司法规则的设置具有极强的效率导向性,公司章程的形成规则亦是如此。如果单纯追求绝对的公平,公司章程的制定与修改都应采取全体发起人或股东一致同意机制,但这无疑会极大地减损公司的经营运作效率,更甚而言公司根本无法做到正常经营。所以,基于效率性的考虑,章程行为采用资本多数决定机制,在这种决定机制中多数派的意思即为公司的意思,少数派的意思则被多数派的意思淹没不见。因此有德国学者指出:"基于私法自治原则,在行使领导权中,公司决议如同公司章程一样,其合法性取决于其正确性。'正确性'的标准在于票数——以全票或多数票通过的,便视为正确。"[1]然而,资本多数决原则体现的是资本的平等或者说股份的平等,而不是严格意义上的股东的平等。[2]换言之,在公司章程制定与修改的决议行为中,每股股份都是平等的,但这并不意味着大股东与小股东之间也是平等的,因为大股东在资本多数决机制中更容易获得溢出性权利。因此有学者指出:"多数统治的意义仅限于此,它只是合理的决策机制,并不能作为决策正当性的权威依据。"[3]波普尔在《开放社会及其敌人》一书中提出了一个"民主的悖论",即"如果多数人选举了一个专制的统治者,那么信奉民主制度的人是否应该服从这个独裁者的统治?如果'不服从',那

---

[1] 转引自邵万雷:《德国资合公司法律中的小股东保护》,载梁慧星主编:《民商法论丛》第十二卷,法律出版社1999年版,第456页。

[2] 钱玉林:《"资本多数决"与瑕疵股东大会决议的效力》,《中国法学》2004年第6期,第98页。

[3] 蔡立东:《公司自治论》,法律出版社2006年版,第169页。

么因这位独裁者是多数人选举出来的,'不服从'即意味着违背多数人的意志,是不民主的;如果'服从',那么就得接受独裁统治,而独裁统治有悖于多数统治原则,同样是不民主的"①。自由主义经济学家哈耶克教授也曾指出:"民主的思想,其最初的目的是要阻止一切专断的权力,但因其自身不可限制及没有限制而变成了一种证明新的专断权力为正当的理由。"②"因为多数意志的强行实施所具有的强制品格、垄断品格以及排他品格,完全撞毁了其内部的种种自我纠错的力量。"③

克服多数决定制度之弊端的首选方法,在于严格规制多数决定机制的程序性。陈醇教授甚至将正当程序原则与民主原则并列,作为现代决议行为的两大原则。④他进一步指出:"决议约束力的正当性应当来自于决议的正当程序。"⑤然而,尽管正当程序可以对多数决定机制形成有效的制约,在减少多数派暴政方面作用明显,但是仅有正当程序亦不能保障多数决定的结果就是公平的、正当的。这正如罗尔斯在《正义论》里所讲到的赌博的例子,赌徒对赌博的结果往往心悦诚服,原因在于这个活动有着严格的程序性约束。⑥但是,即使赌博活动有严格的程序性约束,赌徒对赌博的结果心悦诚服,也不能证成赌博就是正当的、合理的、合法的。所以,对于决议行为、章程行为而言,仅有正当程序的约束也是不够的。因为,多数决定或者说资本多数决这种民主机制本身就注定会产生不尽公平的结果,尤其对少数派来说是不公平的结果。比如对于一个控制股东一家独大的小公司而言,资本

---

① 卡尔·波普尔:《开放社会及其敌人》(第一卷),陆衡等译,中国社会科学出版社 1999 年版,第 112 页。
② 弗里德利希·冯·哈耶克:《自由秩序原理》,邓正来译,生活·读书·新知三联书店 1997 年版,第 130 页。
③ 宋智慧:《资本多数决:异化与回归》,中国社会科学出版社 2011 年版,第 58 页。
④ 参见陈醇:《商法原理重述》,法律出版社 2010 年版,第 131—138 页。
⑤ 陈醇:《商法原理重述》,法律出版社 2010 年版,第 137 页。
⑥ 参见约翰·罗尔斯:《正义论》,何怀宏等译,中国社会科学出版社 1988 年版,第 87 页。

多数决定几乎意味着每次都是控制股东决定，小股东几乎永远扮演服从者的角色，这就是集合性意思表示固有的制度性不公。

二、"公平性标准"的司法适用

科恩教授指出："评价民主社会任何决议规则时，必须看采用这种规则后的总的结果：1.这一规则的倾向是为各社会成员提供保护，使决定不伤害他或作出对他有利的影响；2.这一规则的倾向是便于作出决定，而且迅速地实现社会意志。"[①] 也即是说，民主社会的决议从结果上必须符合两个条件：一是权利的平等保护——公平性；二是决策的高效运作——效率性。公平性与效率性对于决议行为而言，是一个永恒的矛盾体。对于"团体民主决策的方式而言，多数决并非是唯一的选择，更为理想的是全体一致"[②]。然而，所谓的"更为理想"主要是指在公平性上更为理想，这必将减损民主决策的效率性，而多数决定则是为了节约民主的成本做出的效率性的选择，这又在一定程度上意味着，多数决定机制存在减损决策行为公平性的现实或潜在风险。资本多数决不仅是一种多数决定机制，其所体现的民主与公平更主要是资本的民主与公平，而非资本背后的股东的民主与公平，所以以"公平性标准"干预经由资本多数决所形成的决议即具有现实的必要性与合理性。

客观说来，"公平性标准"亦具有一定的模糊性缺憾，因此在司法裁判中其通常需要借助更为具体化的标准方才容易为法官所适用。对此，笔者认为"股东意思表示标准"与"股东评估权标准"是"公平性标准"的两个具体化标准。然而，上述两个标准并未涵盖"公平性

---

① 参见卡尔·科恩：《民主概论》，聂崇信、朱秀贤译，台湾商务印书馆 1990 年版，第 66 页。
② 李志刚：《公司股东大会决议问题研究——团体法的视野》，中国法制出版社 2012 年版，第 126 页。

标准"的全部适用对象,因此,在适用上述两个具体标准仍旧无法保障裁判公平的情况下,法官亦可以直接适用"公平性标准"裁决案件。

(一)"股东意思表示标准"在公司章程司法裁判中的适用

笔者在前文中曾提出,章程行为作为一种共同法律行为,其最终的意思表示是全体股东集合的意思表示,所以意思表示瑕疵理论不适用于章程行为,这也是章程行为与合同行为的最重要区分点之一。然而,意思表示瑕疵理论不能适用于章程行为,并不代表股东的意思表示瑕疵不被法律关照,而仅仅是指股东的意思表示瑕疵不会作为直接否定章程行为效力的依据或标准。

公司章程尤其章程修订案,在一般意义上而言均是通过股东表决权的行使予以制定或修订的[①],而股东表决权的行使本身就是股东对某项具体决议同意与否的一种单独的意思表示,股东的该种单独意思表示对于公司章程特定条款的效力会产生何种影响,学界存在不同观点。一种观点认为,股东对于股东大会决议的支持或者否决本身属于意思表示的一种,可以对其适用财产法上的法律行为或为其要素的意思表示的一般原则。[②]换言之,对于股东的意思表示瑕疵可以直接适用民法上的意思瑕疵理论,股东可以以自身意思表示存在瑕疵(如在被欺诈或胁迫的情况下作出的意思表示)为由向法院申请撤销公司章程中的特定条款。另一种观点认为,股东大会决议是一种集合的合同行为,单个股东的意思表示已因集合而失去其独立性,自然不得由股东中的一人或数人以其意思表示有瑕疵或错误,依照民法的规定予以撤销。[③]

前述第一种观点的症结在于,未能认识到章程行为的共同法律行

[①] 对于初始章程而言,其制定之时公司尚未成立,也就无所谓股东之表决权,但是投资者制定章程的行为所具有的共同法律行为属性是确定无疑的。

[②] 参见钱玉林:《股东大会决议瑕疵研究》,法律出版社2005年版,第218页。

[③] 参见钱玉林:《股东大会决议瑕疵研究》,法律出版社2005年版,第218页。

为本质以及章程行为这种决议行为与合同行为存在的差别。相对而言，笔者更为赞同第二种观点，因为决议行为本身就不是意思表示一致的产物，也就无法对其适用意思表示一致的意思瑕疵理论，就像我们不能用火车的承运量来衡量汽车的载货能力一样。但这并非意味着我们直接忽视章程行为中股东的意思表示之真实性，因为在公司章程之制定与修改中，确实存在着欺诈、胁迫、条件捆绑等影响股东意思表示真实性的现实情况，也即存在汤欣教授所言的有名无实的股东"同意"、有缺陷的股东"同意"、受胁迫的股东"同意"[1]，并且由于股东尤其是中小股东、弱势股东的意思表示瑕疵确实会影响公司章程中的分配性条款的公平性，如何找寻一种意思表示瑕疵理论之外的裁判标准，来裁决股东意思表示存有瑕疵的公司章程决议是问题的核心之所在。对此笔者认为应当从资本多数决这种表决机制计算法则入手。对于公司之初始章程而言，在制定的时候股东或发起人之间的信息共享比较充分，股东或发起人彼此之间的关系亦比较和睦，加之初始章程需要全体股东或发起人一致同意通过，所以公司之初始章程很少涉及股东意思表示瑕疵问题，而其主要与公司的章程修正决议有关。章程之修订是通过股东大会决议的方式作出，采取资本多数决的股东同意计算法则。[2] 换言之，对于公司章程修正案决议之通过存在一个股东同意比例的限制，明确股东意思表示瑕疵对于公司章程修正案效力的影响，也应该从该比例限制入手。第一，如果在修订公司章程的股东大会决议中，存在着对股东的普遍性欺诈、胁迫等影响股东意思表示真实性的客观事实，则股东的意思表示瑕疵可以直接对该决议的效力产生影响，该决议在效力上属于可撤销的决议。乍看之下，似乎与笔

---

[1] 参见汤欣：《论公司法的性格——强行法抑或任意法》，《中国法学》2001年第1期，第114—115页。

[2] 参见钱玉林：《"资本多数决"与瑕疵股东大会决议的效力》，《中国法学》2004年第6期，第99—100页。

者前文所坚持的意思表示瑕疵理论不能适用于公司章程存在矛盾之处，其实不然。因为，单个或数个股东的意思表示存在瑕疵并不能直接否定章程行为的效力，然而如果股东意思表示存在普遍性的瑕疵则从根本上影响到了公司的意思表示真实性，所以股东是以代表诉讼的名义而非以自己的名义请求撤销其效力。因此，此种情况下法院撤销公司章程中特定条款效力的理由在于公司意思表示瑕疵，而非股东的意思表示瑕疵。第二，如果股东的意思表示瑕疵并不是普遍性的，而仅仅是个别股东的意思表示不真实，并且并未因此影响公司的意思表示的真实性，则存在两种结果：一是如果将意思表示有瑕疵的股东所占的表决权比例扣除出去，修改公司章程的股东大会决议仍旧满足最低通过比例的要求，则原告的意思表示瑕疵不影响公司章程的效力。二是如果将意思表示有瑕疵的股东所占的表决权比例扣除之后，修改公司章程的股东大会决议不能满足最低通过比例的要求，这种情况下的股东大会决议的效力应当为何存在不同观点。一种观点认为，此时的股东大会决议应属于无效决议，另一种观点认为此时的股东大会决议效力状态为不成立。[①] 笔者认为，如果因为单个或数个股东的意思表示存在瑕疵而被判定为无效或被撤销，使股东大会决议未能满足最低的通过比例要求，则该决议在性质上应属可撤销的决议，在一定的期限内股东可向法院申请撤销其效力。该决议在股东向法院申请撤销其效力之前是有效的，公司章程中已修改的内容也是有效的。[②]

（二）"股东评估权标准"在公司章程司法裁判中的适用

公司之法人治理结构重在保护以下三类主体之利益：第一，保护公司少数派股东免受多数派股东滥用资本多数决之危害；第二，保护

[①] 参见钱玉林：《股东大会决议瑕疵研究》，法律出版社2005年版，第219—220页。
[②] 类似观点参见宋智慧：《资本多数决：异化与回归》，中国社会科学出版社2011年版，第120页。

多数派股东免受公司内部人权利滥用危害；第三，保护与公司交易第三方免受公司内部人滥用有限责任制度之危害。其中的股东评估权，也即通常所说的异议股东评估权，是旨在保护公司少数派股东免受多数派股东滥用资本多数决制度之危害的一种权利形态。[①] 所谓股东评估权，指对公司股东大会所通过的对自身利益有重大影响的决议有异议的股东，请求公司以公平价款收购其所持有的公司股份或在合理范围内给予其一定补偿的权利。股东评估权是一种股东享有的自益权、固有权、形成权与单独股东权。[②] 根据相关研究，股东评估权产生的理论基础主要有三个：第一是期望落空理论，即投资者购买某一公司的股票，一般是出于对该公司现有组织结构、经营运作及其公司特定人格的满意与期望。如果事后公司在这类重大事项上发生了投资者不认同的变更，使投资者的期望落空，投资者也就有权利选择退出公司。第二是衡平救济理论，在公司进行大宗交易或者发生重大变更时，公司的大股东能够利用资本多数决定机制扩大自己的利益而损害小股东尤其是异议股东的利益，为了平衡多数派股东与少数派股东之间的利益格局，就应当赋予少数派股东尤其是异议股东评估权。该理论是股东评估权的三个理论基础中最具说服力的一个。第三是悔改机会理论，即股东评估权的存在，可以对大股东与管理层形成一种"合作压力"，迫使他们在公司进行重大决策时能审慎对待少数派股东尤其是异议股东的利益诉求，善尽其信义义务。[③] 应当说，该理论在股东评估权产生的三个理论基础中是最具有建设性的一个，将股东评估权所具有的事前预防功能与事后救济功能结合在了一起。

[①] 参见魏磊杰：《论美国公司法中的异议股东评估权制度》，《研究生法学》2006年第3期，第56页。

[②] 参见高永深：《论异议股东股份回购请求权》，《河北法学》2008年第4期，第88—89页。

[③] 参见魏磊杰：《论美国公司法中的异议股东评估权制度》，《研究生法学》2006年第3期，第58—59页。

基于如上所述的股东评估权产生的理论基础及其所具有的公司治理功能，该权利成为世界各国公司法普遍认可的股东权利之一。对于股东评估权得以行使的具体情形的规定是股东评估权的核心性内容。考察世界各国公司法对于股东评估权适用情形的规定，主要存在以下两种立法体例：第一种是宽泛主义立法体例，在这种立法体例下股东评估权适用的范围非常广泛。最典型的就是美国《标准商事公司法》，该法第 13.02 节（a）款规定了股东可以行使评估权的八种情形，包括：公司合并、分立、处置重大资产、公司章程细则的修改等情形。[①]第二种是偏狭主义立法体例，这种立法体例下股东评估权行使的范围非常狭窄，一般仅能在公司的合并、联合或分立几种情况下行使，美国俄亥俄州公司法即属于此种立法体例。[②] 从各国公司法中股东评估权的发展严谨趋势来看，股东评估权的适用范围逐渐扩大是大势所趋。我国现行《公司法》第 74 条和第 142 条第 4 项对有限责任公司与股份有限责任公司股东评估权的适用情形分别作出了规定。[③] 具体而言，有限责任公司股东评估权的适用情形主要涉及利润分配，公司合并、分立或转让主要财产，公司经营存续期间变更三类事宜。股份有限责任股东评估权则仅适用于股东对公司股东大会作出的公司合并、分立决议持有异议此一种情况。总体而言，就股东评估权适用的情形而言，我国现行《公司法》属于上述的偏狭主义立法体例。

将宽泛主义立法体例与偏狭主义立法体例对比之后，我们发现宽泛主义立法体例普遍将公司章程修改决议纳入股东评估权适用情形之中，而偏狭主义则不然，如我国《公司法》就既没有将公司章程修改决议纳入股东评估权行使范围，也没有将股东评估权的适用范围的补充性规定权赋予公司章程。笔者认为，偏狭主义立法体例之所以未将

[①] 参见沈四宝编译：《最新美国标准公司法》，法律出版社 2006 年版，第 184—185 页。
[②] 参见 Ohio Corp § 1701.84。
[③] 参见 2013 年《公司法》第 74、142 条。

公司章程修改决议纳入股东评估权适用情形之内，可能是基于以下考虑：第一，股东评估权行使范围的扩大化容易诱发股东抽逃出资，不利于公司之资本维持与债权人利益保护；第二，公司章程修改决议一般涉及的是公司的长期治理问题，不像公司合并、分立、出售重大资产这些事情一样具有紧迫性。笔者认为，上述第一种考虑因素犯了因噎废食的错误，因为我们不能因为股东评估权的行使存在危及公司资本安全的潜在风险就将股东享有的这种固有权压缩在狭小的范围之内，就像我们不能因为开车有风险就拒绝颁发驾照一样。第二种考虑因素则没有认识到公司章程对于公司治理具有的举足轻重的重要性。尽管公司章程涉及的问题普遍是长期性治理问题，对于章程规则改变后的效果有待时间的检验，一般不会在短期内显现出来，更不会引起即时性的重大影响。然而，改变公司长期性治理规则的影响往往是长远而深刻的，对股东等利益主体的利益影响亦是如此，因为制度性影响往往是潜移默化的，可以渗入整个公司治理结构的骨髓。① 所以，笔者认为，将公司章程修改决议纳入股东评估权的适用范围之内，并允许公司通过章程自主补充规定股东评估权的其他适用情形，乃是股东评估权未来的发展趋向。

尽管我国现行《公司法》没有将公司章程修改决议纳入股东评估权的适用情形之内，也没有明确允许公司章程对《公司法》中的股东评估权适用情形作补充性规定，但是在公司章程司法裁判中，"股东评估权标准"仍旧可以作为一条重要的司法裁判标准。

其一，现行《公司法》没有明确允许公司章程自主扩充股东评估权的适用范围，并不意味着就禁止公司章程如此做，这是由"法不禁

---

① 有学者指出："我国的公司都具备形式上的公司章程，但实质意义上的公司章程却并未浮出水面，公司章程没有能够发挥应有的功用。"董慧凝：《公司章程自由及其法律限制》，法律出版社2007年版，导言，第4页。利用公司章程扩充股东评估权的适用范围本身就是公司章程具有的治理功能的发挥途径之一，然而此种功能显然没有得到立法者的重视。

止则为允许"的私法要义决定的,因为"私法是禁止错误行为的领地,而非是不作为背景下增进特定实质性目的的实证命令"[①]。或许读者会认为,公司资本维持原则是公司法上的强制性规定,公司不得违反。公司通过章程扩充股东评估权的适用范围的行为有危及公司资本制度的风险,故应当被禁止。然而,即便是最一般的公司经营活动也可能因为失败而减损公司资本,但是我们不能因为公司的正常经营行为具有侵损公司资本的风险而禁止它,那我们又怎能因为股东评估权的行使也存在这种风险就禁止它或者限缩它呢。因此笔者认为,如果实践中公司章程规定了对章程特定条款的修改决议持有异议的股东可以行使其评估权,只要该规定不是在故意抽逃公司资本,则股东评估权实现状况与公司章程中与评估权绑定条款的效力具有联动性,如果公司没有兑现或者没有公平、合理地兑现这种承诺,则公司章程中绑定条款的效力也会受到影响,笔者认为此种条款在效力上是可撤销的。

其二,现行《公司法》本身虽未将公司章程修改决议纳入股东评估权的适用范围之内,但是其中第 74 条关于有限责任公司股东评估权的规定本身亦会涉及公司章程的司法适用。第 74 条规定:"公司连续五年不向股东分配利润,而公司该五年连续盈利,并且符合本法规定的分配利润条件的","对股东会该项决议投反对票的股东可以请求公司按照合理的价格收购其股权"。此项规定是股东评估权适用的情形之一。按照现行《公司法》的规定及其精神,利润分配问题乃是公司自治范围之内的事情,公司可以在章程中就利润分配问题在法律的许可范围之内作自主性规定。实践中,这就容易产生公司章程中的利润分配条款与股东评估权规定相冲突的问题,法官即会面临一个到底是尊重公司章程自治还是保护股东评估权这种固有权的两难选择。[②] 对此,

---

[①] 欧内斯特·J. 温里布:《私法的理念》,徐爱国译,北京大学出版社 2007 年版,第 220 页。
[②] 其实公司自治是公司的固有权,股东评估权也是股东的固有权,两种权利都属于私权范畴,无所谓权利优位的问题,当两种权利发生对冲时,利益衡量方法具有很大的适用空间。

笔者认为法官在公司自治与股东权保护二者之间不可偏废其一。法官需要同时考察公司章程中的利润分配条款制定时公司的基础意思表示、原告股东在当时对该章程决议所持有的态度与信息掌握充分性，以及事后公司治理环境的变化等多种因素。在权衡公司自治与股东权保护二者的基础之上求取一个平衡点。

其三，还存在一种情形，即公司章程本身没有在现行《公司法》规定之外扩充股东评估权的适用范围，但是对公司章程修改决议持有异议的股东向法院诉请要求公司购买其股份的情况。

> 如某A有限责任公司共有五名自然人股东分别是甲、乙、丙、丁、戊，各持有公司股份的比例为30%、30%、20%、10%、10%。某日公司召开股东会并对公司章程进行修改，具体修改内容为增加一条规定：公司每四个会计年度向股东分配一次红利，甲、乙、丙、丁四位股东同意该决议，最终该公司章程修改决议获得通过。戊股东认为公司章程中的该新增条款使其靠公司经营利润维持生活的期望落空，请求公司收购其股份，但是未获得公司同意。于是，戊股东请求法院判令公司收购其股份。

上述案例存在以下两个理论要点：第一，利润分配问题是公司自治范畴之内的事情，法院一般无权干预。① 第二，公司章程规定公司四个会计年度分配利润，也不属于现行《公司法》第74条规定的股东评估权行使的情形之列。对此案件，笔者认为法院的裁判思路应当如此：首先，虽然利润分配问题属公司自治范畴之内事宜，然而戊

---

① 蒋大兴教授针对司法实践中法院超越公司股东大会决议程序，干预公司利润分配的现象，他指出，这种裁判思路至少会造成两个问题：一是对"公司自治"造成伤害；二是对大股东权利造成伤害。参见蒋大兴：《公司法的观念与解释·Ⅰ，法律哲学＆碎片思维》，法律出版社2009年版，第139—140页。

股东并未请求法院判令该公司章程条款无效，而是请求公司回购其股份，所以司法干预并不是对公司利润分配这种公司自治事宜的干预。其次，尽管现行《公司法》并未将公司章程修订决议纳入股东评估权的适用情形之内，但是对于特定的章程修改决议，可以通过类推适用的方式实现对少数股东权利的救济与利益保护。在前文，笔者阐述了股东评估权赖以产生的三个主要基础理论，这三个理论亦可以被视为是股东评估权的正当性依据与行权条件。对于公司章程中特定条款的修订决议，法官可以对作为原告的异议股东的请求进行考量，检验其是否符合股东评估权的三个行权条件。如果切实符合，则法官即可以对其类推适用现行《公司法》中的股东评估权规定，以保障其权利得到公平地对待。

（三）"公平性标准"在公司章程司法裁判中的直接性适用

在公司章程司法裁判中，还存在这样一种情形，即原告股东之意思表示不存在瑕疵，章程之制定与修改程序均合法、原告股东亦未选择行使其评估权，而是直接以公司章程特定条款显失公平为由向法院起诉，请求法院撤销该条款的效力。在这种情况下，前述的"股东评估权标准"与"股东意思表示标准"均没有了适用的空间与余地，此时即需要法官直接适用"公平性标准"予以裁决。

亚里士多德曾说："公正就是平等，不公正就是不平等。"[①]股东平等原则作为公司法上的一项基本原则，其内涵即是指"在基于股东资格而发生的公司与股东及股东与股东之间的法律关系中，所有股东都按照其所持股份的性质、内容和数额享受平等待遇，并且免受不合理的不平等待遇"[②]。如笔者前文所述，公司章程作为公司内部的团体规

---

① 宋智慧：《资本多数决：异化与回归》，中国社会科学出版社2011年版，第59页。
② 刘俊海：《股份有限公司股东权的保护》，法律出版社2004年版，第100页。

则，其制定与修改均须以公司之整体福利为目标指向。而这其中还包含着另一层含义，即公司章程是全体股东共同的章程，其必须公平地对待每一个股东。换言之，公平乃是章程行为中作为法律行为主体的公司所必需具有的意思表示要素，如果这个要素在章程行为中严重地缺失，则章程行为的效力也会因此而受到影响。因此，"显失公平"本身就是章程行为的一种司法裁判标准。然而，在司法裁判中如何界定"显失公平"却是一个比较复杂的问题。因为，章程行为是团体行为，尽管在理论上要保障公平地对待每一个股东，但是从实践层面而言，即使是最为合理的、完善的公司章程也不可能做到理想上的绝对公平，也总会有股东认为公司章程中的某项内容对其而言是不公的。公司章程修正案之所以采用资本多数决而不是采取全体股东一致同意的方式决议，也是为了避免股东彼此之间陷入无休止的"议价"纠葛之中。如 1908 年德国莱比锡法院在著名的西贝尔尼亚（Hibernia）一案中指出："控制股东影响下的股东大会就公司问题所做的决议，即使给小股东造成了不合理的经济损失，仍对小股东产生拘束力。"[①] 换言之，即使资本多数决的结果对某个小股东而言不够公平，这也不足以影响决议的效力。

对于何谓"显失公平"，民法学界存在着"一要件说"与"二要件说"两种学说。"一要件说"也就是"客观要件说"，此说主张将"趁人之危"与"显失公平"区分开来，"显失公平"仅指行为的内容依行为成立或者效力实现时的一般情势衡量，而不考虑行为人的主观认知情况，明显地有失公允。"二要件说"也即"主客观统一说"，该说认为"显失公平"必须在客观上造成当事人利益的严重失衡；在主观上存在利用自身的优势或者对方的轻率、无经验的故意。[②] 如有学者

[①] 宋智慧：《资本多数决：异化与回归》，中国社会科学出版社 2011 年版，第 41 页。
[②] 曾大鹏：《论显失公平的构成要件及体系确定》，《法学》2011 年第 3 期，第 134 页。

将"显失公平"的法律行为定义为,"在双务有偿的法律行为中,一方当事人利用自己的优势或对方经验不足,实施行为后果对另一方当事人明显不利的法律行为"①。对于显失公平法律行为的该种定义即秉持了"二要件说"的学术立场。

笔者认为,对于章程行为而言,"显失公平"的"一要件说"更具有适用性。因为"二要件说"中包含当事人的主观心理要素考察,而章程行为并不适用意思瑕疵理论,所以"一要件说"只考量行为结果的界定方式更适合于章程行为是否存在"显失公平"的司法认定。具体而言,公司章程的"显失公平"主要包括两种情况:

第一种情况是公司章程严重地限制了股东的固有权,导致股东根本无法行使或者几乎无法行使这类权利。按照现代公司法理论,股东享有的固有权尽管不能被剥夺,但是可以被限制,当今世界主要国家的公司法亦普遍认可公司对股东固有权适度的限制性规定之效力。②然而,对于股东固有权的限制性规定不能致使股东根本无法行使或者几乎无法行使该类权利,因为如此的限制无异于对股东固有权的直接性剥夺。对此,我国台湾桃园地方法院审理的一起股东向法院起诉,请求确认公司章程无效案件的裁判思路即是如此,该案件具体案情如下③:

> 甲公司有A、B、C、D、E、F六位股东,共计发行股份50万股。其中A股东担任公司董事长,持股约为39%;B股东担任公司经理,持股约占26%;C股东为A股东姐夫,D股东为B股东配偶,A、B、C、D合计持股占公司已发行股份总数的

---

① 王卫国主编:《民法》,中国政法大学出版社2007年版,第129页。
② 参见罗培新:《抑制股权转让代理成本的法律构造》,《中国社会科学》,2013年第7期,第138页。
③ 参见曾宛如:《多数股东权行使之界限——以多数股东于股东会行使表决权为观察》,载陈聪富主编:《民商法发展新议题》,清华大学出版社2012年版,第163—169页。

71.48%。E 股东持股约为 26%，F 股东为 E 股东配偶，E、F 合计持股 28.52%。A、B、C、D 四位股东在公司内部结成了利益共同体，E、F 二位股东则处于弱势地位。2004 年甲公司召开股东大会，修订公司章程。修改后的公司章程中的利润分配条款，将原章程规定的利润分配比例：股东 99%、员工 1%，变更为：股东 0.5%、员工 99.5%。其中，利润再分配比例如下：协理（含）级以上 99%、协理级以下 1%、董事与监察人为零。E 与 F 股东对该修正案投了反对票，A、B、C、D 四名股东投了赞成票，该修正案获得通过。该章程修订案获得通过时，A 股东担任公司董事长兼总经理（六名股东中唯一一名协理级别以上人员），B 股东担任公司经理一职，E 股东在股东会召开前已经辞去公司经理职务。事后，E、F 两位股东向法院提起诉讼，请求法院确认公司股东会通过的章程修改决议无效。起诉理由主要有三点：第一，公司修改章程的目的并非是为了增加全体股东之福祉，而是意在将原告股东本来可以获得的 100 多万元的利润数额缩减为仅仅几万元；第二，如果该决议有效，则甲公司 99% 的盈余归属于仅持股 39.6% 的 A 股东一人独占；第三，台湾证券主管机关对于上市公司员工分红比例有限制之议，可见，不合理的利润分配比例实际与公司法的核心价值相背离。

尽管该章程修正决议程序合法、股东意思表示真实，然而该案的主审法官指出："虽然在公司自治的合理范围内，可以将盈余保留而限制或暂停分派公司之经营利润，而若是完全限制或者剥夺了股东获得公司经营利润的可能性，不仅侵害了股东依法所享有的利润分配请求权这样的固有权，并违背了宪法对于股东利润分配请求权的财产权保护规定。同时可能导致公司法以获取红利为诱因，激励投资者将资金注入公司、激发市场交易与竞争活力的立法目的难以实现，而与现代公司法所欲建立的市场经济秩序严重背离。"[1]最终法院认定该章程修正决议无效，被告上诉至台湾高等法院，而高等法院亦认定该决议无效，且主要依据与初审法院相似。从法官的裁判说明中我们可知，该章程修正决议严重限制了股东利润分配请求权这种固有权的实现，乃是导致其无效的关键性因素。尽管法官并未阐明其适用的是公司章程司法裁判的"公平性标准"，但是从法理层面而言二者一脉相承。

就我国当前的公司章程司法裁判实践而言，法官亦可以直接适用"公平性标准"否定严重限制股东之固有权实现的章程条款的法律效力。如笔者在前文中多次提及的现行《公司法》第71条关于有限责任公司股权转让的规定。该规定包含对股权自由转让的限制，即其他股东同意机制与其他股东的优先购买权。同时，该条最后一款的"公司章程对股权转让另有规定的，从其规定"的内容设置直接将第71条在性质上转换为公司法上的补充性规范。这意味着公司可以在章程中对股权的自由转让作更严于第71条的限制，第71条也因此成为实践中有限责任公司维护其人合性的制度性保障之一。然而实践中有的公司直接在章程中作禁止股权转让的规定，有些公司则规定股权转让须经全体股东一致同意，这些类似禁止或者变相禁止股权转让的规定显然严重地限制了股东固有权，对于股东而言是明显的"显失公平"。因此，股东可以以公司章程此类规定"显失公平"为由请求法院撤销其效力。

第二种情况是公司章程对于特定股东群体的区别性歧视对待。禁止对特定股东进行歧视性对待，是各国公司法的普遍性立法、司法态度。如《英国2006年公司法》第994条即因此立法目的而被称之为"不公平歧视"条款。该条款的大意如下：公司股东可以通过申请的方式向法院提起诉讼请求，理由可以是公司采取的某种经营方式不公正

---

[1] 曾宛如:《多数股东权行使之界限——以多数股东于股东会行使表决权为观察》，载陈聪富主编:《民商法发展新议题》，清华大学出版社2012年版，第166页。

地歧视了公司内部多数派或者少数派成员的利益,也可以是非常极端的不公平歧视状态的已经发生,或者能够预见其将会发生的公司的作为或者不作为。① 这意味着,在英国,若公司通过章程或者股东协议对公司特定股东群体的利益进行区别性歧视对待,股东可以依据第994条向法院提起诉讼,推翻其效力。随着全球资本市场的纵深化发展,股东的利益结构越来越具有朝"异质化方向演进的趋势"。② 股东彼此之间利益诉求的分化更加丰富了股权平等原则的内涵③,股东平等原则的价值蕴含已经大大超出了在股东之间同等情况同等对待的理念外延,还需要区分股东之间的不同利益诉求进行区别对待,并肩负平衡不同类别股东之间日趋"异质化"的利益天平的功能。随着公司章程在公司治理中的作用日益凸显,其亦肩负平衡不同类别股东之间的利益与权利诉求的功能,公司章程也因此经常成为不同类别股东之间展开制度谈判的"角斗场"。然而,我国当下的公司法及公司章程的规则之设计几乎完全是以股东"同质化"的利益结构假设为前提制定的,在实践中也就将不可避免地会发生特殊股东群体的利益在公司章程规则的制定与修改中不被考虑、不被公平对待的情况。④ 所以,笔者认为将"显失公平"标准适用于特殊股东群体的保护十分必要,即当特殊股东群体的利益被公司章程特定条款严重制约或侵犯时,该类股东群体可以直接以公司章程条款"显失公平"为由请求法院撤销其效力。在司法裁判环节中,公司是否充分考虑了特定股东群体的特殊利益,是否

---

① 参见周天舒:《论英国"不公平歧视"条款的司法实践及其对中国的启示》,《法律适用》2012年第12期,第94页。
② 参见汪青松、赵万一:《股份公司内部权力配置的结构性变革——以股东"同质化"假定到"异质化"现实的演进为视角》,《现代法学》2011年第3期,第32—42页。
③ 参见朱慈蕴、沈朝辉:《类别股与中国公司法的演进》,《中国社会科学》2013年第9期,第153—154页。
④ 2013年11月30日国务院下发了《国务院关于开展优先股试点的指导意见》,标志着我国优先股改革的正式启动,可以预见在未来的公司治理中,如何平衡普通股股东与类别股股东之间的权益,将是一个影响公司治理结构进一步完善的关键性命题。

经过该特定股东群体的单独表决，以及是否存在压迫行为等，都可以成为法官考量案件的重要因素。从公司法的发展演变史来看，一般认为公司法起源于作为衡平法的合伙企业法，这意味着公司法的血管中流淌着衡平法的血液，衡平法的精神贯穿于公司法的周身经络之中。而"衡平法作为一个独立法域，它的传统角色就是制约那些在特定关系中被认定为违背善意的严格法律权利"[①]。因此，我们可以说衡平法的平等、公平价值理念应当是法官审理公司治理纠纷时，必须时刻谨记的一条"教义"，裁判"涉章纠纷"时亦是如此。

第三节 公司章程效力认定的"程序性标准"

对于程序的严苛要求是团体法上之行为与个人法上之行为之间最为关键的区分点之一。公司章程司法裁判的"程序性标准"，即在"涉章案件"尤其是公司章程效力认定案件中，公司章程中特定条款的形成是否严格遵循了法定的决议程序性要求，会对该条款的效力产生直接影响。

一、适用"程序性标准"之因由

日本学者谷口安平教授在《程序的正义与诉讼》一书中指出："自亚里士多德伊始，通过一定程序、过程最终达致了怎样的结果才是正义的内在逻辑。学者们在讨论如'给每个人仅属于他的东西'或'同等情况同等对待'等命题时，往往对通过何种程序、方式来给人们属

[①] 周天舒：《论英国"不公平歧视"条款的司法实践及其对中国的启示》，《法律适用》2012年第12期，第95页。

于他的或同等的东西并不感兴趣。似乎只要结果是每个人得到了他应该获得的或在同等条件下的人们获得了一样的对待，即是做到了正义。对正义这种理解，我们可以称之为'实体的正义'甚或'实质的正义'（substantive justice）。换言之，这样的观点意味着只要结果公正，无论过程、程序或者方法怎样都不重要。实际上，我们总是有意或者无意地受到这种认知方式的影响。"① 可见，法律对于程序的忽视有着根深蒂固的历史渊源。即使在程序所具有的超越工具理性的自在价值已经广为学界认可的今天，程序仍旧主要是程序法与公法的构成要素，在私法领域，程序的价值并未被真正地发掘与重视。② 如民法作为最为重要的私法范畴，其调整的对象主要是行为与事件，却不包含程序。并且，民事法律行为也偏重于当事人意思自治的考察，而忽略对行为的程序性规制。现代民法尤其是大陆法系国家的民法主要承袭资产阶级大革命之后的《法国民法典》与《德国民法典》。根据陈醇教授的研究，《法国民法典》《德国民法典》等近代民族国家建立之后所制定的民法典都是由皇帝、皇权所主导制定的。皇权对于民事权利的集中有着天然的排斥情绪，所以上述几部重要的民法典中都没有关于民事权利集中的理论与制度。③ 加之近代资产阶级启蒙思想家所宣扬的私权神圣观念之影响，市民社会阶层不仅仅排斥来自于国家层面的对于其私权的干预，甚至还反感私人团体对于个体权利的约束，种种因素杂糅在一起共同形塑了近现代民法的个人主义精神特质。民法的个人主义最为突出的表现就是秉重个人之意思自治，当事人之意思表示的真实性是法律行为的核心，意思表示的真实与虚假本身即是无关程式的，也

---

① 谷口安平：《程序的正义与诉讼》，王亚新、刘荣军译，中国政法大学出版社 2002 年版，第 1 页。
② 参见陈醇：《私法程序理论的法理学意义》，《法制与社会发展》2006 年第 6 期，第 67—68 页。
③ 参见陈醇：《商法原理重述》，法律出版社 2010 年版，第 306—308 页。

就无所谓程序性要求。然而"民法中的个人主义忽视了权利的整体性、民法理论忽视了对商法理论（如公司法中的三权分立）的总结等等"①。尽管从本质属性而言，公司法仍旧属于私法范畴，但是公司法与合同法这种纯粹意义上的私法的不同之处在于，公司法具有一定程度上的公法属性，也就是具有私法公法化的倾向。公司法公法化的一大表现即是秉重程序性规制，程序与权利一样成为形构公司法规则的重要要素。公司章程行为，作为公司法上之行为，其效力之考察亦同公司法一样，秉重程序性考察，具体而言原因有以下几点：

（一）程序性规则发挥着矫正集合性意思表示偏差的功能

如前文所述，章程行为尤其是修改章程的决议行为的一大特征是股东意思表示的集合性，单个股东的意思表示为公司的整体意思表示所吸收而不具有独立的法律意义。换言之，在章程行为中不是每一个股东的意志都可以被公司接受与采纳，最终公司所采纳的仅仅是多数派股东的意志。可以想见，如果不对章程行为设置一定的程序性标准，公司章程的制定与修改决议无疑会沦为"一个由指挥者演出的，然而观众又非常少的短剧"②，最终形成的公司的意思表示也可能仅仅是大股东或者管理层的个人意思表示。

其一，程序性规则有利于减少信息不对称、增强股东意思表示的真实客观性。多数派的意思表示并非是初始存在且延续不变的，股东的集合性意思表示是经历了股东彼此间的意见交换过程之后产出的结果。章程行为等共同法律行为与合同行为的区别之一是，合同行为强调的是行为的结果，而共同法律行为则是过程与结果并重，没有过程的结果是不完全的或者说有瑕疵的结果。这是因为，在章程行为等共

---

① 陈醇：《商法原理重述》，法律出版社2010年版，第307页。
② 梅慎实：《现代公司法人治理结构规范运作论》，中国法制出版社2002年版，第320页。

同法律行为中，股东支持或者反对某项决议的个人意思表示一般不是初始之时就已明确的，也并非是持续不变的。过程或程序对于章程行为的意义在于，使每个股东充分地获得关于决议事项的所有信息，并通过通知、说明、解释、协商与论辩的过程了然决议事项的影响或意义，然后再在理性认知的基础之上将自己支持或反对的意思表示表达出来，从而尽可能保证股东的个人意思表示是真实、客观而缜密的。如某上市公司董事会向股东大会提交了修改公司章程中的董事选举办法以实行交错董事会制度的提案，股东大会将其列入了会议的决议事项之内。股东并非直接在股东大会中对该决议进行表决，然后根据支持比例决定该决议是否能够获得通过，因为股东或许并不知悉交错董事会的功能是什么、目的是什么、是否会对其利益产生有利的或者不利的影响，等等。所以，提案人应当对提案的目的、意义等情况作真实而客观的说明，使股东获得充分的据以决策的信息，并需要应股东的要求作进一步解释与澄清。股东彼此之间也要就该决议进行尽可能充分的讨论，然后形成一定的共识，最后再进入表决程序，决定该决议是否能够获得通过。客观来说，可能会有一部分股东对于交错董事会制度这类公司章程反收购条款比较熟悉，可以直接知道自己应该支持还是反对。但是，大多数股东尤其是对于上市公司的分散股东而言，他们一般不具备就此事项直接形成理性判断的能力，而程序或者说决议程序的设置就是为了要保障这类股东获得尽可能充分的、正确的信息，并在此基础上作出自己的理性的判断，也就是张千帆教授所说的，"通过自由和充分的辩论形成一个知情的多数意见"[①]。

其二，程序性规则可以使少数派的意见得到表达，增强章程行为的公平性。"资本多数决肇始于公司治理对于正义、平等、民主的价

---

① 参见亨利·罗伯特：《罗伯特议事规则》（第十版），袁天鹏、孙涤译，格致出版社、上海人民出版社2008年版，中文版序二，第1页。

值诉求，而在实践中却又容易为强势主体所利用，以形式正义的面纱掩盖其实质不正义的内核，造成制度异化的结果。"[①] 资本多数决在公司决议行为中被异化的一大表现就是少数派的意见得不到表达，少数派的利益诉求不被重视。公司章程是作为独立法人的公司的规则或者说是公司内部人尤其是股东共同的治理规则，而不仅仅是多数派的规则。尽管，章程规则的修订是由多数人的意志所决定，但少数派的意见必须拥有得以表达的通道，少数派通过这个意见表达通道表达出来的利益诉求与治理建议，亦可能被多数人接受或采纳，甚至还有可能最终成为多数派意见，从而决定公司章程规则的形成。即使少数派的意见经常不能转换为多数派的意见，但是少数派的意见经过表达与论辩，也会对多数派的意见形成一定的影响，使最终形成的公司章程规则具有利益平衡的意味。公司章程的制定与修改必须遵循的程序性规则存在的用意之一，即是为了保障少数派的意见获得表达。如公司修改章程的提案在召开股东大会之前要及时通知股东，尤其是利益将受到直接影响的股东，以便于他们及时获得充分的信息，以决定采取何种应对举措。再比如，公司章程的修订提案需要在股东大会上进行公开讨论[②]，讨论之后才能进行表决，也就是"议是决的前置程序"[③]。通知、讨论、质询、辩论等程序性规则的设置目的之一，即是为了保障少数派股东尤其是可能的反对派股东的意见获得充分地表达，进而保障最终形成的公司章程规则的公平性。

（二）程序性规则本身是公司章程正当性的来源之一

程序性规则除了具有保障结果正义的工具理性价值之外，本身还

[①] 宋智慧：《资本多数决：异化与回归》，中国社会科学出版社2011年版，第100页。
[②] 在美国公司法上，公开讨论是股东会议的基本原则。参见所罗门、帕尔米特：《公司法》（第三版）（注译本），中国方正出版社2004年版，第128页。
[③] 陈醇：《商法原理重述》，法律出版社2010年版，第134页。

有其自身的独立价值。程序作为一种过程形态，其本身即包含了萨默斯教授所说的"过程价值"。这种"过程价值"并不体现在通过过程获得的结果是否实现了正义，而更主要体现在过程本身是否公正、平等，公正、平等的程序过程能够唤起人们对于过程本身的尊重，而不论其结果对自己是否有利。[①] 公司章程作为一种社团的"自我立法"，其自身面临着一个正当性的追问。笔者认为，公司章程的正当性，一方面来自于公司作为一个独立法人的意思自治；另一方面来源于公司章程规则的形成所遵循的严格的程序性要求。公司章程规则形成中的程序性要求折射出的正当价值主要体现在以下几个方面：

其一，程序性规则关照了股东的尊严价值。国内外学者对于程序性规则的独立价值进行了广泛而深刻的探讨，提出了诸多颇有价值的理论。在这些理论中，美国学者杰里·马修教授提出的"尊严价值理论"颇为引人注目。根据马修教授的观点，"评价法律程序正当性的主要标准是它使人的尊严获得维护的程度"[②]。尽管马修教授是在行政程序的领域内对程序正义的独立价值进行的探讨，但是笔者认为他提出的"尊严价值理论"具有一定程度上的普遍性意义。笔者曾在本书的第一章中指出，公司不仅仅是一个利益共同体，还是一个精神共同体，是股东及其他内部人的"共同的事业"。公司除了实现盈利性目标之外，本身还具有一种精神凝聚功能。我们甚至可以说，盈利性体现的仅仅是公司存在的工具理性，而精神凝聚与文化传承等形而上的东西则体现的是公司作为一个独立存在体的自我价值。股东或者说投资者也一样，尽管其加入公司的直接目的经常是获得经济利益，但不可否认，股东或投资者与公司之间存在一条隐匿着的情感纽带，现代企业经常讲的培育企业文化，其实目的之一也是增强企业内部人之间的情感凝

---

① 参见邓继好：《程序正义理论在西方的历史演进》，法律出版社2012年版，第142页。
② 陈瑞华：《程序正义的理论基础——评马修的"尊严价值理论"》，《中国法学》2000年第3期，第145页。

聚力。

一个公司增强其凝聚力的重要方式之一，就是让每一个内部人尤其是股东感受到被尊重的感觉。具体就公司章程而言，它是股东共同制定的规则并代表着股东或者说公司内部人共同的利益。所以，公司章程的制定与修改必须体现为一个共同参与、商讨、协商的过程，并且这个过程必须是强制性的。在这个过程中，尽管小股东的意见未必能够左右规则的形成，但是小股东的"主人翁"地位得到了公司的尊重，即使最终形成的章程内容未必是其所赞成的，但是其也会认为形成的规则是正当的，这就是程序的价值。

其二，程序性规则可以彰显公司章程的权威性。从某种层面而言，程序亦是一种"仪式"，而"仪式"被普遍地认为是一种"社会性的标准和重复化的象征行为"。如保罗·康纳顿教授指出，"仪式是受规则支配的象征性活动，它使参加者注意他们认为有特殊意义的思想和情感对象"[1]。因此，仪式或者说程序本身体现了一种权威性象征，这就是为什么重大的事情都要遵循一定的程序或者履行一定的仪式。[2] 以婚姻缔结行为为例，从法律层面而言，男女双方只要在民政局办理了结婚登记手续并领取了结婚证书，两人就成了法律意义上的夫妻。但是婚礼可以说是世界不同国家、民族的男男女女缔结婚姻所普遍履行的一种婚姻缔结之"程式"。这是因为婚礼这个过程本身可以给人一种"仪式感"或者说神圣感，这种感觉又进一步强化了当事人的婚姻观、家庭观的严肃性与谨慎性。

公司章程作为一种制度性文件，同由立法机关制定的法律一样，必须具有权威性。尽管制度的权威性来源是多样性的，比如制定者的

---

[1] 转引自王海洲：《政治仪式的权力策略——基于象征性理论与实践的政治学分析》，《浙江社会科学》2009年第7期，第39页。

[2] 有学者指出："仪式是关于重大性事务的形态，而不是人类社会劳动的平常形态。"参见彭兆荣：《人类学仪式研究评述》，《民族学研究》2002年第2期，第89页。

地位不同则其制定的规则的权威性也会有所差别。不可否认的是，制度或者规则是如何产生的，也即制度或规则产生的程序不同，其权威性亦会不同。章程规则形成中所渐次履行的提案、通知、讨论、表决等股东大会决议程序就类似于一种"仪式"，通过严格遵循这个"仪式"最终形成的规则必然比僭越这个"仪式"形成的规则更具有权威性，也更容易得到公司内部人的尊重。如贝勒斯教授指出："程序工具主义者关注的是裁判结果的正确性，而程序本位主义者关注的是裁判结果的可接受性。"[①]

二、"程序性标准"的司法适用

由于"团体内部成员的利益诉求具有明显的异质化倾向，不同成员往往更倾向于拥有不同的利益诉求，这意味着团体形成其整体的意思表示需要应对一个集体行动的难题，如果不能克服这个难题，则团体的意思难以形成甚至团体组织都难以维系。而为了达成团体整体的意思表示、克服集体行动的难题，团体法格外秉重程序性规则的设计。[②] 程序可以说是团体法的核心性构成要素，这决定了对团体法上之行为的规制亦格外秉重程序。

（一）公司章程规则形成中的程序性瑕疵类型

对于公司章程规则形成中的程序性瑕疵，当前既有的研究成果多是将其放置在股东大会决议程序性瑕疵的项下来讨论。[③] 如钱玉林教授

[①] 转引自邓继好：《程序正义理论在西方的历史演进》，法律出版社2012年版，第157页。
[②] 李志刚：《公司股东大会决议问题研究——团体法的视角》，中国法制出版社2012年版，第59页。
[③] 亦有学者未将程序性瑕疵作为一种独立的瑕疵类型，而将股东大会决议瑕疵分为可撤销的瑕疵与无效的瑕疵两种类型。参见石纪虎：《股东大会制度法理研究》，知识产权出版社2011年版，第262—266页。

将股东大会决议的程序性瑕疵分为会议召集瑕疵与决议方法瑕疵两大类。[1] 胡旭东博士将公司决议程序性瑕疵分为召集、通知程序瑕疵，表决方式瑕疵，决议行使瑕疵三类。[2] 亦有学者试图通过列举的方式，将公司决议的程序性瑕疵的具体情形罗列出来。我国现行《公司法》第22条第2款规定："股东会或股东大会、董事会的召集程序、表决方式违反法律、行政法规或者公司章程，或者决议内容违反公司章程的，股东可以自决议作出之日起六十日内，请求人民法院撤销。"从该款规定来看，现行《公司法》实质上将公司决议的程序性瑕疵分为了召集程序瑕疵与表决方式瑕疵两种类型，这与上述钱玉林教授的观点较为一致。然而，这种分类方法显然过于简略，如陈醇教授指出："现行《公司法》的上述规定只注意到了决议程序的一头一尾（召集与表决），而将过程忽视了。在这里表现出了一种轻视决议过程的观念。"[3] 抛开公司章程修改的决议程序不论，单纯地审视股东大会决议程序，其也并非仅仅包含会议召集程序与表决程序两个过程。如股东大会决议在召集程序与表决程序之间还包含公开讨论（或书面讨论）、质询、解释等程序，如果对于决议事项不进行讨论而直接进行表决也应属于存在程序性瑕疵。而且，对于会议——包括股东大会——而言，它真正的价值在于讨论的过程与形成共识的过程，而非仅仅在于最后形成的结果，没有进行充分交流所获得的结果也很难保证是科学的、合理的、公正的结果。对于公司章程而言，它的形成过程所遵循的决议程序又要比普通的股东大会决议程序更复杂，这应该说是由公司章程本身的复杂性所决定的。如尽管公司合并或者分立对于公司而言属于重大事项，但是其需要履行的程序性要求却要比公司章程的修订程序简单一

---

[1] 参见钱玉林：《股东大会决议瑕疵研究》，法律出版社2005年版，第134—229页。
[2] 参见胡旭东：《我国公司法的司法发展机制研究》，中国社会科学院研究生院博士学位论文，2012年5月，第162—166页。
[3] 陈醇：《商法原理重述》，法律出版社2010年版，第142页。

些。而对公司章程的整体性修订所涉及的问题几乎是全方位的、多维度的，是一个"准立法过程"，是对"一揽子"事宜的决议而不是单纯对某一事项的决议。

笔者认为，陈醇教授对于公司决议程序性瑕疵的分类方法较为可行。具体而言，其依据发生的时间不同将公司决议的程序性瑕疵分为议事瑕疵与表决瑕疵。议事瑕疵包括会议不事前通知、少数派没有获得应有的提案权、没有进行公开讨论、缺乏辩论与协商等。表决瑕疵包括没有遵循表决权排除规则、主持人没有保持中立、没有给予利益受损者提供机会进行质询与听证、表决通过比例不足等。总体而言，就是在将程序性瑕疵分为议事瑕疵与表决瑕疵的基础之上，再较为全面地列出重点的程序性瑕疵，以求点面结合。[①] 笔者认为，此种分类方法最大的优点在于突出了公司决议的过程性，体现了公司内部治理的协商民主本质。公司章程的制定、修改，在具体程序环节上要比普通的公司决议更为复杂，如依照我国现行《公司法》，公司章程的修改需要先经过董事会作出修改章程的决议，并提出具体的修改草案；再经过股东大会的决议程序最终获得表决通过；当公司章程修改的事项涉及审批、登记或公告事项时，还要进行报批、登记与公告程序。所以，单纯从过程性层面，笔者拟在遵循陈醇教授将决议程序分为议事程序与表决程序的分类方法的基础上，将公司章程的程序规则分为：前置程序、议事程序、表决程序与法定外部程序四种。前置程序主要包括修改公司章程的提案程序、董事会决议程序、草案拟定程序等；议事程序与表决程序其实就是公司章程修改的股东大会决议程序；法定外部程序主要包括报批、登记与公告程序。然而，需要指出的是，笔者提出的上述四种程序性瑕疵具有较强的过程性，但是对于具体程序性瑕疵的效力裁决所具有的指导性意义并不明显。因此，笔者认为如果

---

① 参见陈醇：《商法原理重述》，法律出版社 2010 年版，第 142 页。

从效力性层面对公司章程程序性瑕疵进行分类，应当包括三种：第一种是严重的程序瑕疵，即严重地背离公司内部民主精神的程序性瑕疵；第二种是关键性程序瑕疵，即虽然并未严重影响公司内部民主治理氛围，但对于特定章程规则的通过与否具有决定性作用的程序性瑕疵；第三种是轻微的程序瑕疵，即既没有严重影响公司内部民主，又未对特定章程规则的通过起到决定性作用的程序性瑕疵。

（二）存在程序性瑕疵的公司章程的效力裁判

在上文中，笔者依据两种不同的标准对于公司章程形成中的程序性瑕疵进行了分类。依据时间顺序，可以将其分为前置程序瑕疵、议事瑕疵、表决瑕疵与法定外部程序瑕疵。此种分类方法重在强调章程修改决议的过程性，以尽可能展示出章程修改决议中程序性瑕疵的全貌，但是该种分类方法对于存在程序性瑕疵的章程条款的效力认定并无直接的指导意义。笔者提出的第二种程序性瑕疵的分类方法是从瑕疵的严重性、具有程序性瑕疵的公司章程的效力性层面展开的，此种分类方法对于公司章程的司法裁判具有直接的可适用性。

1. 存在严重程序性瑕疵的公司章程的效力认定

美国学者罗伯特·A. 达尔（Robert A. Dahl）教授在《论民主》一书中提出了五种民主过程的标准，分别是：（1）有效的参与（effective participation），即社团在决定实施某项政策之前，社团内部所有的成员必须拥有有效而平等的机会把自己对政策的看法表达出来，以使其他成员了解他们对该政策的意见。（2）选票的平等（equality in voting），即当人们就这个政策作出决定时，每个成员都应该拥有平等而有效的机会去投票，并且所有的选票必须得到平等的计算。（3）充分的知情权（gaining enlightened understanding），即除了时间上的合理限制，每个成员都应该拥有平等而有效的机会去了解相关的备选政策和它们可能出现的结果。（4）对议程的最终控制（exercising final control over the agenda），即唯有成员有机会决定他们怎样去抉择——如果他们愿意的话——把什么事情提上议程来讨论。（5）成年人的公民权（inclusion of adults），即全体——或至少绝大多数——成年的永久居民应该享有充分的公民权利，这是前面四个标准所隐含的结论。[①] 对于民主过程的标准为何是上述五种标准，达尔教授指出："简而言之，每一个都是必须的，成员——不管他们的数目多么有限——都应该以政治平等的方式来决定社团决策。换言之，如果违背了任何一个条件，成员将不再是政治上平等的。"[②] 换言之，在达尔教授看来，社团的行为对上述任何一条过程性标准的违背，都会影响到社团内部的政治平等，都会损及社团内部的民主氛围。因此，上述五个民主过程的标准对于社团而言属于根本性的程序规则，不得违背。

同样，对于公司这样的私人社团而言，也存在着根本性的程序性规则，公司对于这类规则的违背，会严重地侵损公司内部的民主环境，对公司治理产生长期的根本性危害。就公司章程而言，这些严重的程序性瑕疵包括没有进行股东大会决议、没有遵守表决权回避规则、严重违背表决权计算法则等。依照我国现行《公司法》第 22 条规定，公司违反法律、行政法规以及公司章程所规定的程序性规则所作出的决议在效力上属于可撤销的决议。而在内容上违反了法律、行政法规的相关规定的决议则属于无效的决议。由此可见，我国现行《公司法》关于决议瑕疵的规定存在着"重权利轻程序"[③] 的立法倾向。详言之，对于程序性规则的违背，无论情节多么严重，都不会导致决议的当然无效，异议人士只能在决议作出之日起六十日之内向法院请求撤销其效力。而在内容上违反法律、行政法规的决议却是当然无效、自始无效的。然而，实际上没有证据证明在公司法律规则体系中，实体性规

[①] 罗伯特·A. 达尔：《论民主》，李凤华译，中国人民大学出版社 2012 年版，第 33—34 页。
[②] 罗伯特·A. 达尔：《论民主》，李凤华译，中国人民大学出版社 2012 年版，第 34 页。
[③] 陈醇：《商法原理重述》，法律出版社 2010 年版，第 142 页。

则比程序性规则更为重要。因此，也就不能得出实体性规则比程序性规则在效力上更优越的结论。并且，在公司法这类团体法中，程序性规则具有至关重要的地位，它"一方面是化解社团内部矛盾纠纷的基本手段，另一方面又是一个社团得以长期存续的机制性保障。从裁判立场来审视，它也是法官考量团体意思表示瑕疵的一个关节点。在对团体意思表示存有争议时，需要法官考察的，不仅仅是每一个团体成员的意思表示是否存在瑕疵，更为关键的是团体内部赖以运行的程序性规则是否得到遵循"[1]。因此，笔者认为，对于严重违反程序性规则并因此而侵损公司内部民主氛围而形成的公司章程条款，在效力上应区别于对于一般的程序性瑕疵，按照现行《公司法》，存在程序性瑕疵的决议行为是可撤销的，这是关于程序性瑕疵的一般性规定，所以严重违反程序性规定而形成的公司章程条款在效力上应该承受更重的不利益。是故，笔者认为其在效力上应属于无效。

2. 存在关键性程序瑕疵的公司章程的效力认定

所谓关键性程序瑕疵，如前所述指虽未严重背离公司民主价值，却可以直接决定公司决议能否获得通过的程序性瑕疵。举一个最简单的例子：

> 某个非上市股份有限公司有 10 名股东，其中甲股东持股比例占公司股份总数的 15%。某日公司召开股东大会，以对公司章程进行修改。但是该次股东大会召开并未提前通知甲股东，以致甲股东未能参加并且亦未能委托其他股东代为投票，甲股东之外的其他 9 名股东悉数参加了该次股东大会会议。最终修改公司章程的股东大会决议以出席会议的股东所持表决权的 68% 的比例获得

---

[1] 李志刚：《公司股东大会决议问题研究——团体法的视角》，中国法制出版社 2012 年版，第 59 页。

通过。事后，甲股东认为公司章程中修改的条款对其利益产生了不利影响，于是以公司未通知其参加股东大会为由向法院提起诉讼，请求法院撤销该股东大会决议。

通过分析上述案例我们可以发现，如果甲股东被通知参加股东大会，并且实际参加了该次股东大会的话，甲股东即可以行使其表决权。又因为甲股东认为该次公司章程修改对其产生了不利影响，所以甲股东若参加该次股东大会决议，则极有可能会投否决票。如果甲股东确实投了否决票的话，则将直接导致该次股东大会决议因为不满足最低的三分之二的通过比例要求而不能获得通过。因此，甲股东的投票权是关键性的，而公司未提前通知甲股东参加股东大会导致的该次股东大会决议的程序性瑕疵即是关键性的程序瑕疵。单纯就公司未通知甲股东参加股东大会而论，通知程序上存在的这种瑕疵并未严重地侵害公司民主（仅未通知甲股东，但对其他股东均履行了通知义务），属于程度较为轻微的程序性瑕疵。关键点在于该程序性瑕疵正好处在决定公司股东大会决议是否能够获得通过的临界点上，能够对决议的通过与否直接产生决定性作用。对于此类关键性程序瑕疵，笔者认为应作如下理解：首先，由于其并未对公司民主产生严重性制约，所以不宜认定公司决议为无效。其次，尽管该种程序性瑕疵看似轻微，但是由于它可以直接影响公司决议的通过，所以亦不能对其忽略不计而直接认定决议有效。最后，司法裁判中较为可行的办法是，法官采取"瑕疵补足办法"，即法官应考察在不存在此种程序性瑕疵的情况下，具体的公司决议是否可以通过，如果仍旧可以通过则决议有效；如果不存在该程序性瑕疵则决议不可能获得通过，则法官可应当事人请求撤销其效力。

3. 存在轻微的程序性瑕疵的公司章程效力的司法认定

虽然从总体上而言，程序性规则在公司法中逐渐占据越来越重要的地位，程序性规制也成为公司法上首选的规制方法，对于公司决议行为的审查更是如此。如李建伟教授针对股东大会决议无效、可撤销之诉指出："特别值得强调的是，无论是公司管理层还是多数股东，以及审理此类案件的法官，一定要树立程序上的法律意识，在此类场合下，无论如何强调程序正义的重要性，或许都是不过分的。"[①] 然而，强调公司法上程序性规则的重要性，并不意味着一切违反程序性规则的行为在效力上就一定是无效或可撤销的。并且，公司作为一个经营性组织，维护其决议行为的稳定性十分重要，如果仅仅因为轻微的程序性瑕疵而随意推翻公司业已形成的决议，显然不利于维护这种稳定性。比较典型的一个例子是在股东大会会议期间，股东中途退出会议能否对出席会议的法定数造成影响，并进而影响股东大会的表决权数？实践中，经常存在这种情况，即公司股东大会已经达到了法定出席数要求，但是有的股东为了避免对自己不利的决议结果产生，选择中途退出会议，以使股东大会会议不能满足最低的出席率要求，故意造成程序性瑕疵，意图阻却决议行为的完成。[②] 然而，对于此类程序性瑕疵，世界各个国家或地区司法裁判中较为普遍的态度是，只要股东大会会议初期满足了法定的出席比例要求，股东中途退出并不影响决议效力。如美国《示范公司法修订本》第7.25节（b）规定，一旦构成了法定数，少数股东就不能打破法定数的原则。英国法庭也认为当会议开始时达到法定人数即可，尽管一些股东中途离场（假设最后只剩两人也可开会）。[③] 具体到公司章程，如果股东大会决议对章程进行修改，而有股东在会议中途退场，最后再以决议不满足法定出席数要求、存在程序性瑕疵为由，请求法院撤销该决议，则法院亦是不能支持股东的此种请求的。

[①] 李建伟：《公司法案例：裁判经验与法理解释》，中国政法大学出版社2008年版，第178页。
[②] 参见钱玉林：《股东大会决议瑕疵研究》，法律出版社2005年版，第184—185页。
[③] 参见钱玉林：《股东大会决议瑕疵研究》，法律出版社2005年版，第185页。

《公司法解释（四）》对公司决议的效力类型作了更加明细的划分，尤其是对程序瑕疵作了进一步解释，首次区分了不同程度的程序性瑕疵对于决议效力的影响，具有一定进步意义。

第四节　公司章程效力认定的"利益衡量标准"

日本学者加藤一郎认为，仅从法律条文就可以得出唯一的正确结论的说法只是一种幻想。真正起决定作用的是实质的判断，也就是进行实质的利益衡量。[①] 法律方法中的利益衡量方法，最初是在批判概念法学的基础之上发展而来的。在德国以赫克为代表，在美国以庞德为代表，在日本则以加藤一郎与星野英一为代表。20世纪90年代我国民法学者梁慧星教授将利益衡量方法从日本引进我国，并逐渐在理论界与司法实务界引起强烈反响。[②] 但是，就当下而言，利益衡量方法在我国还主要处在理论研讨阶段，除了裁判民事案件以外，司法实务界适用该方法进行案件裁决的情形并不多见。在这种法律适用背景之下，笔者将利益衡量方法或者说"利益衡量标准"引入公司章程司法裁判之中，主要是基于下述考虑因素。

一、适用"利益衡量标准"之因由

遵循本书的观点，章程行为是一种共同法律行为，具有约束力上的扩张性，即该行为不仅对作出行为的成员产生约束力，还会对非行为成员甚至特定的外部人产生约束力。具体而言，公司章程的规则制

[①] 参见梁上上：《利益衡量论》，法律出版社2013年版，第40页。
[②] 参见梁上上：《利益衡量论》，法律出版社2013年版，第1页。

定权由股东独享，但是其却对公司所有的内部人具有约束力，甚至章程中的特定条款在经过公示或者履行了其他通知程序之后还会产生对外效力。这就会产生一个问题，即章程行为约束力的外发边界问题。换言之，公司章程的对外约束力在何种情况下是正当的、合理的，在何种情况下又是不正当的、不合理的。对于这个正当性与合理性的追问，法律给我们提供了一部分裁量标准，但主要是集中在对正当性问题的阐释，未能深入到对合理性的追问。如公司章程中关于公司的非股东员工义务的规定，不能逾越《中华人民共和国劳动合同法》（以下简称《劳动合同法》）《宪法》等上位法律的规定，违背了则不具有正当性。但是在正当性的范围之内，公司章程的规定是否合理，就是一个非常棘手的问题，甚至是一个会导致公司法与其他部门法"掐架"的问题，这就非常需要"利益衡量标准"的适用。

（一）有关公司章程的法律规则存有漏洞与规范冲突需要利益衡量

尽管公司章程对于公司这种经济组织形态而言至关重要，但是我国当前的《公司法》《证券法》等相关法律部门中有关公司章程的法律规则却相对简陋，整个公司章程法律规则群亦不尽完善，甚至彼此之间多有冲突之处。对于公司章程的法律适用尤其是效力认定而言，法官首先需要面临的一个问题是如何找到公司章程的裁判规范。由于公司章程法律规则体系的漏洞与规范冲突，导致经常出现法官找不到相关的裁判规范或者找到的裁判规范彼此之间存在冲突的情况，即"缺乏一个由所有法益及法价值构成的确定阶层秩序，由此可以像解读图标一样得出结论"[1]。也正因为如此"涉章案件"才经常成为公司法上的"疑难案件"甚至"悬案"。以公司越权担保合同效力认定案件为例，在此类案件审理中，公司章程是否具有对外效力是影响案件裁判结果

---

[1] 卡尔·拉伦茨：《法学方法论》，商务印书馆2003年版，第279页。

的关键性因素。认可其对外效力,则担保债权人极有可能须承担不利之结果;否认其对外效力,则提供担保的公司方须对债务承担连带之清偿责任。[①] 现行法律又没有给出一个关于公司章程到底是否具有对外效力的明确规定。如果考虑公司法的公司资本维持的价值取向,法官可能承认公司章程的对外效力,使公司从连带清偿责任的风险中逃离出来。如果考虑合同法的维护交易安全的价值取向,法官又可能否认公司章程的对外效力,以保障担保债权人的债权得到实现。其实,公司章程是否具有对外效力,从本质上而言涉及的是公司法与合同法之间的价值冲突如何解决的问题。由于公司法与合同法本身是处在同一效力位阶上的不同部门法,不存在谁的法益价值应当优先保护的问题,这又进一步加深了这类案件的裁判难度。但是,法官又不能因为找不到直接的裁判依据而拒绝裁判案件。此时,法官若想取得一个公正的、权威的裁判依据,需要跳出公司法规则与合同法规则的具体规则层面,从法益价值衡量的角度,利用"利益衡量标准"据以作出裁判。涉及公司章程的此类案件还有很多,实践中一些公司在其章程中对于员工的义务与责任进行详尽的规定,这算是公司自治范围之内的事情,但是这类规定经常会与《劳动合同法》中的具体内容发生摩擦。维护公司自治是公司法的价值追求,保护劳工权益则是劳动法的价值指向,当二者在发生冲突时,经常需要采取"利益衡量标准"谋得公正、合理、兼顾各方利益的裁判结果。

(二)章程行为的实施主体与规制对象的非对称性需要利益衡量

合同行为遵循严格的相对性,不得为第三人设定义务,一般只能涉己而不能束他。无论是双方合同还是多方合同,每一个当事人的意

[①] 参见罗培新:《公司担保法律规则的价值冲突与司法考量》,《中外法学》2012 年第 6 期,第 1232 页。

思都是自治的,都有权利在缔约的过程中进行"讨价还价"。换言之,对于合同行为而言,受规制对象在合同行为发生时都是"在场"的,都是有发言权的。章程行为则不然,从基础层面而言股东是章程行为的最终实施者,但是章程行为实施后形成的章程规则又不仅仅束缚股东这一类主体,而是对所有的公司内部人具有普遍的约束力,甚至还会对特定的外部人产生约束力,因此有学者说,"公司章程规则具有三维性(内部、外部、关系)"①。从人性层面而言,每个人都是具有自利动机的,当规则制定权掌握在某一类主体手中的时候,这类主体具有制定对自身更为有利的规则的足够动机。所以,公司章程在对待公司内部人的时候将不可避免地出现权益配置失衡的问题,这不仅仅体现在股东与其他主体之间,还体现在股东与股东之间。对于如何矫正这种失衡的权益配置天平,制定法提供了一些可资适用的裁判规范,如控制股东信义义务规范、董事的忠实义务与勤勉义务规范以及分布在其他部门法中的调整股东与债权人、员工等利益关系的规范等。但是,这些规范往往提供的是关于特定公司章程条款的正当与否的定性的裁判标准,却经常难以直接提供定量的权益分配标准。而任何权益的配置都是质与量的统一,司法裁判不仅要对权益的配置状况进行定性的分析,还需要从量的层面上重置权益配置的天平。②"利益衡量标准"就是一种有关权益配置的量的司法适用准则。如在公司越权担保合同效力认定纠纷中,与公司章程是否具有对外效力一体两面的一个裁判节点是,担保债权人对于公司章程是否应当负有审查义务。对此学界与司法实务界并未形成一致认识,有人主张因为公司章程中的担保规则具有对外效力,所以担保债权人应当负有审查义务;有人则以推定通知理论的衰落为由反对给担保债权人配置审查义务。然而,争论的

---

① 韩长印:《共同法律行为理论的初步构建——以公司设立为分析对象》,《中国法学》2009 年第 3 期,第 80 页。
② 参见曲笑飞:《法律数字化现象研究》,《法律科学》2013 年第 1 期,第 33 页。

双方的观点看似都严丝合缝,但却都未能找到明确的法律规定推翻对方的观点。其实,论证双方的观点都没有错误,都是对于公司担保规范进行"法条主义"的演绎推理可以得出的结论。症结在于《公司法》第 16 条的担保规范存在法律后果要件欠缺的问题,以法律后果要件欠缺的裁判规范为法律推理的大前提进行演绎推理,得出的裁判结果注定是多元的。[①] 其实,笔者认为对于第三人是否应对公司章程中的担保条款负有审查义务,不是一个规范判断问题,而是一个价值判断与利益衡量问题。担保债权人的利益需要被保障,公司方的利益也不能被随意放置于风险处境之中。如果担保债权人可以低成本地获知担保公司的公司章程中的担保规则是如何规定的,那么从利益平衡的角度而言,他就应当对公司章程负担审查义务,若担保债权人获知担保规则的成本过高,那么他可以不负审查义务。正如台湾学者王文宇教授所言:"判断特定事项是否具有对世效力的重点为:于通知与公示机制之合理可行性与第三人之资讯搜寻成本之高低两者之间求取一个平衡。"[②] 这即是"利益衡量标准"的适用。

二、"利益衡量标准"的司法适用

(一)"利益衡量标准"适用的场合

焦宝乾教授指出:"作为一种主观性和个案差异性比较强的裁判方法,利益衡量在实际运作中经常具有不可操作性、不可重复性乃至不可言传的特征。"[③] 这些固有的缺陷或特征注定了"利益衡量标准"不

[①] 王彬:《司法裁决中的"顺推法"与"逆推法"》,《法制与社会发展》2004 年第 1 期,第 73 页。

[②] 王文宇:《公司保证之权限与章程之对世效力》,《台湾本土法学杂志》2003 年总第 47 期,第 146 页。

[③] 焦宝乾:《利益衡量司法应用的场合、领域及步骤》,《人大法律评论》2012 年第 1 辑,第 15 页。

可能是司法裁判中一种常态化的裁量标准,而只能在特定的司法场合之下为法官所援用。焦宝乾教授从一般层面上归纳了"利益衡量标准"得以被适用的六种场合,分别是:(1)法律原则的具体化或者原则之间存在冲突;(2)存在复数解释;(3)存在权利冲突;(4)法律规范有漏洞或者空白;(5)涉及一般条款或不确定的法概念;(6)形式化的法律适用将导致个案的裁判不公。[①]具体到公司章程司法裁判领域,笔者认为"利益衡量标准"应主要限定在以下几个场合适用。

1. 涉及公司章程法律属性界定的场合

尽管笔者在本书中一再强调章程行为在本质上是一种共同法律行为中的决议行为,公司章程在法律属性上是一种决议。但不可否认的是,当前学界对于公司章程法律属性的认知仍旧远未形成共识,各家观点在司法裁判中亦各不乏支持者,这可以说是当前公司章程司法裁判中不可忽视的大的概念性背景。在"涉章案件"裁判中,客观说来多数案件都可以实现"规范"与"事实"之间的对接,找到一个公正、合理的裁判结论,对于这类案件不可适用"利益衡量标准"。但是对于有些案件,尤其是需要以明确公司章程的法律属性为裁判前提的案件之裁判则不然。如对于某一案件,如果遵循章程合同说,则对原告有利,如果遵循章程自治法规说则对被告有利,此时法官即不能轻易地采用其中任何一种学说据以裁判。因为,若是允许法官依照自己偏好的某一学说裁判,加之不同法官偏好各异,就可能会使这类案件陷入"同案不同判"的司法窘境。所以,此时法官应当抛开对于公司章程的法律属性的概念性阐释,转而掂量原被告双方之间的利益格局,采用"利益衡量标准"求取一个较为公平的裁判结果,再去找寻规范依据论证该裁判结论。

[①] 参见焦宝乾:《利益衡量司法应用的场合、领域及步骤》,《人大法律评论》2012 年第 1 辑,第 15—19 页。

2. 公司法与其他部门法之间存在法益目标冲突的场合

"法益衡量是在司法过程中经常发生的方法论事件。"① 根据胡玉鸿教授的观点，利益衡量的前提是存在着利益的冲突，法律中的权利要件又处在一种"开放性"的状态，而每种利益或权利都具有被保护的正当性。② 而如果冲突性的利益或权益分别受不同的部门法偏护，那么就产生了不同部门法之间法益目标冲突的问题，该问题在公司章程司法裁判中表现得尤为显著。这是因为公司章程所下辖的领域是属于公司自治的场合，在该场合下，权利遵循着一种胡玉鸿教授所说的"开放性"的生成路径，公司章程领域的权利就更容易冲破松散的权利约束篱笆而与其他部门法领域内的权利发生冲突。如上文笔者所论述的公司越权担保合同效力认定案件即是如此。《公司法》第 16 条将细化公司担保规则的权利赋予了公司章程，体现了对公司"章程自治"的尊重，而在公司章程中细化了的担保规则的主要目标指向是维护公司的财产安全、保障公司的资本利益。当内部人越权为第三人提供担保时，就会出现公司资本利益与担保债权人的债权利益相冲突的情况，它折射出的即是公司法与合同法各自所保护的法益目标彼此间存在冲突的问题。在这种情景下，法官亟需采用"利益衡量标准"对这两种处于同一位阶上的法益进行平衡。再比如，公司章程中针对公司员工规定的处罚性条款亦经常涉及公司法与合同法的法益价值冲突问题，法官亦应采取利益衡量之立场，而不能只及其一，偏废其余。如山东省莱州市人民法院、烟台市中级人民法院审理的"宋某诉山东莱州市化工机械厂"一案，就展现了不同部门法之间的法益冲突问题，而本案的一审、二审法官都未洞悉案情之内隐含的法益衡量问题。该案的具体案情如下：

---

① 李可：《法益衡量的方法论构造——一项对被忽略或混淆之问题的微观观察》，载陈金钊主编：《法律方法》第十二卷，山东人民出版社 2012 年版，第 394 页。

② 参见胡玉鸿：《关于"利益衡量"的几个法理问题》，《现代法学》2001 年第 4 期，第 34 页。

宋某系山东莱州市化工机械厂（该厂系改制成立的由全体员工持股的股份制公司）股东。该公司章程第53条规定："股东给厂方造成重大经济损失或者做出出卖本厂专利、技术行为的，给予其扣减50%以上股金的处分。"第54条规定："未经公司董事会批准擅自离职，带走在本厂所学的技术为其他竞争者服务，或者从事与本厂相关的同类竞争业务，扰乱本厂正常生产经营秩序的股东之股本、股息、红利全部作废，并赔偿给本厂所造成的损失"。后宋某租赁厂房自己从事机械制造业务，并向厂方提交了辞职申请，但保留他在厂方的所有合法权益。事后，公司召开董事会联席会议，根据公司章程第53、54条规定作出决议，将宋某的股金全部收回，并要求其赔偿公司损失84000元人民币，保留追求宋某赔偿公司其他经济损失的权利。宋某不服该项决议，遂向法院提起诉讼请求法院确认该董事会决议无效。

一审法院莱州市人民法院认为，公司章程第53、54条是公司全体职工的一种约定，是全体职工股东意思自治的体现，并且不存在违反国家法律、行政法规的强制性规定的情形，当属有效。一审法院驳回了宋某的诉讼请求。[1] 宋某不服一审判决，提起上诉，二审法院烟台市中级人民法院最终亦驳回了宋某的诉讼请求，维持一审判决。[2] 然而，笔者认为在本案中，一审、二审法院都犯了一个共同的错误，即只考虑了公司法的法益目标，而未能兼顾劳动法的法益目标。被告公司章程第53、54条并非仅仅涉及公司与股东间的关系，还涉及公司与员工的关系。尽管如笔者前文所述，公司章程具有某些公法色彩，可以设置某些处罚性措施，但这并不意味着公司章程中的处罚性条款是不受

---

[1] 参见（2007）莱州民初字第431号判决书。
[2] 参见（2008）烟商二终字第15号判决书。

限制、不存在底线的。公司法从本质上而言还是一个私法部门，其中的法律责任亦应当主要是一种补偿性责任，即使有惩罚性责任也应当是小幅、微量的。原告宋某擅自离职，并带走在公司所学的技术，从事与公司存在竞争关系的业务，确实违反了公司章程，但公司章程中规定的处罚措施是否合理是一个值得思量的问题。如果处罚性规定过于严苛，显然是与《劳动合同法》的法益目标相背离的，而这些因素在一审、二审法院的判决书中都未得到体现。最高人民法院吴庆宝法官在《权威点评最高法院公司法指导案例》一书中对该案件的审理思路进行了精辟的分析。然而，遗憾的是他也主要是从尊重公司意思自治的角度阐述公司对宋某作出的处罚决议的合理性，未能洞悉该案件中隐藏的法益衡量问题。①

3. 涉及公司内部冲突性权利配置的场合

近年来，冲突性权利配置问题成为学界研究的热门话题。② 所谓权利冲突，根据王克金教授的观点，即指："两个或者两个以上的同样具有法律上之依据的权利，因为法律未对他们之间的关系作出明确界定所导致的权利边界的不确定性、模糊性，而引发的它们之间的不和谐状态、矛盾状态。"③ 而所谓冲突性权利配置则主要是一个司法语境中的概念范畴，指在司法裁判中法官对两个或者多个冲突性的权利进行平衡的裁判方法或过程。权利冲突是公司法上一种十分常见的权利摩擦现象，甚至权利冲突这个概念最早亦是产生于企业与公司的研究领域之中。④

---

① 参见吴庆宝主编：《权威点评最高法院公司法指导案例》，中国法制出版社 2010 年版，第 286—293 页。

② 亦有学者从权利的绝对论出发，认为权利是不容他人侵犯的，故只要己方权利不圆满，他方的行为必定为侵权行为而非行使权利行为。权利的绝对性决定了双方不可能同时有合法的权利，故权利冲突也是不存在的。转引自张平华：《权利冲突论》，《法律科学》2006 年第 6 期，第 60 页。

③ 王克金：《权利冲突论——一个法律实证主义的分析》，《法制与社会发展》2004 年第 2 期，第 45 页。

④ 参见吴建斌：《科斯法律经济学的本土化路径重探》，《中国法学》2009 年第 6 期，第 180—181 页。

公司法上最为常见的一种权利冲突现象，就是公司自治权与股东权彼此之间的冲突，两种权利都为正当法权，却经常发生碰撞与摩擦。公司自治权与股东权之间的冲突有些可以直接找到裁判规范，如实践中有公司通过章程直接剥夺股东的固有权，这显然是违背了公司法上的强制性规定，法官可以直接依法作出裁决。但是"私权不可被侵犯，不等于不能通过一定机制予以处分"[①]，亦不等于不能被限制。当公司以自治的名义限制股东权时，法官就难以直接找到一个是非分明的裁判标准。如果法官径行认定公司的做法有效，则对股东而言有失公允；如果法院撤销公司之行为或规定以保护股东权益，则又有干涉公司自治权的嫌疑。此时，法官就有了援用"利益衡量标准"的必要性。

（二）"利益衡量标准"适用的方法

1. 厘定案件所涉及的利益样态

在公司章程司法裁判中，法官在前文所述的几种场合下适用"利益衡量标准"时，首先要厘定案件牵涉的不同利益样态，再区分各利益样态的层级结构。根据梁上上教授的观点，一个具体的案件一般会涉及当事人具体利益、群体利益（并非是通常意义上所说的群体利益，而是指类似案件中对类似原告、被告作类似判决所生的利益）、制度利益与社会公共利益四种利益样态，四种利益样态之间存在着一种由具体到抽象的递进关系，以及一种包容与被包容的关系。[②] 法官在裁决"涉章纠纷"时首先要做的就是找出案件事实中隐藏着的上述四种利益。以公司章程限制股权转让纠纷裁判为例，当事人具体利益体现为公司的利益与股权被限制转让的股东的利益；群体利益则体现为今后类似案件的裁判中原、被告双方当事人的利益；制度利益则是公司法

[①] 吴建斌：《合意原则何以对决多数决——公司合同理论本土化迷思解析》，《法学》2011年第2期，第63页。

[②] 参见梁上上：《利益衡量论》，法律出版社2013年版，第78—81页。

本身的权威性与公信力。不过此类案件审理一般并不涉及社会公共利益（公司章程纠纷一般都不直接涉及社会公共利益）。

2. "利益衡量标准"的展开

梁上上教授指出："法官在利用利益衡量方法断案过程中需要遵循一种这样的思维过程：以当事人的具体利益为起点，在社会公共利益的基础上，联系群体利益和制度利益，特别是对制度利益进行综合衡量后，从而得出妥当的结论，即对当事人的利益是否需要加以保护。"[①] 在整个过程中，制度利益的衡量始终处于核心地位，制度利益是当事人具体利益与群体利益的矫正手段，社会公共利益又是制度利益的矫正手段，最终目的是在获得一个好的裁判结果的同时进一步完善与巩固制度利益。

对于公司章程司法裁判中"利益衡量标准"的具体展开与适用，笔者还是以公司越权担保合同效力认定案件为例子予以说明。此案中的当事人具体利益分别表现为担保公司方的财产安全与担保债权人的债权利益；群体利益体现为裁判结果对类似案件裁判产生的示范作用；制度利益则是公司法上的公司资本维持原则与合同法上的交易安全原则；此案并不直接涉及社会公共利益。其中核心性的利益是制度利益，这也是该类案件裁判最终所要维护的利益。在此类案件中，公司法与合同法的两个部门法的制度利益处于同一位阶，不存在谁必须服从于谁的问题。所以，最好的裁判结果是能够最大限度地同时保障这两种制度利益。对于如何求取这个最佳的裁判结果，笔者认为应当先从探究"何为最佳的公司担保合同行为范式"入手。换言之，应当考虑怎样的裁判结果才能最大限度地减少公司越权提供担保情况的发生几率。这就需要分析哪个主体实施了越权行为，哪个主体可以避免越权行为

---

① 梁上上：《利益的层次结构与利益衡量的展开——兼评加藤一郎的利益衡量论》，《法学研究》2002年第1期，第57页。

的发生。司法裁判结果就是要让这几类主体承担法律后果上的不利益，如此才能起到司法裁判的警示性作用，以降低公司越权担保情况的发生几率，维护公司法与合同法各自的制度利益。其中，公司的法定代表人乃是越权行为的直接实施者，他应该是不利法律后果的主要承担者，但不是唯一承担者。担保债权人亦是掌握避免越权担保行为发生之"最后避让机会"的人，因为作为担保债权人，其完全可以要求担保公司方提供有关担保决议的章程文本或者决议文件，甚至将此作为订立担保合同的前提性条件。如果担保债权人担心公司方提供伪造的公司章程与内部决议文件，还可以要求公司方提供由公证机关出具的公证证明。如此一来，公司方越权提供担保的可能性即会大幅降低。提供担保的公司的行为亦能影响越权行为的发生，如果公司有着严格规范的内部管理制度，亦能够减少这类情形的发生。因此，实现《公司法》第 16 条直接立法目的的最佳行为范式乃是提供担保的公司有着严格规范的内部管理制度，公司之法定代表人在自身权限范围之内代表公司与担保债权人签订担保合同，其间担保债权人对法定代表人是否超越权限履行一定程度之审查义务，这是理想状态下的公司担保合同行为之范式。在越权担保合同纠纷裁判中，公司法定代表人实施了越权担保之行为，此时公司的内部管理制度已经没有能够发挥好事前的预防作用，最终越权担保合同能否订立则取决担保债权人的行为。担保债权人的行为存在三种行为取向，这三种行为取向又应当引向不同的法律结果：（1）在义务范围内履行了审查义务，但是未发现对方公司法定代表人越权。此时需要由提供公司的法定代表人与提供担保的公司方承担轻重有别的法律后果上的不利益，即公司对债务承担连带责任，事后再向法定代表人追偿，此种结果与民法上的表见代理行为的法律后果是一致的。（2）在义务范围内履行了审查义务，发现提供担保公司的法定代表人越权，但是仍旧与之订立担保合同。此种情况下，担保债权人明显缺乏善意，不能认定合同对公司有效。（3）未履行审查义务，直接订立担保合同，此种情况下亦不能认定合同对公司有效。然而，对于后两种情形，尽管法定代表人存在越权行为，但是对于具体的担保事宜，公司方未必就一定反对，如法定代表人可能事后向公司说明情况并获得了公司的同意。遵循私法自治的理念，笔者认为对于后两种情形应把主动权交给提供担保的公司方，如果公司方追认合同对其生效则合同有效，如果公司方拒绝追认则合同对其不发生效力，而由作出越权行为的法定代表人对担保债权人承担责任。这样一来，后两种行为取向导致的法律后果与无权代理行为、无权处分行为的民事法律行为的法律后果具有一致性。第一种行为取向的法律后果与表见代理的法律后果一致，后两种行为取向的法律后果则与无权代理行为、无权处分行为的法律后果一致，将三种最佳的法律后果配置模式综合起来看则与广义无权代理的法律后果模式是一致的。换言之，法官在司法裁判中对于公司越权担保行为可以通过类推适用广义无权代理行为的裁判规范的方法找寻最佳的裁判结果，并以此倒逼或引导公司严格规范自己的内部管理制度、公司法定代表人谨慎行使代表权、担保债权人善尽审查之义务。

　　从"利益衡量标准"所要保护的几种利益的层面看，对公司越权担保纠纷类推适用广义无权代理的裁判规范予以裁判，具有以下几点益处：第一，依据当事人不同的行为取向设置不同的法律后果，在当事人之间实现了法律后果风险的合理分担，有利于维护当事人之具体利益。第二，采用的"以理找法"[①]的"后果主义"逆向法律推理路径，为后续案件法院对同类案件的裁判提供了一种可资参考的裁量路径，维护了同类案件中不确定的当事人群体的利益。第三，该种裁判方法通过类推适用的方式，填补了公司担保规则中存在的"开放的法律漏

---

① 参见罗发兴：《"以理找法"：疑难案件的逆向裁判思维》，《理论探索》2013年第5期，第116—120页。

洞"①，维护了公司法与合同法各自的制度利益。另外，从世界各发达国家的裁判经验来看，对公司法定代理人越权行为适用代理法的规定亦具有很大程度上的普遍性。如在美国，尽管《示范商事公司法》废止了推定通知理论与越权原则，但是美国公司法对于公司越权与董事越权采取的是分类规制模式，越权原则与推定通知理论针对的仅仅是公司的越权行为而非董事的越权行为，而对于董事的越权行为则适用代理法予以裁判。如《德国民法典》第26条规定："董事会具有法定代理人的地位"。从该规定我们可知，在德国法上，对于董事的对外代表行为亦应适用代理法予以规制。②在日本民法学界，学者们也普遍认为民法上有关无权代理、表见代理以及代理权滥用的规定都可适用于机关代表行为。③

反观我国当前的公司越权担保案件司法裁判现状，法院系统内对该类案件之裁判主要存在着两种裁判路径。第一种裁判路径将《公司法》第16条直接作为这类案件的主要裁判规范，进而通过解释第16条的效力属性的方式导出裁判结论。如有的法官认为第16条在效力属性上属于效力性强制性规定，公司违背该条规定对外订立的担保合同应当无效④；有的法官认为第16条属于公司法上的管理性强制性规定，违背该条规定所订立的担保合同仍然有效⑤。第二种裁判路径是直接绕开第16条，而以《合同法》第50条⑥作为认定越权担保合同效力的

---

① 所谓"开放的漏洞"，指"就特定类型事件，法律欠缺——依其目的本应包含之——适用规则"。参见卡尔·拉伦次：《法学方法论》，陈爱娥译，商务印书馆2003年版，第254页。
② 参见朱广新：《法定代表人的越权代表行为》，《中外法学》，2012年第3期，第489页。
③ 参见我妻荣：《新订民法总则》，于敏译，中国法制出版社2008年版，第151页。
④ 参见浙江省临海市人民法院审理的"冯尚君诉林明龙等民间借贷纠纷"，文书字号：（2009）台临商初字第205号。
⑤ 参见宁波江东市人民法院审理的"尤赛珍诉宁波开汇电子产业有限公司等民间借贷纠纷"，文书字号：（2009）甬东商初字第895号。
⑥ 该条具体内容为："法人或者其他组织的法定代表人、负责人超越权限订立的合同，除相对人知道或者应当知道其超越权限的以外，该代表行为有效。"

裁判规范。因为，他们认为第 16 条在性质上属于规范公司内部组织管理的内部规范，作用在于约束公司法定代表人、董事、股东等内部人，当这些内部人违反规定对外提供担保时，公司也只能依据第 16 条追究这些内部人的责任，而不能及于外部第三人。[①] 在这种认知路径之下，再以《合同法》第 50 条作为裁判规范，其结果便是让提供担保的公司对债权人大量地承担连带清偿责任。从当前的司法裁判现状来看，法院在审理公司越权担保纠纷时，主流的裁判结论也是判决公司方对债权人承担连带清偿责任。[②] 在当前我国公司尤其是上市公司随意提供担保的现实情况下[③]，司法裁判中的这种担保债权人偏向的裁判思维，无疑是置公司的资产安全于不顾。细究之下，其实上述两种裁判路径陷入了一个共同的裁判误区，即在公司担保规则存在法律漏洞与价值冲突的情况下，仍旧严格按照"法条主义"的规范分析、演绎推理路径进行裁判，所得结果定然会顾此而失彼。违背第 16 条的担保行为是有效还是无效？公司章程中的担保规则到底应否具有对外效力？等等。这些问题并不存在绝对的标准答案，当规范分析路径走不通的时候，价值分析与利益衡量才是法官应当找寻的出路。

3. 裁判结果的合法性检验

当法官利用"利益衡量标准"得出裁判结论以后，法官对于案件的审理任务并没有完成。因为，"利益衡量标准"是在摒弃概念法学的法律形式主义基础之上发展起来的一种法律适用方法，对于形式主义

[①] 参见钱玉林：《公司法第 16 条的规范意义》，《法学研究》2011 年第 6 期，第 132 页。

[②] 参见罗培新：《公司担保法律规则的价值冲突与司法考量》，《中外法学》2012 年第 6 期，第 1236 页。

[③] 据《证券日报》记者所做的统计显示，2012 年我国共有 1333 家沪深上市公司在其年报中披露对外担保情况，其中有 333 家公司在 2012 年对外提供担保，涉及总金额高达 1001 亿元。据 WIND 统计显示，以 2012 年会计年度为准，两市共有 45 家公司担保总额占净资产比例超过 100%。参见桂小笋：《333 家上市公司去年担保总额超千亿元 45 家公司担保总额占净资产比例超 100%》，《证券日报》，2013 年 5 月 10 日。

的抛弃使得"利益衡量标准"充满了主观性色彩,甚至会成为掩盖法官肆意裁判的说辞。为了避免法官自由裁量权的肆意行使,就必须要求法官在利用"利益衡量标准"得出裁判结论之后,还须要对裁判结论的合法性进行论证。如杨力教授指出:"利益衡量可以形成裁判规则并能对以后的正式制度构建产生影响的初步依据在于,利益衡量后的裁决必须经过合法性检验。"[1] 按照传统司法观念,"由于正当性的概念太过模糊并且充满着主观性色彩,因此法治必须以形式主义为其最高追求"[2]。尽管"利益衡量标准"在适用过程中背离了法律形式主义的要求,但是最终形成的裁判结果却必须能够经得住既有法律规范的合法性检验。

其实,对适用"利益衡量标准"得出的裁判结论进行合法性检验的过程,同时也是法官对裁判结果进行法律论证的过程。"利益衡量标准"从本质上而言是一种"事实出发型"的裁判方法,这与我国以及大陆法系国家法官一贯沿用的"规范出发型"裁判方法正好相反。为了增强裁判结果的说服力,法官必须能够证明裁判结论是依法作出的,所以必须利用既有的法律规范对裁判结论进行论证与检验。即需要进行一个"规范出发型"的检验,通过"宪法性价值、法律基本原则、一般人标准、不偏离以前的解释规范等这些一般性规范的验证与评判,以及经受证明责任如何分配、程序是否正当、制度利益有无瑕疵等具体性规范的检验与考量"[3]。具体到公司章程纠纷的司法适用问题,法官在利用"利益衡量标准"得出裁判结论之后,还必须对结论的合法性进行自我论证。具体而言,存在两个并列的论证过程:第一,法官必须为裁判结果找寻规范依据。如前文笔者所述的公司越权担保纠纷的

---

[1] 杨力:《基于利益衡量的裁判规则之形成》,《法商研究》2012 年第 1 期,第 85—86 页。
[2] 吴丙新:《传统司法意识形态的反思与修正——以利益衡量为切入点》,《法学》2013 年第 1 期,第 107 页。
[3] 杨力:《基于利益衡量的裁判规则之形成》,《法商研究》2012 年第 1 期,第 86 页。

裁判，法官从探求最佳的公司担保合同行为范式的目的出发找到了最佳的裁判结论，但是法官必须证明这种裁判结论的得出是于法有据的。证明的方式就是将公司法定代理人越权行为与广义无权代理行为进行类比，并论证其二者之间具有实质意义上的可比拟性。[①] 最终借助无权代理行为的裁判规范来为法官的裁判结论提供规范性依据。第二，法官的裁判结果还不能违背法律上的强制性规定，不能违背法律的基本原则及其价值理念，不能违背基本的社会公德与善良风俗，不能违背裁判过程所需遵循的程序性规范，等等。

[①] 拉伦茨教授在《法学方法论》一书中指出："类推适用系指，将法律针对某构成要件（A）或多数彼此相类似的构成要件而赋予之规则，转用于法律所未规定而与前述构成要件相类似的构成要件（B）。"参见卡尔·拉伦茨：《法学方法论》，陈爱娥译，商务印书馆 2003 年版，第 258 页。德国法学家齐佩利乌斯教授认为："类推是应把当前的这个案件与法律上已经作出规定的情形相比较，并权衡是否应当从公平的损害平衡的角度来对这个案件与上述已经作出规定的情形做出相同的评价。"参见齐佩利乌斯：《法学方法论》，金振豹译，法律出版社 2009 年版，第 18 页。从上述二位学者对于类推适用所下的定义可知，类推适用之目的在于实现法律上的"同等情况同等对待"，而"同等情况"则是类推适用必须满足的前提，所谓"同等情况"也就是两种情况之间必须在法律意义上具有实质意义上的可比拟性。

第六章　公司章程的约束力构造
——内束与外化

公司章程之裁判解释重在应对两个核心性命题，一是公司章程本身是否有效的问题，换言之，即如何探寻与构建公司章程的效力认定规则的问题，笔者在本书的第五章中对该问题进行了较为系统的阐释与论证；二是有效的公司章程具有何种约束力的问题，即相关主体或相关之行为违反公司章程之规定须承担何种法律责任或者法律后果的问题，本章将对此进行集中性阐释。

第一节　公司章程约束力的一般性阐释

所谓公司章程的约束力，主要是指违反公司章程的行为的法律性质为何，以及该承担何种法律责任。其中该承担何种责任是公司章程约束力的关键内容之所在。违反公司章程的行为应当承担何种法律责任，与公司章程本身的法律属性紧密相关。根据孙英博士的观点，章程自治法规说"对于章程为什么对股东、公司、公司机关具有约束力提供了较为合理的解释理论，但在章程具体如何对这些主体发生效力的问题上，却显得有些力不从心"[1]。换言之，公司章程自治法规说无

---

[1] 孙英：《公司章程效力研究》，法律出版社2013年版，第23页。

法解释清楚违反章程的行为应当承担何种法律责任或法律后果的问题。章程合同说在这方面显然要比自治法规说进步许多,其将公司章程视为合同的解释路径,一并也将违反合同所须承担的责任——违约责任,引入了公司章程之中。遵循公司章程合同说,在"涉章案件"裁判中,法院经常判决做出"违章行为"的主体对公司或者其他股东承担违约责任。如按照《公司法》第 28 条规定,股东未在规定期间内足额缴纳公司章程中规定的自己承诺认缴的出资额的,除了要向公司足额缴纳出资之外,还要向已经足额履行出资义务的其他股东承担违约责任。该条中关于违约责任的规定凸显了章程合同说的立法思维路径。然而,遵从本书的解释与分析路径,章程行为在本质上属于共同法律行为中的决议行为,公司章程具有决议的法律属性,违反公司章程所应承担的法律责任亦应当是一种独立的责任类型,而不应是合同法上的违约责任。

一、合同法上的违约责任适用于公司章程之证伪

以责任的发生依据为标准进行分类,民事责任可以大致分为违约责任、侵权责任与法定责任。[①] 传统的民法理论,一般直接将违反合同的责任定义为违约责任,后来德国法学家耶林教授提出了缔约过失责任。违约责任发生在合同成立并生效以后,缔约过失责任则发生在合同缔结过程中,因此违反合同应当承担的法律责任实际上也就包含缔约过失责任与违约责任两种类型。[②] 就公司章程而言,若采取章程合同说的解释路径,则违反公司章程的法律责任主要是违约责任,因为违反公司章程的前提是公司章程已经成立并生效,也就无所谓缔约过程

---

① 参见韩长印:《共同法律行为理论的初步构建——以公司设立为分析对象》,《中国法学》2009 年第 3 期,第 82 页。
② 参见陈醇:《商法原理重述》,法律出版社 2010 年版,第 246—247 页。

的问题。然而，笔者认为将违约责任原理适用于违反公司章程的案件纠纷之裁判，具有以下几点有待商榷之处。

（一）违约责任的诉因中一般不存在程序性瑕疵

公司章程在内容上包括实体性规定与程序性规定两个方面，无论是对实体性规定的违背还是对程序性规定的违背，都是引发行为主体承担责任的诉因，并且章程中的程序性规定并非只是实体性规定的附属性内容，而是与实体性规定处于平分秋色的重要地位，甚至可以说章程中的程序性规定比实体性规定更具有裁判解释意义。[①] 但是合同则不同，合同法上少有规范程序性问题的法律规范，合同一般只注重各方当事人之权利、义务及其意思表示。合同中程序性要素的空缺，也就直接导致了违约责任中不存在程序性瑕疵这类诉因。尽管近年来学界亦逐渐开始关注合同的缔结、履行以及服务程序问题[②]，但不得不承认的是程序还并未作为核心性要素进入合同法立法文本的视野之中。依据我国《公司法》第 22 条第 2 款的规定，公司股东大会或者董事会的召集或者表决方式违背公司章程规定的，股东可以在法定期间之内向法院请求撤销其效力。显然，股东以决议违反公司章程中的程序性规定为由请求法院撤销该决议的诉因在违约责任中是找不到的。换言之，如果我们将违约责任适用于违反公司章程规定的案件纠纷之裁判，我们将无法解释程序性瑕疵何以为瑕疵的问题，也就无法发挥程序性规则对公司治理的重要价值功用。对此，胡田野教授曾以一个非常典型的例子说明对程序以及程序性瑕疵进行司法干预的重要性。

[①] 笔者之所以会说公司章程中的程序性规定比实体性规定更具有裁判解释意义，是因为实体性规定多属于公司自治范畴之内的事宜，法官一般不会积极介入，相比之下法官更倾向于介入公司治理中的程序性纠纷，程序性介入方法因此亦应当是司法介入公司治理的主导性方法。

[②] 参见陈醇：《商行为程序研究》，中国法制出版社 2006 年版，第 27—29 页。

在某有限责任公司中，只有张某与李某二位自然人股东，他们之间因利润分配产生纠纷诉至法院，审理中发现两位股东之间存在一个处置公司资产的协议。该协议应当如何定性？即该协议具有股东大会决议的效力，还是仅仅属于二人之间订立的私人协议？

胡田野教授针对上述疑问指出，该协议是否具有股东大会决议的效力，主要要从主体、内容与程序上进行审查。从主体上看，股东间的协议可以仅仅是私人协议也可以具有股东大会决议的性质；从内容上看，处置公司资产对于公司而言属于重大事项，必须以形成公司的意志为前提；从程序上看，如果该协议在程序上是遵照法定的股东大会决议程序作出的，则具有股东大会决议的属性。[1] 由此可见，对于股东协议而言，订立的程序不同，直接决定了其法律属性的不同，也进而决定了违背该协议所须承担的法律责任的不同。

（二）违约责任无法清晰表达出公司内部错综复杂的责任追究机制

"在违约责任中，一般是一方当事人追究，另一方当事人承担，二者的关系简单明了"[2]，合同之外的第三人一般不能追究合同当事人的责任，合同当事人一般也无法追究外部第三人的责任。但是，违反公司章程的责任追究者与承担者就不是那么清晰明确了。从责任的追究者来看，监事会是公司的法定监督机关，拥有当然的权利追究相关责任主体的责任，另外公司的法定代表人亦可以以公司名义对违反章程的行为人提起诉讼，在上述两类主体由于利益瓜葛等原因而未能扮演好责任追究者的角色时，股东亦可以代表公司向法院起诉。如果"违章行为"同时亦侵犯了股东的个人利益，股东还可以以个人名义提起诉

---

[1] 参见胡田野：《公司法律裁判》，法律出版社2012年版，第489页。
[2] 陈醇：《商法原理重述》，法律出版社2010年版，第249页。

讼。从被追究者来看，如果做出"违章行为"的主体是股东、董事等具体的自然人，则被追究者是谁便十分明确；如果"违章行为"乃是一种集体行为，比如股东大会决议违反公司章程，则具体的责任人通常难以明确，结果往往只是违反章程的决议无效或者被撤销效力。股东大会决议的"撤销之诉、确认决议无效或者不成立的诉讼，立法和学说上普遍认为公司是适格的被告"[①]。原告是谁则根据到底是撤销之诉，还是确认无效或不成立之诉有所区别。在撤销之诉中为了避免诉权被滥用，影响公司决议的稳定性，原告一般被严格限定为股东、董事、监视等内部人。[②] 在决议无效或不成立之诉中，原则上任何人只要存在诉的利益，都可以向法院提起决议无效或者不成立之诉。[③] 因此，如果公司之外的第三人对公司之股东大会决议存在诉的利益，其亦可以向法院起诉请求确认公司之股东大会决议无效或者不成立。所以，股东大会决议违反公司章程之诉中，原告的身份是多样化的，亦不会受违约责任的相对性原则的限制。即使从作为被告的公司方来看，股东大会决议因存在瑕疵被确认无效、不成立或撤销以后，司法层面上也没有直接的自然人当事人为此承担法律责任。

（三）违约责任无法解释公司章程的对外效力

违约责任是一种合同责任，其同样地受到合同相对性的约束，而不能将责任追究中的不利法律后果让第三人负担或者分担。公司章程则不然，公司章程中的特定内容是可以产生对外效力的。在我国当前公司法学界，部分学者主张公司章程不具对外效力，如陈进博士指出："主张章程具有对外效力的主要理由是，公司章程被登记和登记文件的推定知

[①] 钱玉林：《股东大会决议瑕疵研究》，法律出版社2005年版，第295页。
[②] 参见《德国股份法》第245条、《日本商法典》第247条、《韩国商法典》第376条。转引自钱玉林：《股东大会决议瑕疵研究》，法律出版社2005年版，第296页。
[③] 参见李哲松：《韩国公司法》，吴日焕译，中国政法大学出版社2000年版，第423、425页。

道效力，即推定与公司交易的第三人知道章程内容。实际上，在我国公司章程并未登记，而只有部分章程记载事项与公司登记事项重合。我国公司法上的章程记载事项，可分为登记事项和未登记事项。推定知道规则是英美传统公司法上的一项制度，现在已被立法明确废除。因此，公司章程具有对外效力的理由并不能成立，公司章程只能约束公司、股东、董事、监事和高级管理人员，而不能约束善意第三人。"[①] 然而，笔者认为此种观点显然是对推定通知理论（或推定知道规则）与越权原则的曲解与误读。在西方国家公司法上，推定通知理论与越权原则是绑在一起的两个概念，越权原则适用则推定通知理论被适用，越权原则衰落则推定通知理论被摒弃。越权原则与推定通知理论主要是英美法上的法学概念，英美法上一般对于公司的越权行为与董事超越自身权限实施的行为采取分类规制的模式。而越权原则与推定通知理论一般仅适用于公司所实施的越权行为而非董事的越权行为，英美法上对于董事超越其代理权所实施的行为一般适用代理法的规定。[②] 后来随着英美国家公司法由特许主义到准则主义的发展演进，公司经营的目的范围不再受到限制，越权原则与推定通知理论也就逐渐被英美法系国家公司法所摒弃。然而，对于董事超越权限实施的行为适用代理法的规定确是始终如一、未曾改变的。所以，所谓的公司章程在英美法上不再具有对外效力，主要指的是公司章程对于公司之经营范围的规定不再能够对抗第三人，并不意味着公司章程中的所有规定都不再具备对外效力。并且，就拿公司章程中的目的性条款而言，其对外效力的失却也是经由英美法系公司法直接宣告的，对于没有宣告其不具对外效力的规定，尤其是公司章程执行公司法上的强制性规定的章程规则是否应当具有对外效力，则是一个有待商榷的命题。笔者认为，公司章程中的以下三种规定应当具备对外

[①] 陈进:《公司章程对外效力研究》,《甘肃政法学院学报》2012 年第 5 期, 第 113 页。
[②] 朱广新:《法定代表人的越权代表行为》,《中外法学》2012 年第 3 期, 第 486—490 页。

效力:第一种是公司章程执行公司法的强制性规范的规定,在此种情况下,公司法上的强制性规范的公示效力直接转化为了公司章程中此类条款的对外效力[①];第二种是关系公司重大利益的,且经过登记公示的公司章程内容;第三种是在司法裁判中,法官通过利益衡量,认为应当具有对外效力的公司章程规定。承认公司章程中部分规定的对外效力意味着公司章程中的这些规定会对特定的第三人产生拘束力,当这些特定第三人未能履行特定义务尤其是对公司章程的审查义务时,就可能要承担法律后果上的不利益。这也是违约责任跟违反公司章程的责任的重要区分点之一。

二、违反公司章程的法律责任构造的一般性界定

合同并不是法律行为的全部,同样,合同法上的违约责任也不是私人社会中意定责任的全部。如前所述,合同法上的违约责任理论与公司章程的适用法则有着诸多不可调和之处,这意味着对于违反公司章程的法律责任的追究绝不能照搬合同法上关于违约责任的规定。那么违反公司章程具体要承担何种责任呢?对此问题,当前我国学界鲜有学者关注,专门性论述更是凤毛麟角。就笔者当前掌握的资料来看,只有韩长印与陈醇二位教授对公司决议的法律责任进行过专门性的阐述。[②]

---

① 如我国《公司法》第16条从直接属性来看其属于公司法上的强制性规定,但同时从另一个层面来看其又具有赋权性规范的性质,因为其将细化公司担保规则的权利赋予了公司章程。如此一来,公司章程中的担保规则实际上是在执行公司法上的公司担保规范,第16条的强制性约束力就会借此传导给公司章程,公司外第三人只要被推定为对第16条的公司担保规范是明了的,就应当知道对方公司的章程对于公司对外提供担保极有可能存在着另外的限制性规定,从审慎交易的角度而言,其即应当对对方公司章程履行一定的审查义务。更何况,公司对外提供担保本身并无直接对价,如果再不让第三人对公司章程中的担保规则承担一定的审查义务,显然也是有违公平法则的。

② 尽管学界对于股东大会决议等问题多有论述,但鲜有从宏观的公司决议行为层面展开的著述。

韩长印教授是在共同法律行为的视野之下，将公司内部相关主体违反共同法律行为的责任界定为一种双重责任。首先，是"基本责任"——瑕疵行为人对于公司这个目标实体所负的法律责任；其次，是"特别责任"——瑕疵行为人对共同法律行为的其他行为人所负的法律责任。[①] 陈醇教授在辨析了决议责任与合同责任（违约责任）的区别性的基础之上，提出了他的决议责任理论，即将决议责任分为"违反有效决议的责任"与"违反决议程序的责任"两类。"前者是因违反已经生效的决议而产生的，后者是因违反决议的形成程序而产生的。"[②] 应当说韩长印与陈醇二位教授的观点对于笔者在本书中所要探讨的违反公司章程的法律责任都颇有借鉴意义，但是笔者认为上述二位学者的观点亦都有值得商榷之处。韩长印教授的"双重责任说"将违反共同法律行为的法律责任区分为"基本责任"与"特别责任"的学术认知，恰当地澄清了需要对谁承担责任的问题，却未能说明具体需要承担何种责任的问题，即解释清楚了责任的对象，却没有能阐明责任的内容。陈醇教授将决议责任分为违反有效的决议的责任与违反决议程序的责任的分类方法，其实是从决议的内容（实体性内容与程序性内容）的角度对决议责任进行的界分，他的观点指向的乃是责任发生的原因，一样未能澄清具体须承担何种法律后果的问题。

笔者认为，违反公司章程的法律责任，具体包括两种责任形式，一种是"法定责任"；一种是"意定责任"。之所以对违反公司章程的法律责任类型作如此界分，是因为从公司章程的内容来看，其乃是公司法以及其他相关法律与公司之私人规则的结合体，即公司章程是国家意志与私人意志的化合物。以股东的出资义务为例，首先公司法对于股东的出资义务进行了明确的规定，即股东必须足额履行出资义务；

[①] 韩长印：《共同法律行为理论的初步构建——以公司设立为分析对象》，《中国法学》2009年第3期，第82—84页。

[②] 陈醇：《商法原理重述》，法律出版社2010年版，第248—257页。

其次某个股东具体需要负担多少数额的、何种形式的出资义务等具体事宜则是由公司章程予以具体规定的。所以，对于未履行出资义务的股东而言，其所应承担的责任其实是法定责任与意定责任的结合体。另外，在有的情况下违背公司章程仅须承担法定责任，如违背公司章程中照搬公司法条款的规定所需承担的法律责任；还有的情况下主要须承担的是意定责任，如公司章程中的警告、降职等自主设计的责任条款就是一种意定责任。

（一）法定责任

所谓法定责任，指"法律明文揭示，在某种情况下，一方应当向他方承担的责任"[①]。笔者认为，可以将法定责任分为广义上的法定责任与狭义上的法定责任。广义上的法定责任其实是一种概括式的责任类型，民法上的侵权责任、违约责任这两大责任体系其实都属于广义上的法定责任，只不过随着民法的发展演进，这两类法律责任的构成条件逐渐明晰，而从法定责任中独立出来，成为"有名责任"。其实，法律责任的发展过程也是一个逐渐脱离法定责任并成为独立的责任类型、从"无名责任"到"有名责任"的过程。狭义上的法定责任则是指除了侵权责任、违约责任等这些"有名责任"以外的由法律所规定的暂时"无名"的法律责任形式。笔者此处亦是在狭义的法定责任层面探讨违反公司章程所须承担的法律责任。

公司法规范从其规范属性来区分，可以分为强制性规范、赋权性规范与补充性规范。公司章程与这三类公司法规范的关系则可以阐释为：执行公司法的强制性规范、细化公司法的赋权性规范、排除公司法的补充性规范。因此，从公司章程与公司法规范的二元关系层面，

---

① 韩长印：《共同法律行为理论的初步构建——以公司设立为分析对象》，《中国法学》2009年第3期，第82页。

我们可以将公司章程规则分为执行性规则、细化性规则与排除性规则。

1. 违反公司章程中的执行性规则须承担的责任

所谓执行性规则，也就是公司章程中的直接执行或者照搬公司法上的强制性规范而形成的章程规则。最具代表性的执行性规则就是公司章程中的出资责任规则，出资责任条款是公司法上的强制性条款，公司章程中的出资责任规则承担着执行公司法上的出资责任条款的功能，违反公司章程中的出资责任规则所要承担的法律责任显然主要是一种法定责任。另外的执行性规则就是公司章程照搬公司法所形成的规则。虽然严格意义上说来，照搬公司法上的强制性规范的做法会造成制度规范的重叠，并不是一种科学的公司章程设计方式。但不可否认的是，实践中确实存在着大量的公司章程照搬公司法的现象[1]，这也是当前的公司章程司法裁判不可回避的一个客观事实。在司法裁判中，对于照搬公司法的章程规则尤其是照搬公司法的强制性规范所形成的章程规则的违反，需要承担何种责任呢？笔者认为，在这种情况下，虽然表现上当事人违背的是公司章程，而实际上真正违背的乃是公司法。所以此时当事人需要承担的法律责任其实是一种法定责任，即由公司法或者公司法的上位法所明确规定的法律责任形式。

2. 违反公司章程中的细化性规则须承担的责任

公司章程中的细化性规则，也就是公司在公司法中的赋权性规范所授权的范围之内自行设计的章程规则。严格意义上来说，赋权性规范其实是公司法上的强制性规范的延伸性规范，即这类规范的法律后果是法定了的，但是具体的行为模式要件可以由当事人自己创设的法律规范形式。所以，当事人违反公司章程中的细化性规则所须承担的责任形式也是一种法定责任。以《公司法》第 46 条的关于有限责任公司董事会职权的规定为例，该条具体规定了有限责任公司董事会享有

---

[1] 在本书的第二章笔者曾专门对此现象进行分析，此处不再赘述。

的十种法定职权，最后以"公司章程规定的其他职权"为兜底性规定。如果我们抛开最后的兜底条款不论，那么第46条在效力属性上应该属于管理性强制性规范。而既然公司法最后将兜底规则的设定权赋予了公司章程，那么公司章程中的关于董事会职权的其他补充性规定与第46条规定的董事会的法定职权就应当具有同样的法律效力[①]，所以违背这些规定所要承担的法律后果是一样的，都需要承担的是法定责任形式。根据笔者的上述观点来看，我国现行《公司法》第22条关于决议瑕疵的法律后果的规定似有不妥之处。根据该条规定，公司之决议在内容上违反法律、行政法规规定的，属于无效决议，但是在内容上违反公司章程的却属于可撤销的决议。该种规定背后隐含的思维逻辑即是公司法中的实体性规定比公司章程中的实体性规定具有更高的法律效力。这种立法思路背后或许隐藏了立法者下意识地对于私人规则的身份性歧视。

3. 违反公司章程排除性规则中涉他性条款的涉他部分须承担的责任

公司章程中的排除性规则对应的是公司法上的补充性规范，公司法上的这类规范的典型表述方式即是"公司章程另有规定除外"或者"公司章程另有规定的，从其规定"。公司章程中的排除性规则也就是"另有规定"规则又可以分为两种：一种是涉他性规则；一种是纯束己性规则。所谓涉他性规则就是指规则的约束力可以及于公司外部人的规则。涉他性规则亦并非专门针对外部人而规定，在绝大多数情况下是既约束内部人，又涉及外部人的。违背涉他性规则中的涉他部分的规定要承担的法律责任必须是法定责任，而不能由当事人意定，当事人可以意定的仅仅是这类规则的行为模式部分。以《公司法》第71条的有限责任公司股权转让的规定为例，该条的最后一款规定为，"公司章程对股权转让另有规定的，从其规定"。但是公司章程中对于股权转

[①] 其实这跟司法解释与其所解释的法律文本具有同样的法律效力在道理上是相通的。

让的"另有规定"条款就不能设置决定股权转让合同是否有效的法律后果，而仅能决定股权转让行为是否有效，这是因为合同是否有效是合同法的调整范围之内的事情，而非公司章程能决定的。

(二) 意定责任

提及意定责任，一般人首先想到的是合同法上的违约责任。然而，其实违约责任只占合同责任的二分之一（另外的二分之一是缔约过失责任），合同又仅占法律行为的三分之一（另外两种法律行为是单方法律行为与共同法律行为），所以违约责任不仅不是意定责任的全部，而且在权重上也仅占据意定责任的六分之一而已。[①] 章程行为作为共同法律行为中的决议行为，属于法律行为，所以公司通过章程自行设定的法律责任本身亦是一种意定责任，只不过是该种意定责任与违约责任的产生机制有所差异。具体而言，违约责任是在合同当事人各方在意思表示一致的情况下约定的消极法律后果，而违反公司章程所承担的意定责任是章程行为的实施者通过资本多数决的方式表决通过的在公司章程中预设的消极法律后果。并且，违约责任是一种纯私法责任，而违反共同法律行为、决议行为、章程行为所要承担的意定法律责任中包含了一些具有公法责任属性法律责任类型。如公司可以在章程中规定，对于违反公司章程特定条款的董事等高管给予警告、记过、撤职等类似于公法上的行政处分的特殊责任，这种特殊责任在国有公司章程中甚至还比较具有普遍性。

1. 违反公司章程排除性规则中的涉他性条款的束己部分以及纯束己性条款须承担的责任

在公司法的所有规范中，补充性规范是最能彰显公司法的自由主义精神的，与补充性规范相对的公司章程规则即是其中的排除性规则。

[①] 参见陈醇：《商法原理重述》，法律出版社2010年版，第246—247页。

公司章程中的排除性规则比细化性规则更为自由的主要表现就是，它可以自行设计法律后果要件（包含了法律责任要件）。公司方不能"既当运动员，又当裁判员"，所以排除性规则中的涉他性条款的涉他部分的法律后果要件不能由公司自主决定，其他的部分包括涉他性条款的束己部分以及纯束己性条款的法律责任都"可以"是意定责任。需要澄清的一点是，笔者之所以说"可以"是意定责任，是因为实践中的公司章程未必设计得非常妥帖，亦经常出现欠缺法律后果要件的情况，即使是国家的立法文本也经常出现此类错误，公司章程则更难避免。在公司章程的后果要件欠缺、责任机制阙如的情况下，法定责任就应当发挥起填补公司章程漏洞的功能效用。

2. 违反超越公司法之外的公司章程规则须承担的责任

笔者前面所讲的公司章程中的执行性规则、细化性规则、排除性规则三种规则加总起来其实并不能包含所有的章程规则。公司章程中还存在另一种规则形式，笔者称之为"超越公司法之外的规则"。一言以蔽之，该种规则是公司在公司法的规范框架之外，完全自行"发明创造"的规则。尽管学界对此种章程规则少有论及，但它在实践中却广泛地存在着，并在数量上呈现出与日俱增的趋势。蒋大兴教授指出："章程自治行为的法律化——产生了公司法"[①]。从这个视角来观察，我们会发现超越公司法之外的公司章程规则其实亦是公司法最具本源性的发展机制之一。在这类规则中，责任机制的设定是保障这些私人制度得以切实被遵循的保障，亦只有具备意定的法律责任，法官在司法裁判中才能将这类公司章程规则作为直接性的裁判法源，从而得出可被当事人预见的裁判结论，这类规则的制度预期也才能够被实现。这类规定中的意定责任机制在公司治理实践中的存在亦非常普遍。不过，

---

① 蒋大兴：《公司法的展开与评判——方法·判例·制度》，法律出版社2001年版，第286页。

当公司章程中的这类规则出现法律后果要件欠缺的问题时，同样需要法官以法定责任机制填补规则漏洞。

第二节 公司章程规则分类视野下章程内在约束力之裁判解释

一、公司章程执行性规则的约束力——以公司章程中的出资责任条款为分析对象

如前文所述，所谓执行性规则即指公司章程中的直接执行或者照搬公司法上的强制性规范而形成的章程规则。对于公司章程中执行性规则的违反，当事人所要承担的法律责任主要是一种法定责任形式。笔者的上述观点在解释公司章程照搬公司法规范所形成的章程规则的约束力问题上，当无异议。因为，这类规则从本质上而言只是对公司法规范的重述，并无独立于公司法规范之外的特殊价值，当事人违反该类章程规则其实是直接违反的公司法，故应当承担的是法定责任。然而，对于公司章程中的另一类执行性规则的违反到底需要承担何种责任，却是一个饱含争议的问题，公司章程中的出资责任规则即属于此类执行性规则。从2013年《公司法》第28条与第83条的规定可知，无论是有限责任公司的股东还是股份有限公司发起人都必须根据公司章程的规定缴纳出资，即履行出资义务。此时公司法与公司章程各自的功能区分是：公司法重在诠释出资责任的定性问题，即股东、发起人对公司负有出资义务；公司章程则重在厘定出资义务的定量问题，即股东、发起人需要在多长时间期限内以何种形式缴纳多少数额的出资款。从表面上看，如果股东或者发起人未能履行对公司的出资义务，既违反了公司法，也违反了公司章程，似乎既应当承担法定责任，也

应当承担意定责任。我国现行《公司法》中的出资责任规范即是这种思维方式的立法体现。根据 2013 年《公司法》第 28 条与第 83 条的规定，当有限责任公司股东违反出资义务时，除了要向公司继续履行出资义务外，还需要向其他已经履行出资义务的股东承担违约责任；当股份有限公司发起人违反出资义务时，须要按照发起人协议承担违约责任。尤其是根据第 28 条的规定，违反出资义务的股东需要同时承担法定责任（对公司继续履行出资义务）和意定责任（向其他股东承担违约责任）。这与笔者前述的对于违反出资义务法律后果的表面化理解如出一辙。

（一）股东出资义务法律属性的三种学说

股东或者发起人违反出资义务到底需要承担何种法律责任，其实取决于出资义务的法律属性。对于出资义务的法律属性为何？当前学界与司法实务界存在三种观点。第一种观点认为出资义务乃是一种约定义务或者说合同义务。如叶林教授认为，"股东承担的出资义务，是股东按照约定或公司法规定承担的特殊合同义务"[1]。朱慈蕴教授认为，"股东之出资义务乃是一种合同义务，股东因为违反出资义务而给公司、已履行出资义务的股东造成损失的，应当承担违约责任"[2]。无论是在英美法系还是大陆法系，此观点均占据主流地位。此观点的论据在于，投资者或发起人认购公司股份时，其实就是与公司之间订立了一份契约或者合同，而出资则是投资者根据这份合同需要对公司承担的主要义务。股东不按照约定履行出资义务的法律责任，可以依据债务不履行的原理进行处理。[3] 第二种观点认为出资义务在本质上属于一

---

[1] 叶林：《公司股东出资义务研究》，《河南社会科学》2008 年第 4 期，第 118 页。
[2] 朱慈蕴：《股东违反出资义务应向谁承担违约责任》，《北方法学》2014 年第 1 期，第 38 页。
[3] 参见冯果：《论公司股东与发起人的出资责任》，《法学评论》1999 年第 3 期，第 42 页。

种法定义务。持此观点的学者认为，以契约之债定性出资义务有失妥当。因为：（1）根据各国公司法的普遍性规定，股东出资之后不能撤回出资，也不能被免除出资义务。因此股东之出资义务的依据不在于股权认购协议而在于公司法的明文规定[①]；（2）股东出资义务是否被完全履行，不仅事关公司、其他股东的利益，更关系到公司之债权人的债权安全。因此，出资义务已经超出了合同义务的相对性原则的限制。是故，从本质上而言，股东之出资义务乃是一种由于公司法的明文规定而必须由股东承担的法定义务而非约定义务或合同义务。第三种观点认为股东出资义务是法定义务与约定义务的结合体。因为从实践层面来看，股东承担出资义务的依据在于：（1）公司法的明文规定（法定义务）；（2）公司章程中的规定（约定义务）；（3）公司设立协议或者发起人协议的约定（约定义务）。三类依据中既有法定的因素，也有约定的因素，所以出资义务应当是法定义务与约定义务的结合体。[②]

（二）出资义务法律属性界定的关键——公司章程中出资条款的法律功能界定

总体而言，对于股东出资义务法律属性的理论认知，正在经历一个从约定义务说到法定义务说的转变。但不可否认的是，在当今学界与司法实务界，约定义务说仍旧有大量的支持者。笔者认为，理解股东出资义务法律属性的突破口在于厘定公司章程中的出资条款的法律功能与属性。将股东出资义务定位为约定义务的观点，主要是基于这样一种认识，即出资义务是由股东或者发起人在公司章程、公司设立协议或者发起协议中自己约定的事情，而章程、设立协议或者发起协议在性质上都

---

① 参见朱慈蕴：《股东违反出资义务应向谁承担违约责任》，《北方法学》2014年第1期，第33页。

② 参见朱慈蕴：《股东违反出资义务应向谁承担违约责任》，《北方法学》2014年第1期，第33页。

与合同别无二致,因此出资义务也应当是一种约定义务甚至直接就是一种合同义务。然而,事实情况并非如此,笔者认为厘清公司资本的功能是我们理解出资义务的一把钥匙。公司资本的功能决定了公司资本制度的目标定位,也就决定了股东出资义务的法律定性问题。具体而言,公司资本主要有两项功能:(1)对公司债务的信用担保功能。赵旭东教授指出:"尽管对信用的概念众说纷纭,但在公司法领域内,对公司信用的理解毫无疑问应落脚于公司履行能力和清偿债务的能力上。"[1] 孙乃伟博士甚至指出:"公司信用基础问题的研究,并无超出公司资本制度与公司债权人保护之外的价值。"[2] 而在通常意义上,我们所说的公司信用其实主要就是公司之资本或资产信用。因为有限责任制度将股东从对公司债务承担无限赔偿责任的风险中解救出来,也就要求以公司资本或者资产为信用担保,以平衡股东与公司债权人的利益结构。因此,我们可以说在现代公司法上,公司资本或资产制度与有限责任制度是一个共生共存的矛盾体。既然有限责任制度是法定的,公司资本或者资产制度亦应当是法定的,进而股东之出资义务在法律属性上也应当是一种法定义务。并且,公司债权人作为公司出资的最主要目的性对象,并不能参与公司设立协议、发起人协议以及公司章程的制定。如果我们将出资义务视为股东或者发起人之间的合同义务,那么我们将公司债权人置于何处呢?因此,可以说在股东承担无限责任的情境下,股东出资义务是一种约定义务;在股东承担有限责任的情境下,股东出资义务就转变为一种法定义务。(2)充当股东间合作的基础性条件。投资者共同成立一个公司或者通过购买已经存在的公司的股票加入一个公司,其实就进入了一个合作性的事业之中。既然是合作性的事业,就要求每一个人必须为这个事业的实现付出一定的对价或者代价,而出资就是这种对价或者代价之一。如果某个股东没有切实履行其自身负有的出资义务,其实就是对

---

[1] 赵旭东:《从资本信用到资产信用》,《法学研究》2003 年第 5 期,第 109 页。
[2] 转引自王坤:《公司信用重释》,《政法论坛》2012 年第 3 期,第 120 页。

股东彼此间合作性事业的"背叛"。从这一层面来理解，股东的出资义务似乎确实是公司各股东共同背负的一种约定义务。然而，这种理解方式最大的问题是遗漏了公司这个组织的独立性，将公司完全摆在了一个投资工具的位置，视其为股东手臂的延伸物，这种理解方式显然与现代公司法理论相左。因此，笔者认为当公司成立以后，股东共同负担的出资义务实际上都指向了公司这个目标实体，股东之间先前的关于出资的协议或者合约在理论上也就不复存在。而股东与公司之间又并未订立一份出资合同，也就无所谓约定之义务，在这种情况下公司法即充当了一个中间协调者的角色，将股东之出资义务法定化。

从笔者前文的分析可知，股东的出资义务从本质上而言是一种法定义务，而非约定义务。然后摆在我们面前的一个问题是：公司章程中的出资责任条款又充当何种角色、承担何种功能呢？笔者认为，公司章程中的出资条款其实在司法裁判中充当的是法律事实（证据事实）而非裁判规范的角色。即某一股东出资义务履行到了何种程度、是否在特定期间内履行完毕，这些案件事实的查明需要以公司章程中的出资条款为事实依据。换言之，公司章程中的出资条款在进入到司法裁判环节之前主要发挥着一种记录功能，在进入司法裁判程序之后则充当起证据事实的角色，除此之外并无其他独立的价值作用，公司的设立协议、发起人协议中的出资规定亦无不如此。

将视角再切回到本部分的开头，即违反公司章程中的执行性规则应当承担何种法律责任？从笔者的上述分析可知，以股东出资条款为代表的公司章程中的执行性规则其实主要承载的是一种记录功能、证据功能，除此之外并未承担其他独立的价值功用。或者，我们可以说公司章程中的执行性规则发挥着一种"引致条款"的功能[①]，将法律后

[①] 公司章程规则与公司法规范在适用中经常会存在两方互相充当"引致条款"的情况。公司章程中的执行性规则经常充当公司法上的强制性规范的"引致条款"，而公司法上的赋权性规范又经常给公司章程中的细化性规则充当"引致条款"。

果要件引向公司法。因此，违反公司章程中的执行性规则所须承担的法律责任亦是法定责任而非约定或者意定责任。再回头审视现行《公司法》上关于股东出资责任的规定。首先，有限责任公司股东没有完全履行出资义务的，除了要向公司继续履行之外，还要对已经履行了出资义务的其他股东承担违约责任。这里面就包含了两种责任，一种是对公司的法定责任；一种是对其他股东的约定责任。为何同一个违法行为要承担双重责任呢？这显然与民事责任的补偿性特征相悖离。公司出资义务对应的权利主体是公司这个目标实体而非其他股东，因此，公司违反出资义务也应该仅对公司承担责任。如果因为某个股东拒绝或者迟延履行出资义务而给其他股东的利益造成了损害，他们之间可以通过事前约定违约金或者事后提起损害赔偿之诉的方式予以解决，而非让违反出资义务的股东径直对其他已经出资的股东承担违约责任。[①] 其次，根据《公司法》第83条的规定，股份有限公司发起人未能善尽出资义务的，应当按照发起人协议承担违约责任。这种规定方式存在几个问题：（1）没有说明对谁承担违约责任，这将公司这个目标实体置于尴尬境地；（2）违约责任的说法本身也未能厘清出资义务的法律属性；（3）如果发起人集体不履行出资义务，发起人协议也没有规定责任承担问题，该如何处理呢？

二、公司章程细化性规则的约束力——以公司章程中的担保规则为分析对象

与公司章程中的细化性规则相对应的是公司法中的赋权性规范，不过笔者在本书中说的公司法上的赋权性规范指的是狭义上的赋权性规范，因为从广义上讲一切强制性规范以外的公司法规范都可以被称

[①] 类似观点参见韩长印：《共同法律行为理论的初步构建——以公司设立为分析对象》，《中国法学》2009年第3期，第83—84页。

之为赋权性规范。我们通常说的公司法上的任意性规范，以公司的立场而论是任意性的，而从立法者的视角来审视它又是赋权性的。① 狭义层面上的赋权性规范其实是强制性规范中的任意性部分。以前面所述的《公司法》第46条为例，该条是关于有限责任公司董事会所享有的法定职权的规定。依照现代公司法理论，"董事会是公司企业管理权的核心，在公司治理结构中，董事会与董事具有重要的、独立的法律地位"②。这意味着董事会所享有的法定职权不容僭越，尤其是不容股东会僭越。以此我们可以确知，《公司法》第46条在性质上应当属于强制性规范。而该条的最后一款以"公司章程规定的其他职权"进行兜底，该兜底性规定也就是强制性规范中的任意性部分。这种强制性规范中的任意性规定也就构成了公司法上的赋权性规范。

（一）《公司法》第16条的制度变迁意义

公司章程中细化性规则的约束力，也就是违反公司章程中的细化性规则须承担何种法律责任的问题，笔者下文将以公司章程中的担保规则为分析对象予以展开评述。与公司章程中的担保规则相对应的现行《公司法》规范即主要为该法第16条的规定。《公司法》第16条在法律性质上属于强制性规范，在我国当前的学界与司法实务界是一个共识性的认知，分歧之处在于该条规定到底是属于效力性强制性规范还是属于管理性强制性规范。③ 而学界与司法实务界之所以会十分一

---

① 公司法学界的传统做法是根据公司法规范的强制力的不同，将其分为强制性规范（或强行性规范）与任意性规范（参见胡田野：《公司法任意性与强行性规范研究》，法律出版社2012年版，第13—53页）。然而笔者认为，该种对于公司法规范的分类方法过于简单。因为，公司法规范的任意性与强制性并非是以非此即彼的状态存在着，诸多强制性规范亦包含着任意性的成分，而有些任意性规范亦并非是绝对地自由与任意。

② 赵万一、华德波：《公司治理问题的法学思考——对中国公司治理法律问题研究的回顾与展望》，《河北法学》2010年第9期，第8页。

③ 罗培新：《公司担保法律规则的价值冲突与司法考量》，《中外法学》2012年第6期，第1233—1234页。

致地认为第 16 条属于强制性规范，理论基础在于：公司提供担保行为"本身蕴含着直接或者间接的公司资产减损或者资产丧失的风险，而有损公司股东或债权人的利益"[①]。并且，具体就我国的公司担保实践中而论，绝大多数的公司担保是无偿的，没有直接或者间接的支付对价，这就决定了公司提供担保属于我国公司治理上的"重大事件"，因此作为其规制规则的第 16 条的强制属性也就不难理解。然而，第 16 条设置的巧妙之处在于，其将具体如何规制公司对内或者对外担保的规则制定权赋予了公司章程。笔者以为，第 16 条之所以没有直接规定限制性规则，可能是考虑到在商业实践中，公司或者个人普遍面对着一个"融资难"的问题，为了缓解市场上的融资压力，通过赋权公司章程的方式，将公司担保规则予以柔化、个体化。

在当前学界与司法实务界，《公司法》第 16 条一直是一条饱受诟病的法律条文，围绕该条的法律适用所形成的著述几近汗牛充栋。罗培新教授甚至直接认为第 16 条本身就是"争议的制造者"[②]。尤其是该条担保规范没有设置法律后果要件，因此"给该法条的适用留下了很大的解释空间"[③]，以至于引发实践中的裁判乱象。然而笔者认为，尽管第 16 条因为法律后果要件欠缺而在一定程度上成为诉讼纷争的诱因，但是它从整体上而言却是现行《公司法》上非常独具匠心的一条法律规范，因为它近乎直接导致了整个公司法规则的制度性转向。

那么《公司法》第 16 条对于公司法规则制度变迁的重大意义到底为何？笔者认为，其意义在于将公司权利能力规则的效力约束由外发导向内束，即孙英博士所说的，"由违法无效到法定代表人越权"[④]。

---

① 傅穹：《公司转投资、保证、借贷、捐赠规则》，《政法论坛》2004 年第 3 期，第 62 页。
② 罗培新：《公司担保法律规则的价值冲突与司法考量》，《中外法学》2012 年第 6 期，第 1232 页。
③ 高圣平：《公司担保相关法律问题研究》，《中国法学》2013 年第 2 期，第 104 页。
④ 孙英：《公司章程效力研究》，法律出版社 2013 年版，第 174 页。

张开平教授早年就曾指出:"在美国和英国,公司的目的范围从对公司能力的限制基本转化为对董事权限的限制,废除越权原则的实际效果是将'公司越权'转化为'董事越权',从而将公司越权问题转换为普通法上的代理问题。"[①] 我国《公司法》在2005年进行修订时即开始实现这种转变。第16条的制度变迁意义到底是如何发生的,我们需要通过分析公司法上的担保规范的制度流变过程予以阐释。现行《公司法》第16条中的担保规范是由1993年《公司法》第60条第3款转换而来,该款规定:"董事、经理不得以公司资产为本公司的股东或者其他个人债务提供担保。"而该款规定的法律后果要件规定于该法的第214条第3款,即"董事、经理违反本法规定,以公司资产为本公司的股东或者其他个人债务提供担保的,责令取消担保,并依法承担赔偿责任,将违法提供担保取得的收入归公司所有。情节严重的,由公司予以处分"。该款责任性规定中最为关键的一个表述就是"责令取消担保",这一表述意味着董事、经理违法提供的担保是无效的。尽管"责令取消担保"六个字的表述存在行政色彩浓厚、法理理解混乱的问题[②],但它却直接性地否定了越权担保合同的效力,将越权担保合同中担保债权人的债权利益置于不受保护的法律境地。如在2001年最高人民法院终审裁判的"中福实业公司担保案"中,中福实业公司为其控制股东中福公司的债务提供担保,且该担保是通过中福实业公司董事会决议作出的。但是最后最高人民法院认为,公司法禁止董事为公司股东提供担保,董事会作为董事集体行使权力的法定机关自然也在被禁止之列。除非法律明确授权或者公司章程、公司股东会授权,董事会也无权作出对外提供担保的决议。[③] 最终最高人民法院判决该担保合同无效,

---

[①] 张开平:《英美公司董事法律制度研究》,法律出版社1998年版,第135页。
[②] 参见钱玉林:《公司法第16条的规范意义》,《法学研究》2011年第6期,第129页。
[③] 中福实业公司章程第80条规定:"除经公司章程规定或者股东大会在知情的情况下批准,不得同本公司订立合同或者进行交易","不得以公司资产为本公司股东或者其他个人债务提供担保"。

但是中福实业公司须对中福公司未能清偿的债务的二分之一向债权人承担清偿责任。[1] 如果我们仔细揣摩最高人民法院对该案所作出的裁判结论，我们可以看出最高人民法院在该案审理中似乎经过一番纠结。一方面，从维护公司法的权威性角度考虑，最恰当的选择就是判决该担保合同无效；另一方面，案件的主审法官似乎又感觉到，担保合同无效，对于担保债权人而言似乎有失公允。因此，最后作出了担保合同无效，但提供担保的公司须对未清偿债务承担二分之一清偿责任的判决结果。该判决结果，在"定性"上合法，即担保合同无效符合当时《公司法》的规定[2]；在"定量"上合理，即通过利益衡量的方法，将债务负担在双方之间进行了权衡分配。但是，纠结之处在于其无法解释"定性"与"定量"之间存在的不可调和的法理矛盾。或许，我们可以说这是在公司法立法文本偏失的制度状况之下，最高人民法院充分发挥其裁判智慧的一种体现。

2005 年修订后的《公司法》第 16 条取代了旧《公司法》第 60 条第 3 款的担保规范。[3] 修订后的《公司法》第 16 条的先进之处在于，旗帜鲜明地承认了公司的担保能力，并将公司章程嵌入进了公司担保法律体系之内，将公司担保的具体规定权赋予了公司章程，而其自身则充当起公司章程中担保规则的"引致条款"。

---

[1] 参见最高人民法院（2000）经终字第 186 号民事判决。

[2] 如最高人民法院曹士兵法官指出："在'中福实业公司担保'案上，最高人民法院的裁判思路是：在我国公司法第 60 条第 3 款的法律规定的背景下，公司为股东提供担保受到法律限制，其限制为：公司董事、经理以及公司董事会无权决定以公司财产为股东提供担保，除非公司章程对此有授权或者股东大会同意此项担保。这个思路反映了最高人民法院对公司法条文的文义理解，也反映了最高人民法院运用社会学解释方法对公司法目的解释的结果——公司法应当保护中小股东和其他债权人的利益，而且这种保护有利于社会正义和效率。参见曹士兵："我国新公司法关于公司担保能力的规定评述——重温最高人民法院'中福实业公司担保案'"，《法律适用》2006 年第 6 期，第 52 页。

[3] 另外现行《公司法》第 121 条在第 16 条的基础之上对于上市公司担保作了进一步的限制性规定。

（二）公司章程中担保规则的约束力

从上述最高人民法院在中福实业公司担保一案审理中所作出的裁判结论可知，2005 年之前的公司担保规范在性质上属于效力性强制性规范，违背公司担保规范所订立的担保合同无效。但是，现行《公司法》第 16 条的出现改变了这种立法态度，第 16 条在兼顾公司与债权人利益的基础之上，通过赋权给公司章程的形式，将该条的法律属性变为了管理性强制性规范。同样是董事、经理越权提供担保，旧《公司法》第 60 条第 3 款采取的是诉诸于外的规制路径，而现行《公司法》第 16 条走的则是重点诉诸于内的路途。由旧《公司法》第 60 条第 3 款到现行《公司法》第 16 条，公司担保规则实现了孙英博士所言的"由外化到内敛"[①]的规制路径转变。

如前所述，第 16 条通过将公司章程引入公司担保规范体系的办法，改变了自身的效力属性，亦提升了公司章程在担保规范体系中的地位。那在第 16 条的解释论视角下，公司章程中的担保规则具有何种约束力呢？笔者认为，其约束力主要体现在以下几点：

（1）超越公司章程中的担保规则以公司名义提供担保的董事、股东等公司内部人，若因越权担保而给公司造成损失，须对公司承担赔偿责任。如前所述，现行《公司法》对于公司越权担保的规制实现了"由外化到内敛"的转变，这意味着实践中超越公司章程订立的担保合同并非当然无效，即使合同无效，公司亦有可能面临对所担保债务承担一部分清偿责任的风险。而如果公司因为董事、股东等内部人的越权担保对债权人承担了清偿责任，公司除了可向债务人追偿以外，还可以要求作出越权行为的具体责任人承担赔偿责任。

（2）除公司股东大会、董事会之外的公司机关与个人仍旧无权决

[①] 参见孙英：《公司目的外经营规制从外化到内敛——兼论双重性民事权利能力对公司越权的适用》，《法学论坛》2010 年第 1 期，第 137—142 页。

定对外或者对公司内部人提供担保。尽管如笔者前文所述，现行《公司法》第 16 条通过赋权公司章程细化担保规范的办法柔化了公司担保法律体系。但第 16 条却仍旧保留了部分担保规则决定权，具体表现之一就是在公司担保的决策机关选择上，第 16 条给了公司章程一个二选一的自主选择空间，要么选择董事会，要么不选择董事会。[①] 这意味着，一方面，公司章程不能将提供担保的决定权配置给董事、经理甚至股东等股东大会与董事会以外的公司机关或者个人；另一方面，当前述股东大会与董事会之外的主体超越公司章程中的担保规则对外订立的担保合同在理论上应当是无效的。因为，该类越权表面上僭越的是公司章程，实质上违背的是公司法，而且违背的是第 16 条这样的强制性规定。

（3）担保合同相对人对公司章程中的担保规则负有一定程度上的注意义务。如笔者前面提到的张开平教授所述，在现代公司法上废除越权原则的实际效果是，将原来的公司越权问题转变为了现在的董事越权，对于董事越权则适用代理法的规定。根据代理法，公司之法定代表人越权所实施的代理（或代表）行为，只有在满足表见代理的构成要件的情况下，该行为的结果才能为公司所当然承受。而表见代理的构成要件之一即是相对人必须为善意相对人，当越权担保合同的相对人明知、应知或者可以通过实施一定的审查义务而获知越权事实而没有实施审查的时候，公司方就不应承受替债务人清偿未履行之债务的义务。对此，最高人民法院曹士兵法官指出："相对人因未尽到必要注意义务而存在过失，无法获得我国合同法第 49 条规定的表见代理制度的保护，担保合同归于无效。"[②] 担保合同相对人对于公司章程所负

[①] 或许读者会认为"二选一"的结果应当是要么选择股东大会，要么选择董事会。其实并非如此，因为股东大会拥有当然的决定权，只有董事会是可选择的。

[②] 曹士兵：《我国新公司法关于公司担保能力的规定评述——重温最高人民法院"中福实业公司担保案"》，《法律适用》2006 年第 6 期，第 53 页。

的注意义务是一个涉及公司章程对外效力的问题，笔者将在本书后面对公司章程的外部约束力单独展开论述，所以此处不再赘述。

从笔者以公司章程中的担保规则为对象所展开的分析可知，违反公司章程中的细化性规则所承担的法律责任主要是一种法定责任。不过，这并不意味着违反该类规则只须承担法定责任，公司章程在法定范围内对这类规则设置的法律后果要件亦被法律承认，并可以通过司法机关予以确认或者强制执行。如公司可以在章程中规定："董事或者经理违反公司章程规定擅自对外提供担保的，将撤销其董事资格或者经理职位。"此种意定的法律后果即可以为法律所认可。

三、公司章程排除性规则的约束力——以公司章程"另有规定"条款为分析对象

相对于执行性规则与细化性规则，公司章程中的排除性规则在自由主义的道路上又向前迈进了一步。与公司章程中的排除性规则相对应的是公司法上的补充性规范，在现行《公司法》上这类涉及公司章程的补充性规范是以"公司章程另有规定除外"、"公司章程另有规定的，从其规定"这样的方式予以表述的。在1993年《公司法》上，这种针对公司章程的补充性规范是不存在的，在2005年对《公司法》进行修订时，针对有限责任公司股权转让、股权继承、股东表决权行使、股份有限公司利润分配等问题设置了六处可以由公司章程予以排除适用的法律条款，分别是《公司法》第41条、第42条、第49条、第71条第3款、第75条、第166条第3款。① 对此，钱玉林教授意味深长地指出："2005年公司法使公司章程从训示性的特质走向了实践性

---

① 参见吴飞飞：《公司章程"排除"公司法：立法表达与司法检视》，《北方法学》2014年第4期，第155页。

的品格，成为一个具有内在价值的体系而存在于公司法规范中，因此，公司章程'另有规定的，从其规定'已大大超出了一般法律文本的意义，具有了丰富的法学内涵。"①

（一）公司章程"另有规定"条款的约束力困境

相对于公司章程中的执行性规则与细化性规则，以公司章程"另有规定"条款为主要表现形式的公司章程中的排除性规则，以及本书接下来将要分析的超越公司法的公司章程规则，在约束力问题上都面临着一个同样的困境，即他们经常会陷入自身是否有效的逻辑悖论之中。对于公司章程中的"另有规定条款"而言，如笔者前文所述，现行《公司法》将股权转让、继承、股东表决权行使、利润分配等涉及股东固有权的法律规范构造权配置给了公司章程，只有在公司章程未作另外规定的情况下，公司法中的这些规范才具有当然适用效力。在实践中，就极容易出现公司章程自由与股东固有权发生冲突与碰撞的现象，公司要求股东等人服从公司章程中的某项规定，而股东等人则宣称公司章程侵犯了其固有权，应当是无效的，在诉讼中即可能会表现为反诉的经常性出现。换句话说，法官在涉及公司章程"另有规定"条款的案件裁判中经常会面临双重任务，一方面要考察这类条款本身是否有效，因为只有有效的公司章程条款才能以裁判法源的身份为法官所适用；另一方面又要裁决这类有效的章程条款具有何种的拘束力，违反这类规则的人须承担何种责任。一言以蔽之，解决公司章程"另有规定"条款约束力的问题必须先解决"另有规定"条款本身是否有效的问题。

对于公司章程本身是否有效的问题，本书第五章专门进行了探讨，只不过第五章是在整个公司章程的一般性层面构造其效力认定规则。

---

① 钱玉林：《公司章程"另有规定"检讨》，《法学研究》2009年第2期，第71页。

因此，在此处有必要对公司章程中的"另有规定"条款的效力认定方法作专门性阐释。在当前公司法学界与司法实务界，公司章程合同说日渐占据主流地位，该种学说对于公司章程"另有规定"条款效力的认定思维亦产生着十分重要的影响。遵循章程合同说的解释路径，当前学界与司法实务界对于"另有规定"条款的效力应当如何认定的问题，主流性观点是区分公司之初始章程与后续章程，为两者采取不同的认定方式。具体而言，初始章程是经全体股东或发起人一致同意而制定的，具备了合同所必须具备的合意机制，所以应当在最大程度上认可其效力。对于后续章程或者说章程修正案而言，其适用的是资本多数决定机制，一般都未形成全体股东一致同意的合意结果，所以当限制或者侵犯股东固有权的"另有规定"条款是经由公司章程修订程序而制定的时候，此类条款有效与否就取决于其是否获得了固有权受限制的股东的同意。[①] 如罗培新教授认为，初始章程与后续章程在"选掉"公司法规则的正当性上存在差别，初始章程可以被允许"选掉"公司法规则，而后续章程"选掉"公司法规则的正当性基础十分薄弱。[②] 钱玉林教授则以公司章程合同说为依据从另一种角度进行阐释，即如果公司章程中的"另有规定"条款平等地适用于全体股东，则此类规定可被视为具有自治法规的属性（其实就是认可其效力与约束力）；如果此类"另有规定"条款针对的仅仅是个别股东，则此类规定对于股东权的限制缺乏法理依据，除非其获得了这类股东的同意。[③] 钱玉林教授在另一篇关于股权转让的文章中进一步提出，对于公司章

---

① 参见钱玉林：《公司章程"另有规定"检讨》，《法学研究》2009年第2期，第73—74页；罗培新：《公司法强制性与任意性边界之厘定：一个法理分析框架》，《中国法学》2007年第4期，第79—82页。

② 参见罗培新：《公司法强制性与任意性边界之厘定：一个法理分析框架》，《中国法学》2007年第4期，第82页。

③ 参见钱玉林：《作为裁判法源的公司章程：立法表达与司法实践》，《法商研究》2011年第1期，第99页。

程限制股东股权转让的"另有规定"效力问题,应区分该"另有规定"是关于"股权转让程序"还是涉及"股权之处分权"作类型化分析,对于"程序性限制"可依据章程自治法规说予以裁决,对于"处分权之限制"则应依据章程合同说裁决其效力。① 其实,此种理解方式仍旧没能跳出公司合同理论的认知视野。

伯利与米恩斯在《现代公司与私有财产》一书中指出:"股东的权利在于对公平交易的期望,而非在于能够去实施一系列假设的法律权利。"② 笔者认为,这句话一语道破股东权之天机。股东权尤其是股东之固有权,确实是维系公司经营存续的基础性权利,但是股东权不能被随意剥夺,并不意味着其不能被限制。资本多数决作为公司内部的法定决议方式,本身是公司这个独立法人拥有的程序性权利,我们又怎能扛着股东权的大旗肆意践踏公司享有的这种程序性权利呢?笔者认为,在涉及公司章程中"另有规定"条款案件的司法裁判中,法官应秉持以下几点认知:第一,公司是一个独立的法人,其不仅仅独立于外在的国家管制与干预,还独立于作为出资人的股东。以公司合同理论或者公司章程合同说裁决此类纠纷,实际上忽略了公司的法人独立性,仍旧将其视为股东之"手臂"的延伸。第二,章程行为属于公司行为,这种行为是否有效取决于其是否符合其自身的效力认定规则,而不能以合同行为的效力认定规则来评价章程行为之效力。第三,如果对于初始章程与后续章程适用不同的效力认定规则,会人为地造成公司章程法律适用不公,亦会严重破坏后续章程的稳定性,进而将公司的法人治理秩序引入一个非常不确定性的法律风险暗流之中。认为股东权大于公司章程的学者或者法官在公司合同理论或者公司章程

---

① 参见钱玉林:《公司章程对股权转让限制的效力》,《法学》2012 年第 10 期,第 105—106 页。

② 阿道夫·A. 伯利、加德纳·C. 米恩斯:《现代公司与私有财产》,甘华鸣、罗锐韧、蔡如海译,商务印书馆 2007 年版,第 282 页。

合同说这个表面理据之下，隐藏着一个对于股东平等原则的偏颇认知。股东平等并不包含股东完全意思自治这个构成要素，更不意味着股东的权利至上而不可被限制。其实，本源意义上的股东平等原则包含两个构成要素："一是股东资格平等；二是股东民主。"[①] 其中股东资格平等意味着任何一个投资者，只要加入了公司之中，并具有了股东的身份，就不论其出资多寡都可以同其他股东一样享有股东的权利。股东民主则是股东平等原则的核心性要素，其在公司治理中的机制化体现即是资本多数决。换言之，资本多数决是一种股东意思民主机制，"意思民主不是意思自治或者意思一致，而是一种意思冲突规则"[②]。因此，裁决公司章程效力应当适用的是意思民主规则而非意思一致规则。最后，从尊重公司自治的视角而言，司法对于公司章程这种公司治理规则的介入也应该主要是一种程序性介入，公司章程合同说经常会将法庭调查的触角深入到公司内部的股东意思表示层面，这实际上也与公司治理的司法介入的克制主义理念相左。

（二）公司章程"另有规定"条款的约束力——以有限责任公司违反章程转让股权为例

公司章程"另有规定"条款的约束力如何实现，依据"另有规定"条款涉及的不同内容，会有所差别。比如，如果公司章程对于有限责任公司股东表决权如何行使作了区别于公司法的规定，而之后召开的公司股东大会没有按照公司章程中规定的表决权行使方式行使，则异议股东或者其他人员可以根据《公司法》第 22 条的规定，在 60 日内请求法院撤销该股东大会决议，在这种情况下违反该类条款的法律后

[①] 吴飞飞：《"公司章程另有规定"条款的理论争点与司法解说——以公司合同理论与股东平等原则为认知路径》，《甘肃政法学院学报》2014 年第 1 期，第 96 页。

[②] 陈醇：《论单方法律行为、合同与决议之间的区别》，《环球法律评论》2010 年第 1 期，第 51 页。

果就是法定的。但是，如果公司章程在关于股东表决权行使的条款中，同时设置了法律后果要件，只要这种法律后果要件不违反现行法律、行政法规、善良风俗与伦理道德，则该意定的法律后果可以优先于《公司法》第22条被适用，并可以借助法院的公权力获得强制执行。

在我国现行《公司法》设置的几种补充性规范的框架之内，公司章程"另有规定"条款具有何种约束力的问题上，最为复杂的一类"另有规定"条款即是关于有限责任公司股东转让股权的"另有规定"。因为，股东违反该类规则可能会对公司的人合性、其他股东的优先购买权、第三人的合同预期产生不利的影响，牵涉的利益结构十分复杂。是故，笔者下文将以违反有限责任公司章程中的股权转让条款须承担何种法律后果为重点展开论述。

1. 有限责任公司股权变动模式梳理与评议

有限责任公司股权转让中的股权变动模式问题，即股权转让合同或者行为何时生效的问题，是公司法上非常棘手的一个问题，围绕着这个问题展开的相关论述不胜枚举，然而却远未在学界或者司法实务界形成一个共识性的认知。根据徐式媛与李志刚博士的梳理，当前学界与司法实务界存在的股权变动模式之见解有六种之多，分别是：外部登记模式、合同加通知模式、修正的意思主义模式、合同加履行模式、实用主义模式与相对区分模式。[①] 不过，笔者认为，上述归类方法多有重叠之处，概括而言当前学界与司法实务界主张的股权变动模式可以归纳为三种：

（1）形式主义股权变动模式。该种模式的主张者认为，仅有股权转让合同生效，股权变动情况并未实际发生，还须履行一定的公示程序才能引起股权变动效果的实际发生。[②] 对于如何公示，有学者指出应

---

① 参见徐式媛、李志刚：《股权变动模式法律问题研究》，《法学杂志》2014年第4期，第109—111页。

② 参见孙晓洁：《公司法基本原理》，中国监察出版社2006年版，第293页。

存在两个公示程序，即内部公示程序与外部公示程序。内部公示即股东名册变更，变更之后股权转让的法律效果方才发生；外部公示，即在工商登记机关办理了股权变更登记以后，股权转让行为遂可以对第三人产生对抗效力。[①] 然而，股权变动形式主义在司法适用上会存在以下几点问题：第一，实践中，我国的很大一部分公司并没有制备股东名册。对于这些没有制备股东名册的公司而言，其股权变动效果发生于何时？形式主义模式显然无法解答。第二，现行《公司法》亦未将变更股东名册作为决定股权变动的生效要件。[②] 按照现行《公司法》第 32 条规定，记载于股东名册的股东可以依此向公司主张行使股东权利，但是该条规定并不意味着只有记载于股东名册的股东才可主张股东权利。第三，股权变动形式主义容易置股权受让方的利益于危险境地，不利于维护交易安全。因为，如果公司不予变更股东名册或者拖延变更，在这个中间时间内受让方的利益无疑会面临着极大的不确定性，甚至还会为出让人"一股二卖"行为提供时间契机。第四，该种股权变动模式表面上看似对公司方有利，但却未能将如何维护公司利益与股权变动效果何时发生之间涉及的权利冲突与对抗关系理顺，结果很可能使公司与受让人的利益都处于一种不确定性之中。正是因为股权变动形式主义存在上述种种弊端，当前无论是学界还是司法实务界持有该种观点的人已经越来越少。

（2）意思主义股权变动模式。所谓意思主义的股权变动模式，即股权出让人与受让人之间的股权转让合同生效以后，即发生股权变动的法律效果。从理论层面来看，该种股权变动模式直接将公司方的意思排除在股权变动法律关系之外，对于维护股权转让的交易稳定性较为有利。但实际情况并非如此简单，意思主义的股权变动模式亦存在

---

① 参见刘俊海：《现代公司法》，法律出版社 2011 年版，第 345 页。
② 参见李建伟：《有限责任公司股权变动模式研究——以公司受通知与认可的程序构建为中心》，《暨南学报》2012 年第 12 期，第 19 页。

多种缺陷：第一，尽管股权变动的法律效果在股权转让合同生效以后即随之发生，但是受让方在法律意义上具有股东身份并不意味着其就能够在实践意义上切实地行使股东权。因为，如果出让方是在没有征询其他股东及公司意见，并且违背公司章程的规定的前提下出让的股权，那么公司方及其他股东一般也不会轻易接纳一个新的股东加入他们的共同事业，中间定然会发生阻挠与障碍，并对新股东行使股东权产生制约性影响。第二，有限责任公司具有很强的人合性，股东彼此之间维系着一种微妙的情感纽带。正因如此，各国公司法都规定了有限责任公司股权转让中的其他股东的优先购买权，并且几乎都允许公司章程在公司法规定的基础上对股权转让作更为严苛的限制。换言之，有限责任公司的股东权并非是一种绝对权，而是一种限制性权利，之所以在其之上加设限制性条件，原因在于股权的绝对自由转让会对公司及其他股东产生负外部性，或者说会对公司及其他股东造成溢出性不利影响。意思主义的股权变动模式，没有将股权转让所产生的这种负外部性考虑进去，也即无法实现外部性的内部化，这对于公司方及其他股东而言是有失妥当的。

（3）修正的意思主义股权变动模式。此种模式由李建伟教授提出，具体指原则上股权变动的效果在股权转让合同生效后即发生，但此时股权变动效果只在出让人与受让人之间有效。只有将股权变动事宜通知公司方并得到公司方认可以后才可以对公司方及其他股东产生对抗力，只有在工商登记机关办理变更登记以后才可以对第三人产生对抗力。[1] 此种模式似乎既关照了股权受让人的利益，又兼顾了公司方及其他股东的利益，利益衡量拿捏得当。然而，笔者认为此种模式在解释力上还存在诸多欠缺之处。第一，未能解释清楚"公司认可"的法律

---

[1] 参见李建伟：《有限责任公司股权变动模式研究——以公司受通知与认可的程序构建为中心》，《暨南学报》2012年第12期，第22—23页。

性质，正因为无法解释清楚"公司认可"的法律属性，也就无法澄清公司拒绝认可时的法律后果及补救措施。如李建伟教授对于公司拒绝认可的情形指出，"公司立法也应该为受让人提供救济措施"①，这实际上是把问题又抛回一个不确定性的状态。第二，认可还是不认可完全掌握在公司方手中，如果公司没有正当理由地拒绝认可，股权受让人又要陷入寻求救济的无休止循环之中。

2. 章程自治视野下有限责任公司股权变动模式应当如何设计

针对上述几种有限责任公司股权变动模式，有学者指出："股权变动模式的问题，是公司实践的问题，而不是民法学的问题。公司法本身是为市场经营服务的，故应重点考虑公司的组织、公司的运行、股权转让甚至公司利益的保护，而不应拘泥于民法理论。"② 笔者认为该观点一针见血地指出了当前的几种有限责任公司股权变动模式存在的严重的交易便利主义倾向。

股权虽然在某些方面与民法上的物权、债权多有相似之处，但是因为它自身具有的独立特征，而不能被物权或者债权吸纳。早在19世纪中叶，德国学者Prenaud教授就认为，股东权是一种既非物权又非债权的特殊权利，是一种"单一的权利"。后来有学者又根据Prenaud教授的"单一的权利"说将股东权解释为一种"社员权"。③ 然而笔者认为，尽管"社员权"说凸显了公司的人合性与团体性，但却容易抹杀股东权中的股东的个人权利要素，亦有失偏颇。笔者认为，江平教授对于股权属性的界定颇为精准，他指出："股权是团体性权利与个体性权利的辩证统一。"④ 此种观点既凸显了股权的团体依附性，又没有抹

---

① 李建伟：《有限责任公司股权变动模式研究——以公司受通知与认可的程序构建为中心》，《暨南学报》2012年第12期，第29页。
② 徐式嫒、李志刚：《股权变动模式法律问题研究》，《法学杂志》2014年第4期，第111页。
③ 参见江平、孔祥俊：《论股权》，《中国法学》1994年第1期，第72页。
④ 江平、孔祥俊：《论股权》，《中国法学》1994年第1期，第75页。

杀股权的个人权利色彩，十分得当。从本质层面而言，股权的法律属性应当是我们构造股权变动模式的基础性依据，股权变动模式的最佳设置方式亦是在股权的团体性与个体性之间求取一个平衡。

基于维护有限责任公司的人合性的立法目的，现行《公司法》第71条规定了股权转让的其他股东过半数同意机制以及同等条件下其他股东的优先购买权。而实践中，经常发生股东在未通知公司及其他股东的情况下对外转让股权的情况，在这种情况下，股权的个体性权利属性与其团体性权利属性、公司以及其他股东的法定利益与第三人的合同利益就会发生冲突与碰撞。并且，还有一个十分突出的问题是，第71条最后一款"公司章程对股权转让另有规定的，从其规定"的存在直接将该条前面的几款规定变为公司法上的补充性规范，这就意味着公司章程中的"另有规定"条款亦成为影响股权变动效力的重要因素。

在章程自治的情境下，我们应当如何设置我们的有限责任公司股权变动模式，以兼顾各方之利益呢？笔者认为，有限责任公司股权变动模式的设置，一方面要以股权的法律属性为基点展开；另一方面要兼顾各方之利益平衡与交易便捷。

从股权的法律属性来看，如前所述，股权既具有团体权利属性又具有个体权利属性。换言之，我们可以说每个股东享有的股东权都不是绝对的，而是与其他股东的股东权还有公司法人享有的权利之间存在交叉与重叠。当一个股东处分自己的股东权的时候，其实亦连带性地处分了公司与其他股东享有的与处分者的股权交叉重叠在一起的权利部分。处分股权的股东对于这部分交叉重叠的股权显然是不享有处分权的。不过，这还没有触及到更深的层面，更深的层面是，股东对外转让股权的行为其实也是为公司以及其他股东寻找新的合作伙伴的一种类似代理行为。所以，有限责任公司股东在违反《公司法》第71条与公司章程中的股权转让条款的情况下所订立的股权转让合同，其实与无权处分合同、无权代理合同十分相似。于是，我们是否可以通过参照无权处分合同、无权代理合同的规范构造结构来设置有限责任公司的股权变动模式呢？对于这种设想能否获得肯定性的答案，需要看该种股权变动的构造模式是否能够有效地平衡多方主体之间的利益格局。

如果我们比照无权处分合同、无权代理合同的法律构造来设置有限责任公司的股权变动模式，笔者认为可以作如下设置：第一步，出让方与受让方订立股权转让合同，此时合同尚未生效；第二步，出让方与受让方共同将股权转让事宜通知给公司方，此时合同处于效力待定状态[①]；第三步，公司在法定期间以内[②]，拒绝或者认可该合同的效力。不过为了平衡公司方、其他股东以及股权受让方的利益格局，笔者认为，公司拒绝追认的，受让人可以向法院提起诉讼，请求法院确认其股东身份，不过受让人不承担举证责任，而是由公司方承担股权转让合同违反法律与公司章程的举证责任。另外，在法定期间内，若公司方不做任何表示则视为认可股权变动的法律效果。

对于笔者的上述观点，读者可能会对一个问题存有疑虑，即违反公司章程关于股权转让的"另有规定"条款是否能够构成公司拒绝追认合同效力的正当理由。甚至有人会指出，公司章程中关于股权转让的"另有规定"条款属于公司的内部规定，受让人无从知悉，不能对受让人产生对抗效力。然而，事实并非如此，因为《公司法》第71条

[①] 笔者之所以主张由出让人与受让人共同履行对公司的通知义务，是因为出让人相对于受让人而言，他对公司的通知更容易获得公司的信赖，受让人相对于出让人而言更具有尽快通知公司的积极性。将两者之间的优势结合在一起的话，最优的安排显然是由出让人与受让人共同对公司进行通知。参见李建伟：《有限责任公司股权变动模式研究——以公司受通知与认可的程序构建为中心》，《暨南学报》2012年第12期，第27页。

[②] 笔者认为可以将此"法定期间"设置为15日。因为根据《合同法》第47条的规定，无权代理合同的相对人可以催告法定代理人在1个月时间以内予以追认，而股权转让合同应当具有更强的效率性，以防止期间发生其他风险，所以笔者这个"法定期间"应该比无权代理合同中法定代理人的追认期间稍短。

的最后一款除了具有允许公司章程排除前面几款规定的作用之外，还对准备受让股权的外部人具有提示作用。[①]如段威教授指出："就我国（2005年）《公司法》第72条[②]之规定而言，股权转让时其他股东同意权的存在，以及公司章程可以对该同意权作另外安排，应为公司第三人所明知或应知。"[③]另外需要澄清的一个关键性问题是，公司章程中关于股权转让的"另有规定"可以对第三人产生对抗效力，并不意味着该种对抗的法律后果可以由公司章程规定。对此笔者认为，公司章程中股权转让的"另有规定"涉及第三人的部分或者说涉及股权转让合同的部分，章程仅能自主设计其行为模式要件，却不能设计针对第三人的法律后果要件，因为具体将对第三人产生何种法律后果应当由法律予以规定、由司法机关予以判别。不过对于公司内部人规定的法律责任要件，在法律许可的范围之内具有被强制执行的效力。

有限责任公司章程中关于股权转让的"另有规定"条款是我们认知公司章程中的排除性规则的一个面向，公司章程中其他的排除性规则的约束力与之多有相似之处。如本部分开头笔者指出的，现行《公司法》中针对公司章程设置的六处补充性规范，极大地释放了公司章程的自治空间，突出了公司章程的裁判法源地位。在未来的商业实践中，可以预见公司章程中的排除性规则将愈发具有个性化，甚至会远远超出立法者的制度预想之外。在未来的司法裁判中，法官如何在寻求公正的裁判结果的同时保障公司章程中异于公司法规范的创新性规则不被扼杀，将是一个亟待思量的司法命题。

[①] 在这一点上，《公司法》第71条与第16条的公司担保规范具有同样的作用，都在一定程度上发挥了"引致条款"的功能。

[②] 由于2013年立法部门对公司注册资本制度进行了改革，引起《公司法》的条文序列变动，原来的第72条变为了2013年《公司法》的第71条。

[③] 段威：《有限责任公司股权转让时"其他股东同意权"制度研究》，《法律科学》2013年第3期，第120页。

四、超越公司法之外的公司章程规则的约束力——以阿里巴巴集团"合伙人制度"为分析对象

公司法面对的是一个以创新为主导元素的商业社会，这几乎注定了公司法规范无论如何先进，都不可避免地滞后于其所面对的商业实践。英国法学家罗纳德·拉尔夫·费尔摩里教授在《现代公司法之历史渊源》一书的开篇悠悠地写道："1600—1720 年，与其说是法律之发展阶段，倒不如说是特许公司之发展阶段。与现代公司十分类似之商业组织到了 17 世纪末已有了一定程度之发展，但尚未获得法律上之认可与调整。并且由于泡沫法案带来之负面影响，公司法之发展经历了至少一个世纪之停滞。"[①] 公司法的成长过程，与其说是一个预见性的制度构建过程，倒不如说是一个由商业实践倒逼而形成的一个制度补漏与权利追认过程。如我国自 1978 年开始实施改革开放，然而直到 1993 年才制定颁布《公司法》，而且 1993 年《公司法》的出台亦主要是被当时的国有企业改革大潮倒逼所致。因此，我们可以说在商业领域，超越公司法、超越法律是一种常态，是制度竞争的必然之举。并且，从立法层面而言，制度构建者应当及时通过法律修改机制对公司合适的制度创新规则予以追认；在司法层面，法官应当确认并执行公司在合理限度之内的制度创新规则的约束性效力。公司章程作为现代公司之间展开制度竞争的着力点，努力寻求规则创新以掌握竞争优势是其重要的内在功能属性。因此，公司章程超越公司法的制度性框架所设置的一些新的规则形式，不仅仅不应被扼杀，还应当被认可与鼓励。

[①] 罗纳德·拉尔夫·费尔摩里：《现代公司法之历史渊源》，虞政平译，法律出版社 2007 年版，第 3 页。

(一) 阿里赴美上市折射出中国公司、证券法律制度滞后之忧

北京时间 2014 年 9 月 19 日晚，阿里巴巴集团（以下简称阿里）正式在美国纽交所挂牌交易，创全球最大规模 IPO。至此，"我国排名居前的互联网公司，如腾讯、阿里、百度、网易、搜狐、新浪等，都选择了在海外资本市场上市"[①]。与阿里美国上市同样吸引眼球的另一个年度关键词是阿里推出的"合伙人制度"。"合伙人制度"甚至可以说是决定阿里之所以选择赴美上市的关键性因素。众所周知，阿里在决定赴美上市之前曾试图入驻港交所，并为此与港交所进行了多轮磋商，但最终仍因港交所认为阿里推行的"合伙人制度"违背了港交所奉行的"同股同权原则"而未能如愿。[②] 同样，阿里之所以没有选择在国内 A 股市场上市的原因之一，也是因为考虑到其"合伙人制度"无法符合 A 股市场上市的审核要求。尽管相对于在美国上市而言，无论是选择 A 股市场还是港交所都具有极大的成本优势，但最终大陆与香港资本市场还是失去了一大单生意，两地股民亦只能"望美兴叹"，这对于陆港两处股市而言无疑是一个巨大的遗憾。对此，香港高等法院罗干淇律师满怀忧虑地指出，国内标杆性民企赴美上市，不仅会加剧国家资产向美国流动的机会，还会因美国资本市场执行的严格信息披露机制而增加国家核心经济信息情报外流的风险。[③]

2013 年 11 月召开的党的十八界三中全会将"推进股票发行注册

[①] 佚名：《阿里巴巴赴美 IPO：中国企业上市为何奔海外》，《北方金融》2014 年第 10 期，第 104 页。

[②] 2007 年，港交所曾以违反公平及平等原则，否决了一家新股申请人在董事提名权方面享有特权的要求，构成了"同股同权原则"适用的先例。目前，在香港只有港交所一家上市公司，基于政府控制需要，有提名董事方面的特权——港交所 13 个董事会成员中，只有 6 名董事由股东选举产生——而这一提名董事的特权是香港立法会通过法例《交易所及结算所（合并）条例》所确认的。参见卢文道、王文心：《双层股权结构对一股一权原则的背离——阿里上市方案中"合伙人制度"引起的思考》，《证券法苑》2013 年第 9 卷，第 182 页。

[③] 参见罗干淇：《阿里巴巴上市背后的特殊意义》，《财经界》2014 年第 9 期，第 99—100 页。

制改革"确立为我国资本市场改革的重要任务之一。同年 12 月 9 日《优先股试点管理办法》在证监会第 16 次主席办公会会议上获得审议通过。2014 年 4 月 10 日证监会正式批复开展互联互通机制试点,2014 年 11 月 14 日,财政部、国税总局、证监会联合下发了《关于沪港股票市场交易互联互通机制试点有关税收政策的通知》。2014 年 3 月 4 日上海证券交易所理事长公开表示,上证所正在研究设立"战略新兴产业版"。这一切都充分地表明,我国资本市场新一轮改革的大幕已徐徐拉开。因此,可以预见,在中国资本市场发展的史册上,阿里赴美上市定将成为我国此轮资本市场改革的一个大大的脚注。从笔者前文的阐述可知,被阿里推崇备至的"合伙人制度"是决定阿里舍弃 A 股市场、死磕港交所并最终选择赴美上市的关键性诱因。因此,理解并挖掘阿里"合伙人制度"之本质及其反映的中美资本市场的制度性差异,乃是我们推进新一轮资本市场改革必须倾注精力的一个面向。

(二)阿里"合伙人制度"实际是双重股权结构的升级版

2013 年 9 月 10 日晚即阿里 14 周年庆的当晚,马云在给阿里员工的内部邮件中说:"大部分公司在失去创始人文化以后,会迅速衰落蜕变成一家平庸的商业公司。我们希望阿里巴巴能走得更远……怎样的制度创新才能实现我们的梦想呢?"马云并未直接回答这个设问,而是将话锋转为阿里自 2010 年开始实施的"合伙人制度",并认为该项制度有利于传承阿里的"使命、愿景和价值观",言说至此,谜底尽揭。不过,此时阿里"合伙人制度"的庐山真面目仍旧处于一种"犹抱琵琶半遮面"的状态。2014 年 5 月 6 日阿里向美国证券交易委员会提交招股说明书,其"合伙人制度"之全貌尽显。阿里招股说明书中有关"合伙人制度"的信息中最为关键性的信息是:"合伙人"享有提名公司半数以上董事的专属性权利。如若由"合伙人"提名的某一董事候选人未能在公司股东大会上获得通过，则"合伙人"有权任命一名临时董事暂行董事权利，待下一年股东大会召开之时，由"合伙人"再次提名一名董事候选人。并且，只有经出席股东大会的股东所持表决权的 95% 以上通过才可以变更或者取消"合伙人"拥有的此项权利。也即是说，马云及其合伙人以 10% 左右的股份牢牢地控制了董事会的 5 个席位（阿里董事会共 9 个席位）。尽管阿里董事局执行副主席蔡崇信先生在《阿里巴巴为什么推出合伙人制度》一文中言辞恳切地说："我们从未提议过采用双重股权结构的方案。"[①] 然而，从本质上而言，阿里的"合伙人制度"与双重股权结构并无实质性差别。如果说真的有差别的话，那就是"合伙人制度"是双重股权结构的"升级版"，因为"它仅仅控制非独立董事的提名权，而开放了其他股东权给股东，同时避免了创始人去世后公司控制权世袭罔替的不足，与双层股权结构相比具有明显的进步性"[②]。在承认阿里"合伙人制度"具有双重股权结构本质的前提下，我们可以说，阿里的"合伙人制度"彰显了东方智慧，为世界公司治理制度创新探索出了一种新的控制权配置路径。

双重股权结构或者 AB 股（dual class share），是与"同股同权"的一元股权结构（class equity）相对的一种非对称性股权结构，通常在此种股权结构中，公司管理层所持有的股份每股拥有数倍甚至百倍于公司普通股份每股的表决权。双重股权结构最早出现于美国的银行业中，银行类企业股东为了在融资过程中继续保持对企业的控制权，尝试发行了无表决权优先股，打破了象征着股东民主的"同股同权"

[①] 蔡崇信：《阿里巴巴为什么推出合伙人制度》，《创业家》2013 年第 10 期，第 101 页。
[②] 马一：《股权稀释过程中公司控制权保持：法律途径与边界》，《中外法学》2014 年第 3 期，第 726 页。

规则。① 美国的家族企业因为与银行类企业一样，渴望在融资过程中继续保持对企业的控制权，故由银行类企业发明的此种股权模式很快被以美国家族企业为主的成长型企业借鉴。1926 年美国道奇兄弟公司通过纽交所发行了 15000 万股无表决权 A 类普通股，此举将双重股权结构推向了舆论的风口浪尖，一时质疑之声四起，以至于纽交所在重重压力之下对双重股权结构进行了长达 60 年的封冻。② 到 20 世纪 80 年代，因为公司兼并收购大潮的兴起，也为了同其他证券交易所竞争客户，纽交所放弃了对双重股权结构的限制，如今，美国的三大证券交易所都允许上市公司采取双重股权结构。根据美国证券价格研究中心发布的数据，截至 2007 年，美国上市公司中共有 333 家公司采取了双重股权结构，占美国上市公司总数的 7.4%。③ 并且，在美国上市的公司采取双重股权结构的数量与我国的相关性显著增长，因为数家在纳斯达克上市的中概股都采用了该种股权模式。④

就目前而言，尽管美国、英国、日本、芬兰、德国、意大利、瑞士等发达国家的公司证券法律都已经认可了双重股权结构这种股权配置模式的有效性，但关于它的质疑之声并未消弭。反对双重股权结构的声音虽然庞杂，但是理由无非是其违背了"同股同权"原则，存在侵损中小股东权益的风险。在我国亦有学者认为，认可双重股权结构的公司法背离了"股东本位"价值理念⑤，双重股权结构只是"一种精心包装的'内部人控制'模式而已"⑥。

---

① See Adolf A. Berle, "Non-Voting Stock and Bankers Control (1925-1926)", *Harvard Law Review* 39, 1926.
② 冯果、杨梦：《国企二次改革与双重股权结构的运用》，《法律科学》2014 年第 6 期，第 152 页。
③ 马一：《股权稀释过程中公司控制权保持：法律途径与边界》，《中外法学》2014 年第 3 期，第 719 页。
④ 陈若英：《论双层股权结构的公司实践及制度配套——兼论我国的监管应对》，《证券市场导报》2014 年第 3 期，第 4 页。
⑤ 参见周珺：《论股东本位——阿里巴巴公司"合伙人"制度引发的思考》，《政治与法律》2014 年第 11 期。
⑥ 参见马军生：《阿里合伙人的私心》，《董事会》2014 年第 2 期。

（三）司法应当如何应对以阿里"合伙人制度"为代表的超越公司法的章程控制权条款

对于超越公司法的公司章程规则而言，其在司法裁判中面临的最大的障碍不是如何实现其约束力的问题，而是其本身是否有效的问题。因此，对于这类规则而言，司法裁判对其有效性的确认就显得格外关键，一旦其有效性得到法律的认可，违反这类规则的当事方就须承担相应的法定或者意定责任。从笔者上文对于阿里"合伙人制度"的分析可知，阿里"合伙人制度"实际上是双重股权结构的升级版，本质上是一种设置在公司章程中的特殊的控制权条款。我国大量的创新性企业、家族企业在发展壮大的过程中，都会面临一个控制权被稀释的问题，企业主为了在融资的过程中避免失去对企业的控制权，即有可能会在公司章程中自主设计超越我国《公司法》制度框架的控制权条款。对于这类章程条款的约束力如何产生或者说是否具有合法性，笔者认为除了要根据笔者在本书第五章提出的四个标准裁决之外，还须注意以下两点：

1. 公司法上的法律原则一般不能直接作为认定超越公司法的控制权条款无效的裁判依据

超越公司法的控制权条款，顾名思义我们即可知道，公司章程中的该类控制权条款的存在状态是：既不直接违反公司法上的"具体的强制性规范"[1]，又没有明确的公司法规范可以直接用以确认其效力。这就出现一个问题，即如果这类创新性的控制权条款与公司法上的法律原则相背，法官是否可以直接依据法律原则对其作出否定性裁决呢？笔者认为，答案应当是否定的。以阿里巴巴公司实行的"合伙人制度"为例，该制度的具体构造如下：

---

[1] 需要澄清的一点是，笔者在此处所说的"具体的强制性规范"并不包含法律原则，尽管公司法上的一些法律原则如股东平等原则，在性质上也是强制性的，但是该类原则性的规定在"私法"中一般不能直接作为裁判规范使用。

阿里巴巴公司在公司股东大会与董事会之外，设立一个合伙人组织，该组织目前有 28 名成员，其中 22 名为阿里巴巴公司管理层成员，另外 6 名为关联公司及分支机构的管理层成员，每个合伙人必须持有一定比例的阿里巴巴公司股份。合伙人享有的最为关键的一项权利是可以提名阿里巴巴公司董事会简单多数董事。阿里巴巴公司董事会目前有 9 名董事，这意味着合伙人拥有五位董事的提名权。并且，如果合伙人所提名的董事未能被公司股东大会通过，则合伙人可继续提名其他人员，直至被提名的董事在公司股东大会上获得通过为止。[①]

然而，马云及阿里巴巴管理层持有的股份仅占阿里巴巴公司股份总数的 10% 左右，却可以提名董事会的简单多数席位。这意味着在阿里巴巴公司，股东享有的选任公司管理层的权利配置是不平等的，是有违公司法上的股东平等原则的。阿里巴巴公司之所以没能成功在香港上市，港交所方面给出的理由即是：阿里巴巴公司的"合伙人制度"违反了"同股同权"原则。在阿里巴巴公司通过美国纽交所的审核之前，业内人士包括美国本土人士也基本认为其"合伙人制度"很难通过纽交所的审核[②]，然而最后结果是纽交所接受了阿里巴巴的"合伙人制度"，阿里巴巴公司在美国成功上市。这似乎印证了笔者的观点，即公司法上的法律原则不能作为推翻超越公司法的公司章程制度创新的直接依据。

按照学界通说，法律原则具有两个功能：一是作为其他具体规则

---

① 参见马云：《合伙人制度是一项先进的制度》，资料来源：http://finance.inewsweek.cn/20130924,71818.html；2014 年 12 月 13 日访问。

② 北京市安理律师事务所合伙人 Raymond Wang 向《南方周末》记者透露，以合伙人制度模式在美国上市没有先例，美国资本市场不会给阿里巴巴开这个先例。他自己问过很多美国的律师，大多都认为阿里巴巴去美国上市无法采用合伙人制度。阿里巴巴如果选择去美国上市，若想以较少股份控制公司，只能选择一种叫作 AB 股的双重股权架构的上市模式。

产生的依据；二是作为法律上的一般性条款。[①] 法律原则的第二项功能其实就是其直接作为司法裁判的裁判规范的功能。也即是说，在一般意义上，尤其是在民法领域，在具体规范缺失的情况下，法律原则是可以直接被用作裁判规范予以适用的。在公司法领域亦有此做法存在，如日本即有判例认为，违反股东平等原则的公司章程无效。[②] 然而笔者认为，公司法上的法律原则一般不能作为否定性的裁判规范而存在，原因如下：第一，效率是公司法的主导性价值导向，这决定了公司法上的一切法律原则都是可变通的。公司法作为商事法，效率是其最主要的价值导向，而效率则意味着创新、意味着颠覆。效率性价值极大的柔化了公司法中的刚性规则的约束力，进而增强了公司法对商业实践的适用力。正因为如此，极端的公司合同主义者甚至将公司法仅仅视为一个没有强制性约束力的公司合同范本。[③] 其他法律部门则不然，如对于刑法而言，它不是一个以效率性为主导的法律部门，它的法律原则一般都是刚性的、不可变通的，刑法上的罪刑法定原则即是如此。第二，公司法上的法律原则彼此之间存在交错与对冲，没有哪个法律原则是绝对至上的。公司法上有股东平等原则、股东自治原则、公司自治原则、公司民主原则等多个成文的或者不成文的法律原则，这些法律原则彼此之间又存在着交错与对冲的关系，如股东平等原则与公司自治原则之间就会经常发生碰撞。但是公司法上的这些法律原则没有任何一个处于高于其他原则的优越地位。对此，钱玉林教授指出："对（公司法上的）个案来说，并不存在一个确定的、排他适用的法律原则，从法律原则中推导出来的个别规范，实际上是对不同

[①] 参见钱玉林：《公司法规范的解释学论纲》，载顾功耘主编：《公司法律评论》，上海人民出版社2011年版，第33页。

[②] 参见末永敏和：《现代日本公司法》，金洪玉译，人民法院出版社2000年版，第67页。

[③] 甚至还有公司合同主义者认为，公司之所以最终接受法律的辖制，完全是一种妥协的做法，即公司以接受法律的辖制为代价换取法律所授予的一些特权。参见罗培新：《公司法的合同解释》，北京大学出版社2004年版，第31页。

的法律原则的'分量'作出权衡的结果,并且也仅仅是作为支持某一判决的理由而存在,而不具有普遍适用的意义。"① 因此,可以说公司法上没有任何一个法律原则可以在没有具体性规则协助的情况下可以有足够的强制力宣告公司的某种制度创新无效。刘俊海教授还指出:"违反股东平等原则的违法性,可因遭受不利益的股东的同意而被治愈。"② 就比如马云所实行的"合伙人制度",尽管其在选任董事的权利配置上明显地向管理层股东进行了倾斜,而变相缩减了或者说限制了其他股东的该项权利,但是其仅仅是限制而没有剥夺其他股东选任董事的权利,至关重要的是阿里巴巴公司的"合伙人制度"得到了现有股东的认可(如它的第一大股东雅虎公司、第二大股东软银公司都接受该制度),如果外在的投资者不认可该种制度,完全可以在阿里巴巴公司上市以后不去购买它发行的股票。

2. 损害风险不能直接作为认定超越公司法的控制权条款无效的裁判依据

损害风险在不同的法律部门中具有不同的法律意义,如在刑法中,有时候仅仅造成了损害风险而没有引起损害事实发生,即可以满足一些罪名的构成要件。但是在公司法上则不然,因为商业经营领域本身就充满着各式各样的风险,利润与机遇也恰好蕴藏在这些风险之中。公司董事会的某个经营决策可能陡然之间为股东与公司获得巨大的商业利益,也可能使公司在一夜之间破产、股东投资尽失、债权人债权无法得到偿付。所以,公司法是一个对于损害风险十分宽容的法律部门,单纯地存在构成损害的风险而没有损害的事实的情况下,公司法难以找到强行介入的依据。

任何制度性的创新都是对业已形成的旧的利益格局的一种改变,

---

① 钱玉林:《公司法规范的解释学论纲》,载顾功耘主编:《公司法律评论》,上海人民出版社 2011 年版,第 34 页。

② 刘俊海:《股东权法律保护概论》,人民法院出版社 1995 年版,第 64 页。

因此都将注定会侵犯某一部分人依据旧制度所拥有的"在先权利",从而可能给这些人的利益带来损害风险,从古到今一切形式的制度变迁无不如此,公司内部的制度创新亦是如此。如张维迎教授指出:"企业家天生是一个破坏者——破坏旧的制度、旧的规范、旧的习惯……正是靠着这种精神,他们把生活打扮得五彩缤纷,使现代社会在不断的旧貌换新颜中飞进。"① 是故,对待公司的制度创新,不能因为其具有这样、那样的损害风险,因噎废食地将其扼杀在管制的屠刀之下。我们把问题具体到公司章程中的超越公司法的控制权条款上,司法裁判中法官不能因为这种制度设计具有侵犯股东利益的风险而直接宣告其无效,而应当将司法规制的重点集中于董事是否切实履行了对股东、对公司所负的信义义务,至于董事的选任应当如何安排,并不是法官应当干预的事情。然而,在我国当前的司法裁判中,司法管制主义的思维方式仍旧广泛地存在着,以我国公司法上的"对赌协议第一案"为例,该案经历了三级法院包括最高人民法院的审理,虽然三级法院各自的论证过程及最终给出的判决结论有所差异,但是在分析的路径上却基本相同,即将对赌协议的效力与法律规范主要是债权人保护规范进行绑定,并以此来干预当事人交易自由。② 而事实上,即使在该案中双方订立的对赌协议最终得到执行,作为被告当事人的甘肃世恒公司仍旧有足够的偿债能力,根本不会对债权人利益造成实质性损害。因此,在"对赌协议第一案"中法院其实是以对赌协议具有侵害债权人利益的风险为由,通过合同无效理论,将司法管制主义思维贯彻到案件的裁判结果中。并且,法院的该种裁判方式,还会助长市场交易中合同当事人的不诚信行为,即当事人一旦发现合同的履行将会给自

---

① 张维迎、盛斌:《论企业家:经济增长的国王》,生活·读书·新知三联书店2004年版,第96页。
② 参见潘林:《"对赌协议第一案"的法经济学分析》,《法制与社会发展》2014年第4期,第172页。

己的利益造成损害，就通过打合同无效官司的方式达到拒绝继续履行合同的目的。

第三节　公司章程的对外效力与相对人之审查义务的裁判解释

一、公司章程对外效力的学说争论

根据台湾学者王文宇教授的观点，所谓公司章程的对外效力，指"公司章程作为公司申请设立登记的事项之一，随着公司设立登记之完成，具有对世效力，其规定之事项得对抗第三人"[①]。公司章程的对外效力问题在公司法学理论界一直是一个颇具争议的学术话题。我们可以以支持还是反对公司章程的对外效力为标准，将当前学界的观点分为肯定说与否定说两种。肯定说认为，虽然公司章程的主要作用在于规范公司内部之组织与运作，但是经过登记与公示以后，第三人可以通过一定的渠道获知公司章程的内容，故公司章程应当具有对抗第三人的效力。[②] 持肯定说的学者给出的理由主要有：第一，公司章程均须在工商登记管理部门进行登记，而根据我国《公司法》第 6 条第 3 款规定："公众可以向公司登记机关申请查询公司登记事项，公司登记机关应当提供查询服务"。这意味着同公司进行交易的第三人可以通过向工商登记管理部门申请的方式获悉公司章程的内容。[③] 第二，法律的公示性使公司章程中的某些规定获得了对第三人的对抗效力。对于公司

[①]　王文宇：《公司法论》，中国政法大学出版社 2004 年版，第 79—80 页。
[②]　参见高圣平：《公司担保相关法律问题研究》，《中国法学》2013 年第 2 期，第 109—110 页；梁上上：《公司担保合同的相对人审查义务》，《法学》2013 年第 3 期，第 26—28 页。
[③]　参见刘俊海：《现代公司法》，法律出版社 2011 年版，第 97 页。

章程是否应当具有对外效力学界存有争议，但是无可争议的是法律一经公布，任何人不得以不知道有规定为借口逃脱法律的适用。公司章程中某些规定的对外效力就是来源于法律的公开宣示效力。以笔者在前文提到的《公司法》第71条的有限责任公司股权转让规定为例。该条的最后一款明确允许公司章程可以对股权转让问题作区别于《公司法》的规定。我们推定第三人知悉《公司法》第71条的规定，则理性的第三人应该能够预测到交易相对方所在的公司之章程有可能对股东转让其股权另有其他限制。一言以蔽之，法律的公开宣示效力，使得我们可以推定第三人"知道"或者"应当知道"公司章程中对于某些事宜的特殊规定。如王冠宇博士指出："公司章程因为执行公司法上的强制性规定而使得其相关内容在一定条件下获得了对外效力。"[1]

持否定说的学者认为，公司章程仅仅是公司的内部文件，只能约束公司股东、董事、经理等内部人，不能约束外部第三人。[2] 持有该说的学者给出的理由主要有：第一，公司章程不再具有对外效力是世界上发达国家公司法的普遍性做法。公司章程的对外效力源自于公司法上的越权原则及推定通知理论，即公司章程内容一旦公开，就推定第三人知悉其内容，故可以对第三人产生对抗效力。[3] 然而，由于越权原则与推定通知理论增加了第三人与公司交易的风险，不利于交易之稳定与安全，且随着各国公司法放弃了对于公司行为能力的限制，越权原则与推定通知理论已经逐渐被当今发达国家公司法摒弃，公司章程具有对外效力的理论基础也就不复存在。如陈进博士指出："起源于英美公司法特定背景下的推定知道规则，已经不再适应现代公司法的

---

[1] 王冠宇：《浅析公司章程的对外法律效力——兼议新〈公司法〉第十六条》，《金融法苑》2009年第1期，第104页。

[2] 参见陈进：《公司章程对外效力研究》，《甘肃政法学院学报》2012年第5期，第112页。

[3] 参见罗培新：《公司担保规则的价值冲突与司法考量》，《中外法学》2012年第6期，第1242页。

要求，其带来的直接后果是对公司股东的过度保护造成的明显的不公平和对交易安全便捷的妨碍。"① 第二，第三人查询公司章程内容存在操作性困难。尽管根据《公司法》第 6 条的规定，第三人在理论上可以通过向工商登记管理机关查询的方法了解交易相对方的公司章程内容，但是在实践中缺乏可操作性。因为为了保护公司的商业秘密，登记机关经常将公司的登记材料分为内部登记材料与外部登记材料，公众可以查询的仅仅是公司的外部登记材料，而外部登记材料中有价值的信息十分稀少。另外，还有学者指出，我国其实并未要求登记公司章程，只是公司章程中部分内容与法定的工商登记事项相重叠而已。而这些法定的工商登记事项主要涉及的是公司的名称、住所、类型、注册资本等关于一个公司的最基本的信息，并不涉及与第三人的交易问题。② 因此，有学者指出："对债权人（第三人）课以审查义务，并非是这些规范的应有之义，将原本应当由公司内部法律关系当事人遵从的义务，演变为债权人承担的义务，会伤及交易的安全，不公平地对待债权人的利益。"③

二、公司章程应否具有对外效力本质上是一个利益衡量问题

哈耶克教授在《理性主义的种类》一文的开篇十分犀利地批判了现实中广泛存在的一种认知问题的方式，即"如果某种特定的态度一般来讲是有益的，那么无论人们把这种态度用于何处，其结果都是有益的"④。哈耶克教授批评的认知方式是一种静态的、未能将具体问题具

---

① 陈进：《公司章程对外效力研究》，《甘肃政法学院学报》2012 年第 5 期，第 120 页。
② 参见陈进：《公司章程对外效力研究》，《甘肃政法学院学报》2012 年第 5 期，第 120 页。
③ 钱玉林：《公司担保中债权人"善意"的认定》，《扬州大学学报》2013 年第 5 期，第 31 页。
④ 冯·哈耶克：《知识的僭妄——哈耶克哲学、社会科学论文集》，邓正来译，首都经济贸易大学出版社 2014 年版，第 3 页。

体分析的教条主义的思维方式。笔者以为，具体到公司章程是否具有对外效力这个问题，亦不存在一个放之四海而皆准的标准答案，更极端一点，我们甚至可以认为公司章程对外效力本身即不应该成为一个概念性命题，因为它显然缺乏理论概念所应该具备的恒定性。确定性或者说形式理性是法之所以为法的最重要的外在品质之一，因此法律人总是习惯性地致力于为所有的法学命题找到标准答案，这也是凯尔森、哈特等实证主义法学家一贯坚持的"逻辑的效力观"[1]。然而遗憾的是，法律领域内绝大多数命题都是特定时空语境下的产物，而不是共时性的、普适性的。回到本节的论题而言，笔者认为，公司章程对外效力问题亦是一个时空性命题，本质上更是一个受特定约束性条件制约的利益衡量命题。

（一）推定通知理论与越权原则在英美法上的制度变迁过程

一般认为，推定通知理论最早是在 1857 年英国上议员审理的 "Ernest v. Nicholls"[2] 一案中被确立，其大意是任何与注册公司进行交易的人都被推定知道公司章程的内容并理解其适用的含义，即使他们实际上并没有查询章程。[3] 客观地说，推定通知理论的产生主要是基于公司当时特定的历史背景，具体而言主要有以下两点：第一，在公司这种组织体设立之初，作为现代公司制度基石的有限责任制度还未建立，投资人对公司的债务承担的是无限责任，为了保护投资人的利益，就必然要在投资人与外部第三人之间作一个利益的权衡性配置。第二，早期的公司是"根据国会特别法基于准公共目的成立并授予许可证（charter），法院因而推定与公司交易的第三人知道设立公司的法

---

[1] 张文显：《二十世纪西方法哲学思潮研究》，法律出版社 2006 年版，第 366 页。
[2] Ernest v. Nicholls（1857）6 HL Cas 401.
[3] 参见孙英：《公司章程效力研究》，法律出版社 2013 年版，第 285—286 页。

律内容"①。后来，随着公司制度的演进与发展，一方面，有限责任制度的诞生为投资人的利益提供了一定保障，将投资人风险控制在其出资额的范围之内；另一方面，公司的设立也从特许主义转变为今天各国公司法普遍采用的准则主义，并且公司负载的公共目的逐渐退却，私人公司成为当今世界公司的主要存在形式。推定通知理论赖以产生的两种制度性背景逐渐退却，废除推定通知理论的呼声开始日渐高涨。英国的改革者纷纷主张，立法者应当将推定通知理论从法律里剔除出去，使公司章程完全成为一个内部文件，第三人不再被推定知道交易相对方的公司章程之内容，除非公司方以实际的行动将章程内容告知第三人。后来大多数英联邦国家法律都废除了推定通知理论，英国在《欧共体第一号公司法指令》的推动下，也取消了董事权限方面的章程推定通知。然而，英国公司法在此时并未完全将推定通知理论废弃，《英国1985年公司法》第711A条第1款似乎表明了推定通知理论已从英国公司法上被剔除，但由于该款规定在语义表述上的极大模糊性，导致它始终未能生效。②直到《英国2006年公司法》的出台，推定通知理论才真正从英国公司法中退出，该法第40条第1款规定："为了有利于善意与公司交易的人，董事约束公司或者授权他人这样做的权力，视为不受公司宪章之下的任何限制"③。同时在该条的第2款还规定："与公司交易的人——（i）没有义务询问董事约束公司或者授权他人这样做的权力，（ii）被推定为已善意行事，除非另有佐证，并且（iii）不能仅由于他知道行为超越公司宪章之下的董事权力而视为恶意行事。"④ 至此英国公司法上推定通知理论的时代终结。然而，如果我

---

① 孙英：《公司章程效力研究》，法律出版社2013年版，第286页。
② 参见保罗·戴维斯：《英国公司法精要》，樊云慧译，法律出版社2007年版，第49—51页。
③ 《英国2006年公司法》（2012年修订译本），葛伟军译，法律出版社2012年版，第21页。
④ 《英国2006年公司法》（2012年修订译本），葛伟军译，法律出版社2012年版，第21—22页。

们细看整个推定通知理论在英国公司法上的兴衰史，会发现有限责任制度建立、公司的公共目的消解这两个制度背景的变化并没有使得推定通知理论即刻被废止，其间还经历了一个十分漫长的历史时期，推定通知理论是逐步退出英国公司法的历史舞台的。接下来再看越权原则，一般认为越权原则是在 1875 年英国上议院审理的"阿西伯利铁路公司诉瑞切"（Ashbury Ry. Carriage & Iron Co. v. Riche, 33 L.T.R. 450, 1875WL 13580）一案中确立的，依据该案中所确立的越权原则，公司的能力范围受其目的限制，公司必须在其宪章内注明其目的，公司超越该经营目的所进行的活动无效。[1] 实质上而言，越权原则与推定通知理论并不是一回事，越权原则针对的是超越公司能力的行为，而推定通知理论主要针对的是公司法定代表人超越公司赋予其的代表权所实施的对外行为，但有时候上述两种行为会发生竞合，即既超越了公司的目的范围，又超越了法定代表人的代表权限。因此，越权原则的改革与推定通知理论的改革一直是紧密相关的。[2] 随着公司设立由特许主义到准则主义的流变，随着公司经营范围的放宽，公司的经营行为不再受其目的范围的限制，越权原则自然已无用武之地。

（二）利益衡量是决定推定通知理论存废的关键

从笔者上述分析可知，我们破解公司章程对外效力的关键点在于如何理解推定通知理论，与越权原则的相关性并不甚大。整个推定通知理论的制度变迁史中最为关键的是从有限责任制度设立、公司私人化之后到推定通知理论在英美法上完全退出历史舞台之间的这段时间。为什么在这个漫长的历史时期内，尽管学界与实务界对其口诛笔伐，推定通知理论却可以顽强地存续这么长的时间？笔者认为，问题的根

---

[1] 参见 Robert W. Hamilton and Jonathan R. Macey, *Corporations*（10th ed.）, Thomson West, 2007, p. 227。

[2] 参见陈进：《公司章程对外效力研究》，《甘肃政法学院学报》2012 年第 5 期，第 118 页。

源在于推定通知理论的存与废是一个利益衡量的问题。换言之，利益衡量的天平决定了推定通知理论的存废，再或者说利益衡量是"里"而推定通知理论是"表"。

在公司制度实行之初的很长一段时间里，"英国的商人们多是靠着国王或者议会颁发给他们的特许状去拓展海外的贸易。这种早期的特许公司（early chartered company），显然是特权时代的产物。商业组织如果没有获得一定的特许，那么，其任何商业利益的追求便缺乏法律基础，甚至是无从谈起，而国王或者以议会为代表的国家，也正是凭借着这种对商业的特许权力，征得税收，获取财富"[①]。也就是说，此时的公司与国王、国家之间是一个利益共同体关系，公司的生命掌握在国家手中，国家又从公司的经营中获取利益。所以，一方面国家会运用其强制力对公司施以严格的管控，如限定公司的目的范围；另一方面在处理公司与第三方的利益纠葛时，国家又会倾向性地优待公司一方。应当说这才是推定通知理论产生的深层次原因。而且，此时的公司章程并非是由投资者自己制定的，而是包含在特许状和财产授予契约之中，这也决定了推定通知理论的国家意志性。后来，随着实践中私人公司的兴起，来自商业社会的压力使国家废弃了公司的特许主义设立模式，公司因此更具有了私人品性。在这种背景下，法律界人士开始极力呼吁废止具有国家意志性的推定通知理论。

然而，私人公司与第三人进行的交易行为，本身也是一个利益权衡的问题，并且随着现代公司所有权与经营权的两权分离，董事的代理权或者说代表权行使问题又成为公司法面临的一个新问题。其实，推定通知理论之所以没有过早被法律废弃，也是因为它需要被用来解决一个新的问题，即由于所有权与经营权分离而间接导致的公司与第

[①] 罗纳德·拉尔夫·费尔摩里：《现代公司法之历史渊源》，虞政平译，法律出版社2007年版，译者前言，第1—2页。

三方的利益冲突与平衡问题。再后来推定通知理论之所以最终被废弃，是因为出现了新的替代性制度。如对于董事越权担保问题，美国公司法要求公司对外担保必须能够为公司带来直接或者间接的利益才可为之，如果不能为公司带来直接或者间接利益则担保无效，这就是所谓的"合理商业判断"标准。[①] 因此也就不需要通过推定第三人知悉公司董事权限范围的方式维护公司的利益了，天平自然要向与公司交易的第三方倾斜一点才能重新恢复到平衡的状态。在英国，由于认识到董事的越权担保行为经常给公司的无担保债权人、员工带来极大的利益风险，所以公司法通过建立强制性的信息披露制度对其进行规制，绝大多数公司担保只有经过登记以后方才有效[②]，这种担保登记制度比适用推定通知理论还要奏效。然而，反观我国的公司担保法律规范，其既不要求公司提供担保必须能够给公司带来直接或者间接的利益，也没有建立普遍性的、强制性的信息披露制度。在这些配套机制不完备的情况下，推定通知理论也就仍有其发挥作用的制度空间。

三、我国公司章程的对外效力与相对人之审查义务

从笔者上文的分析可知，我们不能因为当下世界发达国家的公司法纷纷废弃了推定通知理论就也要直接否定我国公司章程的对外效力。公司章程是否应具有对外效力是一个非常具体化、个性化的问题，而不是一个存在标准答案的普适性问题。发达国家公司法上完善的信息披露制度、董事责任机制等为公司与第三人交易创造了一个较为先进的法制环境，同时这些制度也填补了推定通知理论退出公司法后留下的制度空当。反观我国公司法，在上述多种保护性机制不甚健全的情

[①] 参见高圣平：《公司担保相关法律问题研究》，《中国法学》2013年第2期，第114页。
[②] 参见《英国2006年公司法》(2012年修订译本)，葛伟军译，法律出版社2012年版，第540—560页。

况下，显然不宜片面地照搬发达国家公司法上的某种理论或者做法。就当前的公司章程司法裁判而言，公司章程是否具有对外效力，取决于当事双方之间的利益天平之权衡，而非取决于一个规范化的理论或者其他裁判教条。

（一）章程在何种情况下具有对外效力

尽管笔者认为，由于当前我国公司法中的诸多约束性机制不甚完善，不应依据推定通知理论在发达国家公司法上被废弃而直接否认我国公司章程的对外效力，但是也并非主张我国公司章程中所有的规定都具有对外效力、都可以对抗交易相对方。对此，笔者认为只有公司章程中的特定内容方才可以产生对外效力。

1. 与公司法上的强制性规范对应的公司章程规则具有当然的对外效力

可以肯定的一点是，即使对公司章程对外效力持否定态度的学者亦都会承认法律的公示性作用及其推定通知功能，也就是"不知法律不免责"（Ignorantia juris non excusat）[①]。而公司章程中有一部分规则的对外效力其实源自于法律的推定通知功能，这部分规则就是与公司法上的强制性规范相对应的章程规则。具体而言，主要有以下两种规则：第一种规则是公司章程中的执行性规则，即执行公司法上的强制性规范的章程规则。这类规则直接导向公司法中的强制性规范，公司违反这类规则与第三人所为的交易行为表面上违反的是公司章程，本质上是直接违反的是公司法上的强制性规范。如公司章程中规定董事不得从事与公司相竞争的商业行为，如果公司内部某董事与第三人实施了该种行为，则其实质上违反的是公司法上的"竞业禁止"规范，第三人当然不能以不知道对方公司章程有此限制性规定为托辞。第二种

[①] 孙英：《公司章程效力研究》，法律出版社2013年版，第286页。

是细化或者在法定允许限度之内排除公司法上的强制性规范的章程规则。笔者在前文反复提到的公司章程中的担保规则就属于细化公司法的强制性规范的章程规则。公司的担保行为并非一种经营行为，不存在支付对价，所以经常会对公司资产安全构成威胁，因此现行《公司法》将其设计为强制性规范形式，但同时又将具体的限制性条件设置权赋予了公司章程。接受公司担保的相对人，理应知道《公司法》第16条的规范属性，也应知道公司章程中的担保规则与第16条的关系，即不能以不知道、没有义务审查相对方公司章程为由置公司方资产于危险境地。另外有限责任公司章程中的股权转让规则亦具有对外效力，因为《公司法》第71条的（最后一款前面的几款）有限责任公司股权转让规范在性质上也属于强制性规范，只要公司章程不予排除，它就具有被强制适用的效力。实践中由违反公司章程中的股权转让条款引发的纠纷多是因为公司章程在《公司法》第71条的基础上作了进一步的限制性规定。对于此类纠纷，笔者认为股权受让方既然被推定知道《公司法》第71条的规定，作为一个理性人自然就可以知道出让方公司之章程中可能会有进一步的限制性规定，如果未能掌握此种情况，显然是股权受让方不够审慎，其亦应为自己的疏忽大意行为承担一定的不利益之后果。

2. 相对人缺乏善意时公司章程具有对外效力

法律仅保护善意第三人，这是法律适用上的普适性逻辑。在《牛津法律大辞典》中，善意被定义为："如果一个人诚实行事，即不知道或者无理由相信其主张没有依据，他就是善意行为"，"当该人得知应知表明其主张缺乏法律依据的事实，则不存在善意"。[①] 根据汪泽先生的观点，法律尤其是民法上的善意包含三项基本内容：（1）善意是存在于行为人内心的一种主观心理状态；（2）行为人在实施民事行为时

---

① 戴维·M.沃克：《牛津法律大辞典》，光明日报出版社1989年版，第102页。

不知道也无从知道其行为缺乏法律依据;(3)行为人在主观上认为其所从事的民事行为合法或者其行为相对人有合法的权利基础。[①] 笔者认为,法律上的善意源自于民法上的诚实信用原则,这就决定了善意除了要包含汪泽先生总结的三项内容之外,还应包含一点,即"行为主体在形成自己善意的主观确信时应尽到了注意义务,未发生故意和过失"[②]。而这一点在判断与公司交易的第三人善意与否时尤为重要。

笔者认为,在相对人缺乏善意的情况下,公司章程可以对其产生对抗效力。不过,并非是只要相对人缺乏善意,公司章程就可以对其产生对抗效力。具体而言,在以下两种情况下公司章程可以对缺乏善意的第三人产生对抗效力:第一,有证据证明第三人知道公司章程中的规定,此时公司章程对其发生对抗效力。第二,第三人虽不知道公司章程中的规定,但是如果其实施的行为违反了相对方公司之章程,则会给相对方公司及其利益相关者造成极大的不便或者损失,此时第三人应尽到审慎之注意义务,如果未能如此,则公司章程中相关规定对其具有对抗效力。此处需要澄清的一点是,公司章程可以对缺乏善意的第三人产生对抗效力,并不意味着法律上的不利益之后果均由第三人承担,而是指第三人应当分担一定程度上的不利益之法律后果,以平衡第三人与公司方之利益格局。

(二)相对人的审查义务

承认公司章程中特定内容具有对外效力,意味着与公司交易的相对人须承担审查义务。对此,有学者认为由于在工商登记机关登记的内容并不是公司章程的全部内容,并且普通公众试图在工商登记管理机关查询对方公司章程也存在一定的操作性难度,所以相对方不应负

---

① 参见汪泽:《民法上的善意、恶意及其运用》,《河北法学》1996年第1期,第8页。
② 徐国栋:《诚实信用原则二题》,《法学研究》2002年第4期,第80页。

有审查公司章程的义务。然而，此种观点存在一个思维误区，即认为相对人只有通过工商登记管理机关查询对方公司章程这一条途径可以获知其章程内容，这种思维误区之下隐藏着的一个认知问题即是，认为公司章程只有在工商登记管理机关进行法定公示这一种公示方法。事实情况显然绝非如此，相对方在与公司方的法定代表人或者其他人进行某些法律行为时，为了安全起见，同时也为了避免不必要的法律风险，完全可以要求对方提供其公司章程副本或者复印件，而不必在工商登记管理机关进行查询。如果相对人仍旧不放心，甚至可以要求对方提供的公司章程必须有公证机关出具的公证证明。[①] 因此，笔者认为在操作层面上相对人对于公司章程的审查义务并无实质性障碍。

对于相对人具体应承担何种程度的审查义务，赞同相对人承担审查义务的学者一般认为相对人承担的是一种形式审查义务而非实质审查之义务。[②] 如刘俊海教授指出："形式审查既不是实质审查，也不是不审查，而是审慎的形式审查。"[③] 笔者认为刘俊海教授的观点十分有道理。因为，我们一般是在工商登记管理机关及其他一些行政机关对申请人提交的文件进行审查的语境下使用形式审查这个概念，此时这个概念一般是指对"文件是否齐备、格式是否规范、正确"等外在的审查。而在相对人的审查义务这个语境下探讨形式审查这个概念时，就不应局限于这些外在的、外观的审查，除此之外相对人还应秉持一种审慎的、为对方考虑的主观心理态度，这也就是刘俊海教授所说的"审慎的形式审查"。或者如罗培新教授所说的"一般理性人在类似情况下应当具有的注意义务"[④]。

[①] 参见罗培新：《公司担保法律规则的价值冲突与司法考量》，《中外法学》2012年第6期，第1244页。
[②] 参见梁上上：《公司担保合同的相对人审查义务》，《法学》2013年第3期，第28页。
[③] 刘俊海：《现代公司法》，法律出版社2008年版，第491页。
[④] 罗培新：《公司担保法律规则的价值冲突与司法考量》，《中外法学》2012年第6期，第1244页。

相对人须对公司章程承担审查义务,在当前已经不再仅仅是一个学术话题,已经逐渐为司法实践所认可与采用。如最高人民法院曹士兵法官针对 2005 年《公司法》第 16 条的适用指出:"在新公司法对公司担保决策权与决策机构作明确规定后,任何接受公司所提供之担保的相对人,其必要的注意义务也应当提高。"[①]2008 年 4 月北京市高级人民法院发布的《关于审理公司纠纷案件若干问题的指导意见》中关于公司担保问题作了如下规定:"公司提供担保未履行《公司法》第 16 条规定的内部决议程序,或者违反公司章程规定的,应认定担保合同未生效,由公司承担缔约过失责任。担保债权人不能证明其尽到充分注意义务的,应承担相应的缔约过失责任。"再比如在最高人民法院审理的"中国广大银行深圳分行与创智信息科技股份有限公司、深圳智信投资有限公司、湖南创智集团有限公司借贷保证合同纠纷上诉案"中,最高人民法院法官也持担保债权人须负审查之义务的司法态度。该案主审法官针对作为担保债权人的光大银行对担保方公司董事会决议是否负有审查义务,以及负有何种审查义务的问题指出[②]:

> 对于董事会决议,光大银行仅负形式审查的义务,即只要审查董事会决议的形式要件是否符合法律规定,银行即尽到了合理的注意义务。董事会决议记载的是出席会议的董事依职权作出的特定意思表示,其形式要件只需出席会议的董事签名即可……决议上的签名是否为董事亲笔所签,则属于实质性审查的范畴,光大银行对此并无法定义务。

---

① 曹士兵:《我国新公司法关于公司担保能力的规定评述——重温最高人民法官"中福实业公司担保案"》,《法律适用》2006 年第 6 期,第 53 页。
② 参见吴庆宝主编:《权威点评最高法院公司法指导案例》,中国法制出版社 2010 年版,第 48—61 页。

不过，略显遗憾的是，最高人民法院在该案中关于担保债权人仅负形式审查义务的认知态度，并未能将司法裁判积极引导商业行为实践的功能充分发挥出来。如果担保债权人的审查义务仅仅是纯粹形式化的，那么他将没有足够的动力审慎地对待这种注意义务，也就不利于实践中公司担保合同行为达至其最佳的行为范式。①

---

① 笔者曾在另文中指出，公司担保合同纠纷之裁判，一方面要解决纠纷，另一方面又要发挥裁判结果的积极引导功能，而后者更能体现司法裁判对于社会实践的积极回应力。是故，公司担保合同纠纷处理中，要将司法裁判的行为引导功能嵌入各方责任的配置中，唯此才能实现法律效果与社会效果的统一。参见吴飞飞：《公司担保合同行为的最佳行为范式何以形成——公司越权担保合同效力认定的逆向思维》，《法学论坛》2015年第1期，第61—67页。

代结语：值得进一步深入研究的几个问题

行文至此，本书的正文部分已经结束，虽洋洋洒洒写了二十万字有余，但由于论题与篇幅的限制，对一些颇有理论意义与实践意义的问题尚未能进行深入、细致地分析。具体而言，笔者认为下述四个问题值得笔者与学界同仁进一步深入探讨与研究：

一、公司章程与股东协议的冲突性问题

股东协议通常是指，"封闭式有限责任公司的股东之间或者股东与公司之间，就公司内部的权力分配和行使、公司事务的管理、股东之间的关系等事项所订立的协议"[①]。股东协议制度肇始于美国，后逐渐被其他国家的公司治理实践与立法采纳，进而成为当今世界各国公司治理中普遍采用的一种自治方式。在中国，"股东协议也日渐成为股东行使权利、参与公司治理的重要方式，大量的股东间协议纠纷在公司实践和有关的司法实践中涌现"[②]。相对于公司章程而言，股东协议具有保密、高效、自由等种种优势。正因如此，在我国当前的有限责任公司治理实践中，股东协议已经成为公司章程的重要补充性机

[①] 张学文：《股东协议制度初论》，《法商研究》2010年第6期，第111页。
[②] 陈群峰：《认真对待公司法：基于股东协议的司法实践考察》，《中外法学》2013年第4期，第832页。

制。[①] 在同一个公司中,同时存在着公司章程与股东协议两种自治机制,二者在实践中就会不可避免地发生冲突与摩擦。在司法裁判中法官应当如何处理公司章程与股东协议的关系,方能一方面确保"协议治理"不会替代"章程治理",另一方面又不至于扼杀股东协议这种公司章程的重要补充机制的生长空间,这是一个值得进一步深入研究与探索的题域。

二、民营企业家的情感投入如何通过公司章程获得保护的问题

自 1978 年我国实施改革开放政策至今已有 37 个年头,在此期间,中国第一代民营企业家为中国社会主义市场经济体制的建立与发展立下了汗马功劳。中国的民营企业家对其各自经营的公司、企业普遍性地倾注了大量的精神与情感。而按照传统公司法理论,谁拥有剩余索取权,谁就拥有剩余控制权,公司内部的剩余索取权与剩余控制权配置应相匹配[②],企业家对企业的精神与情感投入并不能被算入出资份额之中。这意味着在民营企业、家族企业融入资本市场、向现代企业转型的过程中,会面临一个企业家控制权失落的风险。如国美电器控制权之争、雷士照明控制权之争,都反映了笔者所说的民营企业向现代企业转型中企业家控制权失落的问题。

根据经济学界的研究成果显示,家族企业、民营企业中的企业家"激励型公司治理"结构(即通过对企业家的高度授权,激发企业家精神的经济创造力的一种公司治理模式)对于企业家精神的发挥以及企

[①] 有学者认为我国现行大陆地区立法中并无股东协议制度(参见罗芳:《股东协议制度研究》,中国政法大学出版社 2014 年版,第 68 页),事实并非如此。尽管我国现行《公司法》并未有关于股东协议的直接性表述,但是现行《公司法》上的几处"全体股东另有约定除外"、"由全体股东约定"的表述,已经表明了其对股东协议制度的认可。

[②] 参见张维迎:《产权、激励与公司治理》,经济科学出版社 2005 年版,前言第 2—3 页。

业绩效的提升具有显著作用。① 这也表明,在民营企业、家族企业向现代企业转型的过程中,企业家对企业的控制权应当得到相对倾斜性的保护,同时这种"特定控制权"②的高度授予又必须存在一个法律边界。阿里巴巴集团实施的"合伙人制度"其实就是民营企业企业家控制权保障的一种实践样本,可以想见,在未来的商业实践中,类似阿里巴巴集团"合伙人制度"的控制权配置创新方法将会大量出现在公司章程、股权协议之中,法官应当如何审理此类案件,是一个值得进一步研究的问题。

三、英美法上的公司章程两分法我们应当如何借鉴

在英美公司法上,公司章程分为章程大纲与章程细则两个部分,章程大纲主要规范公司的外部事务与外部关系,是公司获得法人资格的必备文件,且在公司申请设立时需要提交给公司注册登记机关;章程细则则主要规范公司的内部事务与内部关系,无须进行登记,且修改程序相对简捷。而在大陆法系国家,公司章程只有一个统一的文本,只是将章程的内容分为绝对必要登记事项、相对必要登记事项与任意登记事项。③ 相对而言,英美法系国家的公司章程二分法将公司之自治与他治理念较好地整合在了一起,似乎更值得我们借鉴。④ 在我国未来的商事登记制度改革中,如何参考与借鉴英美法系的公司章程二分法,

---

① 参见李新春、苏琦、董文卓:《公司治理与企业家精神》,《经济研究》2006年第2期,第57—68页。
② "特定控制权"是与"剩余控制权"相对应的概念,是指那些能在事前通过契约加以明确的控制权权力,即在契约中明确约定契约方在什么情况下具体如何使用的权力。参见黄群慧:《控制权作为企业家的激励约束因素:理论分析及现实解释意义》,《经济研究》2000年第1期,第42页。
③ 参见朱慈蕴:《公司章程两分法——公司章程自治与他治理念的融合》,《当代法学》2006年第5期,第9—16页。
④ 参见常健:《公司章程论》,中国社会科学出版社2011年版,第140—143页。

改革我国现有的公司章程登记制度，以厘清公司的内外关系，并将公司之自治与他治的场域空间界定清晰，是一个需要进一步研究的问题。

四、"后果主义"裁判方法在公司制度创新纠纷中应当如何应用

公司法面对的是一个充满着创新色彩的商业社会，公司章程则是公司进行制度创新与竞争的重要场域。因此，公司法相对于公司之商业实践、公司章程而言，或许永远是滞后的。普通的民商事纠纷一般都可以在既有的制度规范中找到可以直接适用的裁判规范，并且可以遵循"法条主义"的演绎推理方法获得恰当、妥切的裁判结论。而对于由制度创新引发的纠纷而言，在既有的法律文本框架之内往往难以找到直接的裁判依据，甚至有些制度性创新还会与既有法律规范存在抵牾。在这种情况下再遵循"法条主义"的演绎推理路径，就经常会出现裁判结论多元、法益价值冲突甚至扼杀制度创新动力的问题。如最高人民法院审理的"对赌协议第一案"，其实就是法院运用"法条主义"的演绎推理方法扼杀公司融资创新工具的典型例证。

将法律"后果主义"的"法律后果预测——行为评价"的逆向推理路径适用于制度创新纠纷之裁判，则可以较好地弥补"法条主义"的演绎推理方式的不足之处。但"后果主义"的裁判方式也有它的弊端，其中之一就是它容易导致法官肆意裁判。因此，如何更好地利用"后果主义"裁判方法裁决公司、金融领域的创新性纠纷，同时又避免法官肆意裁判，是一个需要进一步研究的问题。

参考文献

一、中文类参考文献

（一）国内著作类

1. 薄守省主编：《美国公司法判例译评》，北京：对外经济贸易大学出版社，2007年。
2. 蔡立东：《公司自治论》，北京：北京大学出版社，2006年。
3. 曹兴权：《公司法的现代化：方法与制度》，北京：法律出版社，2007年。
4. 常健：《公司章程论》，北京：中国社会科学出版社，2011年。
5. 陈醇：《商法原理重述》，北京：法律出版社，2010年。
6. 陈醇：《权利结构理论：以商法为例》，北京：法律出版社，2013年。
7. 陈金钊：《法治与法律方法》，济南：山东人民出版社，2003年。
8. 陈自强：《代理权与经理权之间——民商合一与民商分立》，北京：北京大学出版社，2008年。
9. 邓峰：《普通公司法》，北京：中国人民大学出版社，2009年。
10. 邓辉：《论公司法中的国家强制》，北京：中国政法大学出版社，2004年。

11. 邓继好：《程序正义理论在西方的历史演进》，北京：法律出版社，2012年。

12. 丁南：《民法理念与信赖保护》，北京：中国政法大学出版社，2013年。

13. 董慧凝：《公司章程自由及其法律限制》，北京：法律出版社，2007年。

14. 窦海阳：《论法律行为的概念》，北京：社会科学文献出版社，2013年。

15. 顾功耘、沈贵明主编：《商法专题研究》，北京：北京大学出版社，2009年。

16. 贺寿南：《司法裁判中的理性实现研究》，北京：中国社会科学出版社，2013年。

17. 黄茂荣：《法学方法与现代民法》，北京：法律出版社，2007年。

18. 黄忠：《违法合同效力论》，北京：法律出版社，2010年。

19. 侯东德：《股东权的契约解释》，北京：中国检察出版社，2009年。

20. 胡田野：《公司法律裁判》，北京：法律出版社，2012年。

21. 胡田野：《公司法任意性与强制性规范研究》，北京：法律出版社，2012年。

22. 姜朋：《官商关系：中国商业法制的一个前置性话题》，北京：法律出版社，2008年。

23. 蒋大兴：《公司法的展开与评判——方法·判例·制度》，北京：法律出版社，2001年。

24. 蒋大兴：《公司法的观念与解释》（全三册），北京：法律出版社，2009年。

25. 梁慧星：《裁判的方法》，北京：法律出版社，2012年。

26. 梁慧星主编：《民商法论丛》第55卷，北京：法律出版社，

2014年。

27. 梁上上：《利益衡量论》，北京：法律出版社，2013年。

28. 梁上上主编：《公司登记疑难案例解析》，北京：中国政法大学出版社，2012年。

29. 刘连煜：《公司法理论与判决研究》，北京：法律出版社，2002年。

30. 刘连煜：《公司法原理》，北京：中国政法大学出版社，2002年。

31. 刘小玄：《奠定中国市场经济的微观基础：企业改革30年》，上海：格致出版社、上海人民出版社，2008年。

32. 刘俊海：《现代公司法》，北京：法律出版社，2011年。

33. 刘坤：《意思自治视野下的公司章程法律制度解读》，北京：中国法制出版社，2010年。

34. 李建伟主编：《公司法案例：裁判经验与法理解释》，北京：中国政法大学出版社，2008年。

35. 李开国：《民法总则研究》，北京：法律出版社，2003年。

36. 李志刚：《公司股东大会决议问题研究》，北京：中国法制出版社，2012年。

37. 卢代富：《企业社会责任研究——基于经济学与法学的视野》，北京：法律出版社，2014年。

38. 罗芳：《股东协议制度研究》，北京：中国政法大学出版社，2014年。

39. 罗培新：《公司法的合同解释》，北京：北京大学出版社，2004年。

40. 罗培新等著：《公司法的法律经济学研究》，北京：北京大学出版社，2008年。

41. 聂长建：《司法判决研究》，北京：中国社会科学出版社，2011年。

42. 钱锦宇：《法体系的规范性根基》，济南：山东人民出版社，2011年。

43. 钱玉林：《股东大会决议瑕疵研究》，北京：法律出版社，2005年。

44. 宋智慧：《资本多数决：异化与回归》，北京：中国社会科学出版社，2011 年。

45. 石纪虎：《股东大会制度法理研究》，北京：知识产权出版社，2011 年。

46. 苏力：《法治及其本土资源》，北京：中国政法大学出版社，2004 年。

47. 孙光焰：《公司治理模式趋同化研究》，北京：中国社会科学出版社，2007 年。

48. 孙英：《公司章程效力研究》，北京：法律出版社，2007 年。

49. 王煜宇：《中国社会转型期商人法律制度研究》，北京：法律出版社，2008 年。

50. 王泽鉴：《民法思维：请求权基础理论体系》，北京：北京大学出版社，2009 年。

51. 吴建斌：《公司冲突权利配置实证研究》，北京：法律出版社，2014 年。

52. 吴经熊：《法律哲学研究》，北京：清华大学出版社，2005 年。

53. 吴晓波：《大败局》（Ⅰ、Ⅱ），杭州：浙江大学出版社，2013 年。

54. 吴晓波：《历代经济变革得失》，杭州：浙江大学出版社，2013 年。

55. 吴晓波：《激荡三十年》（上、下），北京：中信出版社，2007 年。

56. 吴越主编：《公司法先例初探》，北京：法律出版社，2008 年。

57. 夏建三：《有限责任公司股权转让法律问题研究》，北京：法律出版社，2013 年。

58. 谢慧：《法源视野中的合同研究》，北京：法律出版社，2014 年。

59. 徐涤宇：《原因理论研究——关于合同（法律行为）效力正当性的一种说明模式》，北京：中国政法大学出版社，2005 年。

60. 杨勤法：《公司治理的司法介入——以司法介入的限度和程序设计为中心》，北京：北京大学出版社，2008 年。

61. 于健南：《家族企业董事会治理、信息透明度与企业价值——基于中国上市公司的实证研究》，北京：中国经济出版社，2011年。

62. 郁光华：《公司法的本质：从代理理论的角度观察》，北京：法律出版社，2006年。

63. 张军等著：《中国企业的转型道路》，上海：格致出版社、上海人民出版社，2008年。

64. 张民安：《公司法上的利益平衡》，北京：北京大学出版社，2003年。

65. 张瑞萍：《公司权利论：公司的本质与行为边界》，北京：社会科学文献出版社，2006年。

66. 赵金龙：《股东民主论》，北京：人民出版社，2013年。

67. 赵万一：《商法独立与独立的商法——商法精神与商法制度管窥》，北京：法律出版社，2013年。

68. 赵万一主编：《商事登记法律问题研究》，北京：法律出版社，2013年。

69. 张文显主编：《法理学》，北京：高等教育出版社、北京大学出版社，2011年。

70. 张文显：《二十世纪西方法哲学思潮研究》，北京：法律出版社，2006年。

71. 张维迎：《产权、激励与公司治理》，北京：经济科学出版社，2005年。

72. 庄培章：《华人家族企业的制度变迁》，北京：社会科学文献出版社，2007年。

73. 郑若山：《公司制的异化》，北京：北京大学出版社，2003年。

（二）国外著作类

74.〔德〕阿图尔·考夫曼、温弗里德·哈斯莫尔主编：《当代法哲学和法律理论导论》，郑永流译，北京：法律出版社，2013年。

75.〔德〕格茨·怀克、克里斯蒂娜·温德比西勒：《德国公司法》，殷盛译，北京：法律出版社，2010年。

76.〔德〕卡尔·拉伦茨：《法学方法论》，陈爱娥译，北京：商务印书馆，2003年。

77.〔德〕罗伯特·阿列克西：《法·理性·商谈：法哲学研究》，朱光、雷磊译，北京：中国法制出版社，2011年。

78.〔德〕罗伯特·阿列克西：《法律论证理论——作为法律证立理论的理性论辩理论》，舒国滢译，北京：中国法制出版社，2002年。

79.〔德〕尼克拉斯·卢曼：《法社会学》，宾凯、赵春燕译，上海：上海世纪出版集团，2013年。

80.〔德〕齐佩利乌斯：《法学方法论》，金振豹译，北京：法律出版社，2009年。

81.〔德〕托马斯·莱塞尔、吕迪格·法伊尔：《德国资合公司法》，高旭军、单晓光、刘晓海等译，北京：法律出版社，2005年。

82.〔德〕维尔纳·弗卢梅：《法律行为论》，迟颖译，北京：法律出版社，2013年。

83.〔法〕卢梭：《社会契约论》，李平沤译，北京：商务印书馆，2011年。

84.〔韩〕郑灿亨：《韩国公司法》，崔玉文译，上海：上海大学出版社，2011年。

85.〔加〕布莱恩·R.柴芬斯：《公司法：理论、结构和运作》，林华伟、魏旻译，北京：法律出版社，2001年。

86.〔加〕兰德尔·K.莫克主编:《公司治理的历史:从家族企业集团到职业经理人》,许俊哲译,上海:格致出版社、上海人民出版社,2011年。

87.〔加〕罗杰·赛勒:《法律制度与法律渊源》,项焱译,武汉:武汉大学出版社,2010年。

88.〔美〕阿道夫·A.伯利、加德纳·C.米恩斯:《现代公司与私有财产》,甘华鸣、罗锐韧、蔡如海译,北京:商务印书馆,2005年。

89.〔美〕安德雷·马默主编:《法律与解释》,张卓明、徐宗立等译,北京:法律出版社,2006年。

90.〔美〕艾米·舒曼、斯泰西·斯图茨、约翰·L.沃德:《家族企业治理:矛盾中繁荣》,杨晶译,北京:东方出版社,2013年。

91.〔美〕奥利弗·E.威廉姆森、西德尼·E.温特编著:《企业的性质:起源、演变和发展》,北京:商务印书馆,2007年。

92.〔美〕本杰明·卡多佐:《司法过程的性质》,苏力译,北京:商务印书馆,1997年。

93.〔美〕道格拉斯·诺斯:《理解经济变迁过程》,钟正生、刑华译,北京:中国人民大学出版社,2008年。

94.〔美〕戴维·C.科顿:《当公司统治世界》,王道勇译,广州:广东人民出版社,2006年。

95.〔美〕E.博登海默:《法理学:法律哲学与法律方法》,邓正来译,北京:中国政法大学出版社,2004年。

96.〔美〕菲利普·塞尔兹尼可:《社群主义的说服力》,马洪、李清伟译,上海:上海世纪出版集团,2009年。

97.〔美〕弗兰克·伊斯特布鲁克、丹尼尔·费希尔:《公司法的经济结构》,张建伟、罗培新译,北京:北京大学出版社,2005年。

98.〔美〕亨利·罗伯特:《罗伯特议事规则》,袁天鹏、孙涤译,上海:格致出版社、上海人民出版社,2008年。

99.〔美〕柯提斯·J.米尔霍、〔德〕卡塔琳娜·皮斯托：《法律与资本主义：全球公司危及揭示的法律制度与经济发展的关系》，罗培新译，北京：北京大学出版社，2010年。

100.〔美〕莱纳·克拉克曼、亨利·汉斯曼：《公司法剖析：比较与功能的视角》，罗培新译，北京：法律出版社，2012年。

101.〔美〕罗伯特·A.达尔：《论民主》，李风华译，北京：中国人民大学出版社，2012年。

102.〔美〕罗伯特·A.希尔曼：《合同法的丰富性：当代合同法理论的分析与批判》，郑云瑞译，北京：北京大学出版社，2005年。

103.〔美〕罗伯特·罗曼诺：《公司法基础》，罗培新译，北京：北京大学出版社，2013年。

104.〔美〕罗伯特·考特、托马斯·尤伦：《法和经济学》，史晋川、董雪兵译，上海：格致出版社、上海三联书店、上海人民出版社，2012年。

105.〔美〕L.W.萨姆纳：《权利的道德基础》，北京：中国人民大学出版社，2011年。

106.〔美〕理查德·波斯纳：《法官如何思考》，苏力译，北京：北京大学出版社，2009年。

107.〔美〕马克·罗伊：《公司治理的政治维度：政治环境与公司影响》，陈宇峰、张蕾、陈国营等译，北京：中国人民大学出版社，2008年。

108.〔美〕曼瑟尔·奥尔森：《集体行动的逻辑》，陈郁、郭宇峰、李崇新译，上海：格致出版社、上海三联书店、上海人民出版社，2011年。

109.〔美〕P.诺内特、P.塞尔兹尼克：《转变中的法律与社会：迈向回应型法》，张志铭译，北京：中国政法大学出版社，1994年。

110.〔美〕斯蒂芬·M.贝恩布里奇：《理论与实践中的新公司治理

模式》，赵渊译，北京：法律出版社，2012 年。

111.〔美〕斯蒂文·萨维尔：《法律的经济分析》，柯华庆译，北京：中国政法大学出版社，2009 年。

112.〔美〕文森特·奥斯特罗姆：《符合共和制的政治理论》，毛寿龙译，上海：上海三联书店，1999 年。

113.〔美〕约翰·奇普曼·格雷：《法律的性质与渊源》，马驰译，北京：中国政法大学出版社，2012 年。

114.〔挪威〕马德斯·安登斯、〔英〕弗兰克·伍尔德里奇：《欧洲比较公司法》，汪丽丽、汪晨、胡曦彦译，北京：法律出版社，2014 年。

115.〔日〕谷口安平：《程序的正义与诉讼》（增补本），王亚新、刘荣军译，北京：中国政法大学出版社，2002 年。

116.〔日〕星野英一：《民法的另一种学习方法》，冷罗生、陶芸、黄育红译，北京：法律出版社，2008 年。

117.〔瑞典〕亚历山大·佩岑尼克：《法律科学：作为法律知识和法律渊源的法学学说》，桂晓伟译，武汉：武汉大学出版社，2009 年。

118.〔英〕安东尼·奥格斯：《规制：法律形式与经济学理论》，北京：中国人民大学出版社，2008 年。

119.〔英〕保罗·霍普：《个人主义时代之共同体重建》，沈毅译，杭州：浙江大学出版社，2010 年。

120.〔英〕弗里德里希·奥古斯特·哈耶克：《致命的自负——社会主义的谬误》，冯克利、胡晋华译，北京：中国社会科学出版社，2000 年。

121.〔英〕罗纳德·拉尔夫·费尔摩里：《现代公司法之历史渊源》，虞政平译，北京：法律出版社，2007 年。

122.〔英〕史蒂芬·缪哈尔、亚当·斯威夫特：《自由主义者与社群主义者》，孙晓春译，长春：吉林人民出版社，2011 年。

（三）论文类

123. 蔡立东：《公司制度成长的历史逻辑》，《当代法学》2004 年第 6 期。

124. 蔡立东：《论法定代表人的法律地位》，《法学论坛》2017 年第 4 期。

125. 常健：《论公司章程的功能及其发展趋势》，《法学家》2011 年第 2 期。

126. 常健：《股东自治的基础、价值及其实现》，《法学家》2009 年第 6 期。

127. 曹士兵：《我国新公司法关于公司担保能力的规定评述——重温最高人民法院"中福实业公司担保案"》，《法律适用》2006 年第 6 期。

128. 陈醇：《私法程序理论的法理学意义》，《法制与社会发展》2006 年第 6 期。

129. 陈醇：《论单方法律行为、合同与决议之间的区别》，《环球法律评论》2010 年第 1 期。

130. 陈杭平：《论"同案不同判"的产生与识别》，《当代法学》2012 年第 5 期。

131. 陈进：《公司章程对外效力研究》，《甘肃政法学院学报》2012 年第 4 期。

132. 陈群峰：《认真对待公司法：基于股东间协议的司法实践的考察》，《中外法学》2013 年第 4 期。

133. 陈瑞华：《程序正义的理论基础——评马修的"尊严价值理论"》，《中国法学》2000 年第 3 期。

134. 陈甦：《体系前研究到体系后研究的范式转型》，《法学研究》

2011 年第 5 期。

135. 陈兴良：《案例指导制度的规范考察》，《法学评论》2012 年第 3 期。

136. 程宗璋：《论我国股东权的司法保护》，《西北大学学报》2001 年第 1 期。

137. 崔勤之：《对我国公司治理结构的法理分析》，《法制与社会发展》1999 年第 2 期。

138. 邓峰：《作为社团的法人：重构公司理论的一个框架》，《中外法学》2004 年第 6 期。

139. 段威：《有限责任公司股权转让时"其他股东同意权"制度研究》，《法律科学》2013 年第 3 期。

140. 范建、蒋大兴：《公司经理权法律问题比较研究》，《南京大学学报》1998 年第 4 期。

141. 冯果：《论公司股东与发起人的出资责任》，《法学评论》1999 年第 3 期。

142. 冯果、段丙华：《公司法中的契约自由——以股权处分抑制条款为视角》，《中国社会科学》2017 年第 3 期。

143. 傅穹：《公司转投资、保证、借贷、捐赠规则》，《政法论坛》2004 年第 3 期。

144. 甘培忠：《论我国公司法语境中的社会责任价值导向》，《清华法学》2009 年第 6 期。

145. 高圣平：《公司担保相关法律问题研究》，《中国法学》2013 年第 2 期。

146. 高永深：《论异议股东股份回购请求权》，《河北法学》2008 年第 4 期。

147. 顾建亚：《法律位阶划分标准新探》，《浙江大学学报》2006 年第 6 期。

148. 韩长印：《共同法律行为理论的初步构建——以公司设立为分析对象》，《中国法学》2009 年第 3 期。

149. 何柏生：《法律与作为西方理性精神核心的数学理性》，《法制与社会发展》2003 年第 4 期。

150. 何然：《司法判例制度论要》，《清华法学》2014 年第 1 期。

151. 侯东德：《股东大会决议的契约解释》，《理论与改革》2007 年第 6 期。

152. 侯东德：《公司契约理论与中国股东权制度的发展》，《学术论坛》2009 年第 4 期。

153. 胡玉鸿：《关于"利益衡量"的几个法理问题》，《现代法学》2001 年第 4 期。

154. 黄辉：《中国股东派生诉讼制度：实证研究及完善建议》，《人大法律评论》2014 年第 1 期。

155. 江平、孔祥俊：《论股权》，《中国法学》1994 年第 1 期。

156. 蒋大兴：《团结情感、私人裁决与法院行动——公司内解决纠纷之规范结构》，《法制与社会发展》2010 年第 3 期。

157. 蒋大兴、谢飘：《公司法的回应力——一个政策性的边缘解释》，《法制与社会发展》2012 年第 3 期。

158. 焦宝乾：《利益衡量司法应用的场合、领域及步骤》，《人大法律评论》2012 年第 1 辑。

159. 李凡：《论表决权穿越》，《政治与法律》2008 年第 12 期。

160. 雷新勇：《有限公司股权转让疑难问题探析》，《法律适用》2013 年第 5 期。

161. 李建伟：《公司非关联性商事担保的规范适用分析》，《当代法学》2013 年第 2 期。

162. 李建伟：《有限责任公司股权变动模式研究——以公司受通知与认可的程序构建为中心》，《暨南学报》2012 年第 12 期。

163. 李诗鸿：《公司契约理论新发展及其缺陷的反思》，《华东政法大学学报》2014 年第 5 期。

164. 李新春、苏琦、董文卓：《公司治理与企业家精神》，《经济研究》2006 年第 2 期。

165. 李雅云：《企业罚款权探讨》，《中外法学》1999 年第 3 期。

166. 梁上上：《公司担保合同的相对人审查义务》，《法学》2013 年第 3 期。

167. 梁上上：《利益的层次结构与利益衡量的展开——兼评加藤一郎的利益衡量论》，《法学研究》2002 年第 1 期。

168. 林瑞：《德国历史法学派——兼论其与法律解释学、法律史和法律社会学的关系》，《清华法学》2003 年第 2 期。

169. 林少伟：《派生诉讼何以可能：反思与超越——以日本派生诉讼的发展为出发点》，《北方法学》2017 年第 3 期。

170. 林少伟：《董事异质化对传统董事义务规则的冲击及其法律应对 以代表董事为研究视角》，《中外法学》2015 年第 3 期。

171. 林少伟、林斯韦：《中国商法学实证研究测评——基于 2000 年至 2015 年的法学核心期刊论文》，《法学》2018 年第 1 期。

172. 刘迎霜：《公司契约理论对公司法的解读》，《当代法学》2009 年第 1 期。

173. 罗发兴：《"以理找法"：疑难案件的逆向裁判思维》，《理论探索》2013 年第 5 期。

174. 罗培新：《公司担保法律规则的价值冲突与司法考量》，《中外法学》2012 年第 6 期。

175. 罗培新：《公司法强制性与任意性边界之厘定：一个法理分析框架》，《中国法学》2007 年第 4 期。

176. 罗培新：《拟制股权转让代理成本的法律构造》，《中国社会科学》2013 年第 7 期。

177. 潘林：《"对赌协议第一案"的法经济学分析》，《法制与社会发展》2014 年第 4 期。

178. 彭兆荣：《人类学仪式研究评述》，《民族学研究》2002 年第 2 期。

179. 彭中礼：《法律渊源词义考》，《法学研究》2012 年第 6 期。

180. 钱玉林：《公司章程"另有规定"检讨》，《法学研究》2009 年第 2 期；

181. 钱玉林：《公司章程对股权转让限制的效力》，《法学》2012 年第 10 期。

182. 钱玉林：《股东大会决议的法理研究》，《法学》2005 年第 3 期。

183. 钱玉林：《作为裁判法源的公司章程：立法表达与司法实践》，《法商研究》2011 年第 1 期。

184. 钱玉林：《"资本多数决"与瑕疵股东大会决议的效力——从计算法则的视角观察》，《中国法学》2004 年第 6 期。

185. 钱玉林：《公司法第 16 条的规范意义》，《法学研究》2011 年第 6 期。

186. 钱玉林：《论股东的质询权》，《比较法研究》2005 年第 1 期。

187. 冉克平：《论公司对外担保合同的效力——兼评〈公司法〉第 149 条第 3 款》，《北方法学》2014 年第 2 期。

188. 容缨：《论美国公司法上的商业判断规则》，《比较法研究》2008 年第 2 期。

189. 孙英：《公司目的外经营规制从外化到内敛——兼论双重性民事权利能力对公司越权的适用》，《法学论坛》2010 年第 1 期。

190. 孙永军：《论非诉讼法理在公司诉讼中的适用》，《法学论坛》2014 年第 4 期。

191. 汤欣：《论公司法的性格——强行法抑或任意法》，《中国法学》2001 年第 1 期。

192. 汪青松、赵万一：《股份公司内部权力配置的结构性变革——以股东"同质化"假定到"异质化"现实的演进为视角》，《现代法学》2011年第3期。

193. 王克金：《权利冲突论——一个法律实证主义的分析》，《法制与社会发展》2004年第2期。

194. 王坤：《公司信用重释》，《政法论坛》2012年第3期。

195. 汪泽：《民法上的善意、恶意及其运用》，《河北法学》1996年第1期。

196. 王彬：《司法裁决中的"顺推法"与"逆推法"》，《法制与社会发展》2014年第1期。

197. 王爱军：《论公司章程的法律性质》，《山东社会科学》2007年第7期。

198. 王保树：《从法条的公司法到实践的公司法》，《法学研究》2006年第6期。

199. 王海洲：《政治仪式的权力策略——基于象征性理论与实践的政治学分析》，《浙江社会科学》2009年第7期。

200. 王海平：《公司章程性质与股东权益保护的法理分析》，《当代法学》2002年第3期。

201. 王建文：《有限责任公司股权转让限制的自治边界及司法适用》，《社会科学家》2014年第1期。

202. 王建文：《我国公司章程反收购条款：制度空间与适用方法》，《法学评论》2007年第2期。

203. 王建文：《论我国引入公司章程防御性条款的制度构造》，《中国法学》2017年第5期。

204. 王文宇：《闭锁性公司之立法政策与建议》，《法令月刊》2003年第6期。

205. 王轶：《论倡导性规范——以合同法为背景的分析》，《清华法学》2007年第1期。

206. 王跃龙:《有限责任公司股权继承之析》,《政治与法律》2007年第6期。

207. 韦前:《我国近年有关家族企业与家族式管理问题的研究综述》,《学术研究》2001年第5期。

208. 魏磊杰:《论美国公司法中的异议股东评估权制度》,《研究生法学》2006年第3期。

209. 吴飞飞:《"公司章程另有规定"条款的理论争点与司法解说——以公司合同理论与股东平等原则为认知路径》,《甘肃政法学院学报》2014年第1期。

210. 吴飞飞:《公司法中的权利倾斜性配置——实质的正义还是错位的公平》,《安徽大学学报》2013年第3期。

211. 吴飞飞:《公司自治与公司社会责任的公司法困境》,《北京理工大学学报》2013年第2期。

212. 吴飞飞:《公司章程"排除"公司法:立法表达与司法检视》,《北方法学》2014年第4期。

213. 吴飞飞:《公司章程选出公司法之理论机理及其自由限度》,载梁慧星主编:《民商法论丛》(第55卷),北京:法律出版社,2014年。

214. 吴飞飞:《公司担保合同行为的最佳行为范式何以形成——公司越权担保合同效力认定的逆向思维》,《法学论坛》2015年第1期。

215. 吴飞飞:《公司担保案件司法裁判路径的偏失与矫正》,《当代法学》2015年第2期。

216. 吴飞飞:《论公司章程的决议属性及其效力认定规则》,《法制与社会发展》2016年第1期。

217. 吴飞飞:《决议行为归属与团体法"私法评价体系"构建研究》,载《政治与法律》2016年第6期。

218. 吴建斌:《合意原则何以对决多数决——公司合同理论本土

化迷思解析》,《法学》2011 年第 2 期。

219. 吴建斌:《科斯法律经济学本土化路径重探》,《中国法学》2009 年第 6 期。

220. 吴万得:《论德国法律保留原则的要义》,《政法论坛》2000 年第 4 期。

221. 伍坚:《论公司法上的缺省性规则——兼评〈公司法〉相关规定之得失》,《法学》2007 年第 5 期。

222. 伍坚:《限制董事改选数量:交错董事会的中国模式》,《证券市场导报》2007 年第 6 期。

223. 徐国栋:《诚实信用原则二题》,《法学研究》2002 年第 4 期。

224. 许德风:《组织规则的本质与界限——以成员合同与商事组织的关系为重点》,《法学研究》2011 年第 3 期。

225. 徐细雄、刘星:《创始人权威、控制权配置与家族企业治理转型——基于国美电器"控制权之争"的案例研究》,《中国工业经济》2012 年第 2 期。

226. 徐式媛、李志刚:《股权变动模式法律问题研究》,《法学杂志》2014 年第 4 期。

227. 杨力:《基于利益衡量的裁判规则之形成》,《法商研究》2012 年第 1 期。

228. 叶林:《公司股东出资义务研究》,《河南社会科学》2008 年第 4 期。

229. 易军:《法不禁止皆自由的私法精义》,《中国社会科学》2014 年第 4 期。

230. 赵磊:《公司诉讼中的法律解释——以隐名股东法律问题为例》,《西南民族大学学报》2013 年第 2 期。

231. 赵万一、华德波:《公司治理问题的法学思考——对中国公司治理法律问题研究的回顾与展望》,《河北法学》2010 年第 9 期。

232. 赵万一:《资本三原则的功能更新与价值定位》,《法学评论》2017 年第 1 期。

233. 赵旭东:《商法的困惑与思考》,《政法论坛》2002 年第 2 期。

234. 赵旭东:《资本信用到资产信用》,《法学研究》2003 年第 5 期。

235. 郑智航:《论最高人民法院的裁判规则形成功能——以最高法院民事司法解释为分析对象》,《法学》2013 年第 11 期。

236. 周旺生:《法的渊源意识的觉醒》,《现代法学》2005 年第 4 期。

237. 周旺生:《重新研究法的渊源》,《比较法研究》2005 年第 4 期。

238. 周永坤:《论法律的强制性与正当性》,《法学》1998 年第 7 期。

239. 周珺:《论股东本位——阿里巴巴"合伙人"制度引发的思考》,《政治与法律》2014 年第 11 期。

240. 周游:《公司利润分配之司法介入及其界限忖度》,《天津法学》2013 年第 4 期。

241. 张澎:《论公司章程在有限责任公司股权继承中的作用》,《法律适用》2007 年第 1 期。

242. 张学文:《股东协议制度初论》,《法商研究》2010 年第 6 期。

243. 朱慈蕴:《公司章程两分法论——公司章程自治与他治理念的融合》,《当代法学》2006 年第 5 期。

244. 朱慈蕴:《股东违反出资义务应向谁承担违约责任》,《北方法学》2014 年第 1 期。

245. 朱冠明:《情态动词"必须"的形成和发展》,《语言科学》2005 年第 3 期。

246. 朱广新:《法定代表人的越权代表行为》,《中外法学》2012 年第 3 期。

247. 朱卫平:《论企业家与家族企业》,《管理世界》2004 年第 7 期。

（四）其他类

248.《德国民法典》，陈卫佐译，北京：法律出版社，2010年。

249.《德国公司法典》（上、下），罗结珍译，北京：中国法制出版社，2007年。

250.《德国商法典》，杜景林、卢湛译，北京：法律出版社，2010年。

251.《法国公司法典》（上、下），罗结珍译，北京：中国法制出版社，2007年。

252.《日本公司法典》，吴建斌、刘惠明、李泽涛译，北京：中国法制出版社，2006年。

253.《日本商法典》，王书江、殷建平译，北京：中国法制出版社，2000年。

254.《特拉华州普通公司法》，徐文彬、戴瑞亮、郑九海译，北京：中国法制出版社，2010年。

255.《英国2006年公司法》，葛伟军译，北京：法律出版社，2012年。

256.《最新美国标准公司法》，沈四宝编译，北京：法律出版社，2006年。

257. 贺少锋：《公司法强制性规范研究》，西南政法大学博士学位论文，2007年3月。

258. 胡旭东：《我国公司法的司法发展机制研究》，中国社会科学院研究生院博士学位论文，2012年5月。

259. 王怀勇：《公司自治限度研究》，西南政法大学博士学位论文，2008年3月。

260. 王毓莹：《公司章程自治研究》，中国政法大学博士学位论文，2005 年 4 月。

261. 赵克军：《南京国民政府前期股东权益纠纷的司法救济》，中国政法大学博士学位论文，2008 年 4 月。

262. 国家法官学院案例开发研究中心编：《中国法院 2013 年度案例：公司纠纷》，北京：中国法制出版社，2013 年。

263. 最高人民法院民事审判第二庭编：《最高人民法院商事审判指导案例（2012）：公司与金融》，北京：中国民主法制出版社，2013 年。

二、外文参考文献

264. Steeno, Annaleen, " Economic Analysis of a 'Comply or Explain' Approach" , *Stanford Journal of Law, Business and Finance*, vol.11, 2006.

265. Clark, Edwin Charles, *Practical Jurisprudence: A Comment on Austin*, Cambridge: Cambrige University Press, 1883.

266. Easterbrook, Frank H. and Fischel, Daniel R., *The Economic Structure of Corporate Law*, Cambridge: Harvard University Press, 1991.

267. McChesney, Fred S., "Contractarianism Without Contracts? Yet Another Critique of Eisenberg", *Columbia Law Review*, vol. 90, 1990.

268. Hansman and Kraakman, Reinier, "The End of History or Corporate Law", *Georgetown Law Journal*, vol. 89, 2001.

269. Gordon, Jeffrey N., "The Mandatory Structure of Corporate Law", *Columbia Law Review*, vol. 89, 1989.

270. Mitchell, L. E., "A Theoretical and Practical Franmework for Enforcing Corporate Constituency Status", *Texas Law Review*, vol. 70, 2005.

271. Bebchuk, Lucian Arye, "Limiting Contractual Freedom in

Corporate Law: The Desirable Constraints on Charter Amendments", *Harvard Law Review*, vol. 102, 1989.

272. Kahan, Marcel and Rock, Edward, "Symbiotic Federalism and Structure of Corporate Law", *Vanderbilt Law Review*, vol. 58, 2005.

273. Eisenberg, Melvin Aron, "Contractarianism Without Contracts: A Response to Professor Mc Chesney", *Columbia Law Review*, vol. 90, 1990.

274. Clark, Robert Charles, *Corporate Law*, Boston: Little, Brown and Company, 1986.